医师法200问

附相关规定

主编
张永伟　刘志军

副主编
任朋顺　田　丰

参编人员
李迎玲　刘福来　孙若梅　石　岩

中国法制出版社

主编

张永伟，主任医师，长期从事卫生监督执法、医疗事故鉴定、职业病鉴定等工作，致力于医疗卫生法研究。中国卫生法学会理事，邯郸市卫生法学会副会长兼秘书长。主编并出版《医师执业法律常识》《医师执业法律制度理论与实践》等图书10余本。先后在《健康报》《中国卫生法制》《法律与医学》等报刊发表文章40余篇。

刘志军，硕士（博士在读），教授，现任河北工程大学副校长，兼任河北工程大学医学部主任、附属医院党委书记、邯郸市卫生法学会会长。邯郸市第三届社会科学青年专家。主要从事行政管理学、法律实务研究。在《河北医科大学学报》《医学与哲学》等专业期刊发表论文20余篇。

副主编

任朋顺，主任医师，现任邯郸市妇幼保健院党委书记、院长，中国妇幼保健协会常务理事，中国妇幼保健协会中医和中西医结合分会副主任委员，河北省妇幼保健协会副会长，邯郸市卫生法学会副会长。

田丰，博士，教授，曾长期在卫生健康行政部门从事管理工作，现任河北工程大学医学院院长，河北省医学科技创新和转化协会副会长，河北省卫生健康委生物安全智库专家，邯郸市社科智库专家。

参编人员

李迎玲，主任医师，邯郸市卫生健康委综合监督执法局饮用水卫生监督科科长。

刘福来，主任中医师，教授，河北工程大学附属医院中医科主任。

孙若梅，大理大学第一附属医院住院医师。

石岩，邯郸市第一医院法务工作者。

编写说明

《执业医师法》① 于 1999 年 5 月 1 日施行，自此我国医师队伍建设与管理迈入了依法管理的法治时代。近年来，随着我国经济社会的发展和医改的不断深入推进，医师队伍建设与管理出现了许多新情况、新问题，《执业医师法》已不能很好地适应实际工作需要，主要表现为：一是医师执业管理有待加强；二是医师职责和权利义务需要进一步明确；三是医师教育培养制度不够健全；四是有些条文规定过于原则、可操作性不强；五是需要将实践中一些好的经验和做法上升为法律。2019 年 1 月，十三届全国人大常委会正式启动了《执业医师法》的修改工作。2021 年 8 月 20 日，历经两年有余，三易其稿的《医师法》终由全国人大常委会审议通过，并将于 2022 年 3 月 1 日起施行。

《执业医师法》修改过程中，法律名称和内容均有较大变动。名称由《执业医师法》变更为《医师法》。内容除增加“保障措施”一章和有关条文外，其他条款在《医师法》中基本得到了延续。

---

① 为便于表述，本书引用的法律文件名称中起始的“中华人民共和国”均予以省略。

在20世纪，医学院校的毕业生只要掌握扎实的医学专业知识，基本就能成为一名合格的医师。21世纪以来，社会的发展和时代的变迁对医疗行业从业人员提出了更高的要求，一名合格的医师不仅需要掌握扎实的医学知识、丰富的临床经验，而且应具有必要的法律思维和人文素养，才能更好地救治患者、规范地完成医疗执业行为。医师应学会在医学和法律的双重视野下行医执业。特别是在国家实行依法治国的背景下，在新冠肺炎疫情冲击、医改深入推进、医患矛盾依然突出的当下，依法执业、依法行医显得尤为必要。

法贵立，更贵在实施。一部法律的实施需要对法律内容有精准的掌握和理解。本着便于广大医师在紧张繁忙的临床工作之余学习掌握该法内容精要，以及向社会更好地宣传推广《医师法》，本书作者在20余年学习研究医师执业法律制度的基础上，广泛收集查阅有关资料，有针对性地总结实践中的疑点难点，依据修改后的《医师法》内容，编写了本书。希冀这些内容能为广大医师朋友和社会各界学习掌握《医师法》提供些许帮助，尽微薄之力。

目　录

第一章　总　则

第二章 考试和注册

第三章 执业规则

第四章 培训和考核

第五章 保障措施

第六章　法律责任

附　录

第一章　总　　则

1 《医师法》是何时颁布的？

为了保障医师合法权益，规范医师执业行为，加强医师队伍建设，在总结新中国成立以来医师管理工作经验与得失的基础上，全国人大常委会于 1998 年 6 月 26 日表决通过了《执业医师法》，自 1999 年 5 月 1 日起施行。它是新中国第一部以法律形式规范有关医师执业行为的法律。它的颁布和实施，标志着我国医师管理日臻完善，填补了卫生立法中空白。

《执业医师法》共计 6 章 48 条。它规定了严格的医师资格考试制度，执业医师注册制度，执业医师的权利、义务和执业规则以及考核培训制度。对于加强我国医师队伍建设、提高医师职业道德和业务素质、保障医师合法权益、促进和保障我国医疗卫生事业的健康发展，起到了极大的推动作用。

为更好地适应社会和医疗卫生事业发展，2016 年，全国人大常委会在回应修改执业医师法的议案时表态，修改《执业医师法》是必要的，将进一步加强调研，待时机成熟时启动《执业医师法》修改的立法工作。2019 年，在第十三届全国人大常委会第十次会议上，提请审议的《国务院关于医师队伍管理情况和执业医师法实施情况的报告》提出，医师的管理方式、执业模式不断创新发展，迫切需要适当修订完善《执业医师法》。2021 年 1 月，《医师法（草案）》提请第十三届全国人大常委会第二十五次会议审议①。2021 年 8 月 20 日，第十三届全国人大常委会第三十次会议通过了《医师法》，于 2022 年 3 月 1 日起施行，《执业医师法》同时废止。

《医师法》共计 7 章 67 条，包括总则、考试和注册、执业规则、培训和考核、保障措施、法律责任和附则，重点围绕加强紧缺专业医师培养、加强基层医师队伍建设、保障医师合法权益等方面进行规定。

2 《执业医师法》修订时为何更名为《医师法》?

《执业医师法》自 1999 年施行以来，对加强医师队伍建设、保护人民健康发挥了重要作用。随着我国经济社会发展和医改不断深入推进，医师队伍建设与管理出现了许多新情况、新问题，《执业医师法》已不能很好地适应实际工作需要，主要表现为：一是医师执业管理有待加强；二是医师职责和权利义务需要进一步明确；三是医师教育培养制度不够健全；四是有些条文规定过

① “关注医师法 卫生健康发展拥有更强推动力”，载河北省卫生健康委网站，http：//www. hebwsjs. gov. cn/html/zwyw/20210823/381716. html ，最后访问日期：2021 年 10 月 30 日。

于原则、可操作性不强；五是需要将实践中一些好的经验和做法上升为法律。2019年全国人大常委会启动了修改工作，修改过程中该法的名称也有了改动，《执业医师法》被更名为《医师法》。

2021年1月20日，全国人大教育科学文化卫生委员会副主任委员刘谦在第十三届全国人大常委会第二十五次会议上就修订《执业医师法》所作的说明中指出：法律名称由“执业医师法”改为“医师法”。主要考虑三个方面：一是我国涉及职业类别的相关法律法规，如教师法、法官法、律师法、护士条例等，都有严格的资格认证和执业注册等管理制度，但在法律法规名称上都没有“执业”二字的限定，更名有利于保持法律体系的协调统一。二是将法律名称修改为医师法，是听取采纳医疗卫生机构、一线医务人员和有关行业组织的建议，也与中国医师节的内涵相一致。三是法律名称的修改不涉及现行医师分类管理、资格考试、执业注册考核等制度（第2条、第8条、第12条、第37条），不影响对医师执业行为的严格要求①。

3 《医师法》的立法宗旨是什么？

制定《医师法》的目的，即《医师法》的立法宗旨，在第一

① 刘谦：“关于修订《中华人民共和国执业医师法》的说明——2021年1月20日在第十三届全国人民代表大会常务委员会第二十五次会议上”，载中国人大网，http://www.npc.gov.cn/npc/c30834/202108/e6bd1b1d1694447794a8355a2be31f4a.shtml，最后访问日期：2021年10月30日。

条即开宗明义地讲明：一是保障医师合法权益；二是规范医师执业行为；三是加强医师队伍建设；四是保护人民健康；五是推进健康中国建设。

第一，保障医师合法权益。

近年来，医师执业环境较差，医患冲突事件频发，暴力伤医和涉医犯罪案件时有发生。医师合法权益难以得到有效保障。医师在执业活动中，人格尊严、人身安全不时有被不法侵犯的情形。《医师法》第 1 条明确规定："为了保障医师合法权益，规范医师执业行为，加强医师队伍建设，保护人民健康，推进健康中国建设，制定本法。"第 1 条首句就是为了保障医师合法权益，可见保障医师合法权益之于《医师法》的重要性。第 3 条第 2 款规定："医师依法执业，受法律保护。医师的人格尊严、人身安全不受侵犯。"第 49 条第 2 款、第 3 款规定："医疗卫生机构应当完善安全保卫措施，维护良好的医疗秩序，及时主动化解医疗纠纷，保障医师执业安全。禁止任何组织或者个人阻碍医师依法执业，干扰医师正常工作、生活；禁止通过侮辱、诽谤、威胁、殴打等方式，侵犯医师的人格尊严、人身安全。"第 60 条规定："违反本法规定，阻碍医师依法执业，干扰医师正常工作、生活，或者通过侮辱、诽谤、威胁、殴打等方式，侵犯医师人格尊严、人身安全，构成违反治安管理行为的，依法给予治安管理处罚。"上述众多条文都围绕保障医师的合法权益而规定。可见保障医师的合法权益是《医师法》首要的立法目的。

本次《医师法》增加了“保障措施”一章，对医师的薪酬待遇、队伍建设、执业环境治理、职业防护、行业自律等方面作出规定，同时明确规定，医师有权获得符合国家规定标准的执业基本条件和职业防护装备；有权获取合理劳动报酬和津贴，享受国家规定的福利待遇，按照规定参加社会保险并享受相应待遇等，以保障医师的合法权益得到切实履行。此外，还明确规定了侵犯医师合法权益的法律责任。保障医师的合法权益不受侵犯有了切实的法律保障。

第二，规范医师执业行为。

规范医师执业行为是《医师法》立法的主要目的之一。医师执业行为事关患者性命安危，事关公民健康权利。医师执业行为必须有规矩，有规则，使医师有所遵循，有所敬畏。

医师执业应遵守医疗卫生法律、法规、规章。依法执业，依法行医。首先行医者必须依法取得医师资格，其次医师执业行为应符合法律、法规、规章规定。对医师的医疗行为进行相应规定的法律包括：《基本医疗卫生与健康促进法》《医师法》《药品管理法》《母婴保健法》《中医药法》《传染病防治法》《精神卫生法》《疫苗管理法》等。国务院颁布的行政法规包括：《麻醉药品和精神药品管理条例》《医疗用毒性药品管理办法》《艾滋病防治条例》《病原微生物实验室生物安全管理条例》《放射性同位素与射线装置安全和防护条例》《医疗废物管理条例》《医疗机构管理条例》《血液制品管理条例》《医疗事故处理条例》《药品管理法实施条例》《突发公共卫生事件应急条例》《传染病防治法实施办法》《放射性药品管理办法》《人体器官移植条例》《医疗纠纷预防和处理条例》等，原卫生部、原国家卫生计生委、国家卫生健康委制定的规章包括：《处方管理办法》《医疗广告管理办法》《医疗机构管理条例实施细则》《医院感染管理办法》《人体器官移植技术临床应用管理暂行规定》《医疗机构传染病预检分诊管理办法》《国家突发公共卫生事件应急预案》《国家突发公共事件医疗卫生救援应急预案》《放射诊疗管理规定》《药品不良反应报告和监测管理办法》《医师执业注册管理办法》《医师资格考试暂行办法》《医疗机构病历管理规定（2013 年版）》《医师定期考核管理办法》《医疗机构管理条例》《医疗技术临床应用管理办法》等。

第三，加强医师队伍建设。

医师的职业是神圣的，其责任也是重大的，其工作是和他人的性命攸关的事业。医疗能力和医疗质量与医师队伍状况息息相关。加强医师队伍建设，提高医师队伍素质，是《医师法》立法的主要目的之一。

医师是我国医疗卫生工作的主体与主力军。据 2021 年 7 月 13 日国家卫生健康委发布的《2020 年我国卫生健康事业发展统计公报》显示，2020 年末全国共有各级各类执业（助理）医师 408.6 万人①。多少年来，医师执业管理一直是医疗卫生工作的重要内容。医师

① “2020 年我国卫生健康事业发展统计公报”，载中国政府网，http://www.gov.cn/guoqing/2021-07/22/content_5626526.htm，最后访问日期：2021 年 11 月 6 日。

法的制定实施，医师资格考试制度的修订完善，执业助理医师报考的学历要求由原来的中专学历提高到大专学历，提高了医师的“准入门槛”。医师队伍的学历要求上升到大专层次，不具备医师素质的不得入职，医师的整体素质将得以提升。

第四，保护人民身体健康。

健康是促进人的全面发展的必然要求，是经济社会发展的基础条件。实现国民健康长寿，是国家富强、民族振兴的重要标志，也是全国各族人民的共同愿望。医师执业直接关系着广大人民群众的生命安危与健康程度，只有建立素质良好的医师队伍，才能更好地保护广大群众的身体健康，才能减少侵害患者合法权益的情况发生。

第五，推进健康中国建设。

党和国家历来高度重视人民健康。新中国成立以来特别是改革开放以来，我国健康领域改革发展取得显著成就，城乡环境面貌明显改善，全民健身运动蓬勃发展，医疗卫生服务体系日益健全，人民健康水平和身体素质持续提高。

2020 年 6 月 5 日，国家卫生健康委发布的《2019 年我国卫生健康事业发展统计公报》显示，2019 年，中国居民人均预期寿命由 2018 年的 77.0 岁提高到 77.3 岁，孕产妇死亡率、婴儿死亡率、5 岁以下儿童死亡率分别降至 17.8/10 万、5.6‰、7.8‰[①]。

---

① “2019 年我国卫生健康事业发展统计公报”，载中国政府网，http://www.gov.cn/guoqing/2021-04/09/content_5598657.htm，最后访问日期：2021 年 11 月 6 日。

主要健康指标总体上优于中高收入国家平均水平，为全面建成小康社会奠定了重要基础。同时，工业化、城镇化、人口老龄化、疾病谱变化、生态环境及生活方式变化等，也给维护和促进健康带来一系列新的挑战，健康服务供给总体不足与需求不断增长之间的矛盾依然突出，健康领域发展与经济社会发展的协调性有待增强，需要从国家战略层面统筹解决关系健康的重大和长远问题。

为推动健康中国的全面实施，2016年10月26日，中共中央、国务院印发了《“健康中国2030”规划纲要》。医师队伍是推进健康中国建设，提高全国人民健康水平的技术支撑和重要力量。推进健康中国建设，医师队伍责任重大，不可或缺。医师要增强责任感、使命感，以精湛的技术，高尚的医德，在全力推进健康中国建设，为实现中华民族伟大复兴和推动人类文明进步的伟大事业中作出更大贡献。

4 法律上如何对医师进行定义？

什么是医师？1979年版《辞海》中是这样定义的：医师是指受过高等医学教育或长期从事医疗卫生工作、经卫生部门审查合格的医务卫生人员。受过中等医学教育或具有同等学力，经卫生部门审查合格，从事医疗预防工作的人员称为医士。医生则是对医士、医师的通称。按专业分工，有内科、外科、妇科、儿科、口腔科、针灸科、流行病学、卫生学等专科医师。在医院里，按职责分工，又有住院医师、主治医师和主任医师之分。根据以上对医师的定义，传统做法是正规医学院校毕业生经过一年临床实习，可以自然而然地成为医师；中专毕业五年后，也可以自然而然地成为医师，这是我国计划经济时期医师管理的惯例。1998 年 6 月 26 日全国人大常委会通过的《执业医师法》从根本上改变了这种传统与惯例，从法律上确立了国家医师资格考试制度。成为一名医师，首先要经过大中专医学院校学习，毕业后按规定参加国家医师执业资格考试，取得医师资格证书后经注册方可行医。执业医师管理由此进入了一个全新的法治时代。

2021 年 8 月 20 日，第十三届全国人大常委会第三十次会议通过了《医师法》。该法延续了《执业医师法》医师分类管理、资格考试、执业注册、考核等制度。依据《医师法》，非经医师资格考试合格，取得执业医师资格或执业助理医师资格，并经注册执业者，将不得担任医师职务，不得开展医师执业活动。

《医师法》第 2 条对医师的概念进行了界定。医师是指依法取得医师资格，经注册在医疗卫生机构中执业的专业医务人员，包括执业医师和执业助理医师。此乃《医师法》对医师概念的法定定义。

5 成为一名医师应具备哪些条件？

成为一名医师需具备以下三个条件：

（1）必须取得医师资格。成为一名医师首先必须是高等医学教育医学类专业毕业，或以师承方式学习传统医学，通过中医医师资格考试，取得执业医师资格或者执业助理医师资格。

（2）必须经注册。取得执业医师资格或者执业助理医师资格后，还必须经注册取得医师执业证书。只取得执业医师资格或者执业助理医师资格，未经注册的，不能开展诊疗活动。医师经注册后，凭卫生健康主管部门发放的医师执业证书，方可开展医师执业活动。如果只有医师资格证书，没有注册并取得医师执业证书，不能称为医师。

（3）必须在医疗卫生机构中执业。医师取得执业医师资格或者执业助理医师资格，也经过了注册，还必须在医疗卫生机构中执业，不在某一机构中从事医疗活动的，仍不能称之为医师。

6　执业医师和执业助理医师有何区别？

医师包括执业医师和执业助理医师两种形态。执业助理医师属于初级形态，执业医师属于高级形态。

（1）报考门槛不同

报考执业医师资格，必须具备高等学校医学专业本科及以上学历，且在执业医师指导下，在医疗卫生机构中试用（或实习）期满一年。如果只有专科学历，在医疗卫生机构中试用（或实习）期满一年，则必须先考取执业助理医师资格。获取执业助理医师资格之后，要在正规的医疗卫生机构中工作满二年才能报考执业医师资格。

（2）执业地点不同

《医师执业注册管理办法》规定，执业医师的执业地点是指执业的医疗卫生机构所在地的省级行政区划；执业助理医师的执业地点是指执业的医疗卫生机构所在地的县级行政区划。

（3）执业权利不同

执业医师可独立开展执业活动，执业助理医师不具有独立开展执业活动的能力，需在执业医师的指导下开展执业活动。拥有执业医师资格是医师开办个人诊所的必要条件，执业助理医师则无以自己名义开办个人诊所的权利。在医疗卫生机构中，拥有执业医师资格的人被聘为医师后，拥有独立的处方权；而拥有执业助理医师资格的人无处方权，只能在医师的指导下开具处方。

7　医师应具备的专业精神有哪些？

医师的专业精神可以高度概况为：坚持人民至上、生命至上，发扬人道主义精神，弘扬敬佑生命、救死扶伤、甘于奉献、大爱无疆的崇高职业精神，恪守职业道德，遵守执业规范，提高执业水平，履行防病治病、保护人民健康的神圣职责。

（1）坚持人民至上、生命至上，发扬人道主义精神

医学虽然根植于不同的文化和民族传统之中，但是医师扮演的都是治病救人的角色。医师的职责是治病救人，这就要求医师首先要将患者的利益放在首位，将患者利益置于医师的利益之上。坚持人民至上、生命至上，发扬人道主义精神。尊重患者，

关心患者，一切以患者利益为重、为先。

（2）弘扬敬佑生命、救死扶伤、甘于奉献、大爱无疆的崇高职业精神

敬佑生命是指对生命的照顾、守护。救死扶伤是指抢救生命垂危的人，照顾受伤的人。敬佑生命、救死扶伤意思相近，均是指对生病的、痛苦的患者积极进行救治、照顾。甘于奉献是指心甘情愿地救治、照顾患者。大爱无疆是指最高级的爱、顶级的爱没有疆界。敬佑生命、救死扶伤、甘于奉献、大爱无疆是医师崇高职业精神的集中体现。

（3）恪守职业道德，遵守执业规范，提高执业水平，履行防病治病、保护人民健康的神圣职责

一个称职的医师就必须具备良好的职业道德，即医德。原卫生部于2007年12月7日印发的《关于建立医务人员医德考评制度的指导意见（试行）》中明确医德考评内容为："（一）救死扶伤，全心全意为人民服务。1. 加强政治理论和职业道德学习，树立救死扶伤、以病人为中心、全心全意为人民服务的宗旨意识和服务意识，大力弘扬白求恩精神。2. 增强工作责任心，热爱本职工作，坚守岗位，尽职尽责。（二）尊重患者的权利，为患者保守医疗秘密。1. 对患者不分民族、性别、职业、地位、贫富都平等对待，不得歧视。2. 维护患者的合法权益，尊重患者的知情权、选择权和隐私权，为患者保守医疗秘密。3. 在开展临床药物或医疗器械试验、应用新技术和有创诊疗活动中，遵守医学伦理

道德，尊重患者的知情同意权。（三）文明礼貌，优质服务，构建和谐医患关系。1. 关心、体贴患者，做到热心、耐心、爱心、细心。2. 着装整齐，举止端庄，服务用语文明规范，服务态度好，无‘生、冷、硬、顶、推、拖’现象。3. 认真践行医疗服务承诺，加强与患者的交流和沟通，自觉接受监督，构建和谐医患关系。（四）遵纪守法，廉洁行医。1. 严格遵守卫生法律法规、卫生行政规章制度和医学伦理道德，严格执行各项医疗护理工作制度，坚持依法执业，廉洁行医，保证医疗质量和安全。2. 在医疗服务活动中，不收受、不索要患者及其亲友的财物。3. 不利用工作之便谋取私利，不收受药品、医用设备、医用耗材等生产、经营企业或经销人员给予的财物、回扣以及其他不正当利益，不以介绍患者到其他单位检查、治疗和购买药品、医疗器械等为由，从中牟取不正当利益。4. 不开具虚假医学证明，不参与虚假医疗广告宣传和药品医疗器械促销，不隐匿、伪造或违反规定涂改、销毁医学文书及有关资料。5. 不违反规定外出行医，不违反规定鉴定胎儿性别。（五）因病施治，规范医疗服务行为。1. 严格执行诊疗规范和用药指南，坚持合理检查、合理治疗、合理用药。2. 认真落实有关控制医药费用的制度和措施。3. 严格执行医疗服务和药品价格政策，不多收、乱收和私自收取费用。（六）顾全大局，团结协作，和谐共事。1. 积极参加上级安排的指令性医疗任务和社会公益性的扶贫、义诊、助残、支农、援外等医疗活动。2. 正确处理同行、同事间的关系，互相尊重，互相配合，取长补短，共同进步。（七）严谨求实，努力提高专业技术水平。1. 积极参加在职培训，刻苦钻研业务技术，努力学习新知识、新技术，提高专业技术水平。2. 增强责任意识，防范医疗差错、医疗事故的发生。”

医师执业规范主要指医师执业的技术规范，既包括就某一方面规定的专门性技术法规，有关部门、专业学会颁布的技术指南、技术操作规范，也包括医师行业规矩等。

医德和医术是医师必不可少的两个方面。医疗技术水平高低是衡量一个医师是否称职的重要因素。医师必须终身学习并且有责任不断更新保证医疗质量所必需的医学知识，提高专业能力和执业水平，履行防病治病、保护人民健康的神圣职责。

8　哪些部门对医师负有行政管理职能？

医师的管理是保障我国卫生事业发展和医师队伍建设的关键所在，建立科学的医师管理体制是确保医师管理工作规范、有效的前提。加强对执业医师的行政管理，可有效保证医师队伍的素质，维护正常的医疗秩序，保护广大人民群众的身体健康，促进和保障我国医疗卫生事业的健康发展。

对医师负有管理职能的有卫生健康、教育、人力资源社会保障、中医药等有关部门。医师管理工作主要由卫生健康主管部门负责。教育行政部门主要承担大学阶段医学专业学生教学，人力资源社会保障行政部门主要负责医师职称的评定和聘任，中医药管理行政部门主要负责中医师的管理。

国务院卫生健康主管部门和县级以上地方人民政府卫生健康主管部门是政府的职能机构之一，主管医疗卫生方面的工作，对医师进行行政管理是其重要的职能之一。

我国卫生健康主管部门分为四级，即国家卫生健康委员会、省（自治区、直辖市）卫生健康委员会、设区市（地区、州、盟）卫生健康委员会、县（市、区）卫生健康局。它们按照级别管辖分工，对医师分别进行不同内容的管理。其中，国家卫生健康委员会是中央卫生健康主管机关，主管全国的医师工作，通过制定规章、条例、方针、政策对医师工作进行宏观的行政管理。省（自治区、直辖市）、设区市（地区、州、盟）、县（市、区）三级卫生健康主管部门负责管理本行政区域内的医师工作。依据国家的法律、法规和部委的规章、条例、方针、政策，对医师进行不同程度的直接管理。各级卫生健康主管机关都设有专门机构对医师进行管理。国家卫生健康委员会设有医政处；省（自治区、直辖市）卫生健康委员会设有医政处；市（地区、州、盟）卫生健康委员会设有医政处（科）、县（市、区）卫生健康局设有医政科（股）。上下对应、完善健全的医政管理体制从组织上保证了医师管理的顺利进行。

各级卫生健康主管部门对医师的管理内容主要有：

（1）对医师进行职业道德教育。加强对医师进行职业道德教育，是卫生健康主管部门对医师进行行政管理的主要内容。

（2）制定医师工作规划与发展方向，组织、指导医师开展执业活动。

（3）制定医师各项工作制度，包括医师执业机构工作制度等。

（4）组织医师资格考试，负责医师资格证书的发放工作。

（5）负责医师执业注册的监督管理工作。

（6）对在医疗、预防、保健工作中作出贡献的医师给予奖励和表彰。

（7）维护医师的合法权益。

（8）负责指导、检查和监督医师考核工作。

（9）对医师在执业活动中的违法行为，依法给予处罚。

（10）管理医师协会。

（11）法律规定的其他职责。

根据《医师法》和有关规定，卫生健康主管部门有权对医师执业行为进行监督管理，对医疗机构和医师的违法行为进行行政处罚。在各级卫生健康主管部门内具体行使医疗监督执法和行政处罚职能的是卫生健康主管部门所属的综合监督执法机构。

9　法律规定医师节的意义有哪些？

2017 年 11 月 3 日，国务院通过了原国家卫计委关于“设立中国医师节”的申请，同意自 2018 年起，将每年的 8 月 19 日设立为“中国医师节”。之所以将医师节设定在 8 月 19 日，是因为 2016 年 8 月 19 日全国卫生与健康大会在北京召开。中国医师节是经国务院同意设立的卫生与健康工作者的节日，体现了党和国家对 400 多万名执业（助理）医师的关怀和肯定。

《医师法》第 5 条规定每年 8 月 19 日为“中国医师节”。通过立法将 8 月 19 日规定为医师的法定节日，能够在全社会形成尊重医师、关爱医师氛围，提升医师的社会地位，改善目前较为紧张的医患关系。

设立医师节的意义主要有以下几个方面：

第一，是对全国医师的一种尊重。教师是人类灵魂的工程师，医师是人类健康的守护神。尊医不仅仅是尊重医师的职业，更应体现出尊重作为医师的每一个个体。医师在救死扶伤，千方百计为病人解除病痛，照顾患者，服务社会的同时，理应受到全社会的理解和尊重。设立医师节不仅能进一步提升医师的社会地位，也将使尊重医师成为一种社会风尚，在全社会广泛形成尊医重卫的良好氛围。

第二，是对全国医师的一种关爱。近年来，随着公众对健康需求的日益增长，医师面临的压力和负荷越来越大，中国医师的数量和当前医疗的需求还有一定的差距。此外，医师的工作时间长，劳动强度大，节假日难得休息，健康状况令人担忧，应该引起政府和全社会的关注和关爱。每年医师节期间，政府和有关部门、相关组织对在医疗卫生服务工作中作出突出贡献的医师，按照国家有关规定给予表彰、奖励。关心爱护医师，弘扬先进事迹，帮助其解决困难。从身心到物质层面关心关爱医师，医师在关爱患者和社会的同时，也得到患者和社会的回馈和关爱。

第三，是对行业自律的一种促进。医师群体是一个特殊的职业群体，具有独特的精神价值，也形成了独特的群体人格。其宗旨是服务患者、尊重生命、珍爱生命，因此这个职业需要高度的自律。医师节的设立呼吁全社会应尊重医师，而医师更应该尊重自己，更应该自律、自省和自重。

10 医师职业的职称制度是怎样规定的？

职称是指专业技术人员的专业技术水平、能力，以及成就的等级称号，是反映专业技术人员的技术水平、工作能力的标志。随着专业技术人员的技术水平评价与聘任岗位相分离的制度的设立，医师的专业技术水平被称为“专业技术职务任职资格”，即职称。取得“专业技术职务任职资格”后聘任的岗位被称为“专业技术职务”，即职务。

医师的专业技术职称系列分别为：医士、医师、主治（主管）医师、副主任医师、主任医师。医士、医师为初级职称，主治（主管）医师为中级职称，副主任医师、主任医师为高级职称。中、初级职称实行以考代评，实行全国统一考试。副高级职称原则上采取考试与评审相结合的方式，正高级职称原则上采取评审方式，建立完善以同行专家评议为基础的业内评价机制。职称评定后的聘任由省级人力资源社会保障部门会同卫生健康部门确定。用人单位根据职称评审结果合理使用卫生专业技术人员，实现职称评审结果与岗位聘用、考核、晋升等相衔接。执业医师晋升为副高级职称的，应当有累计一年以上在县级以下或者对口支援的医疗卫生机构提供医疗卫生服务的经历。援外、援藏、援疆、援青以及在重大突发公共卫生事件处置中表现优秀的卫生专业技术人员，同等条件下优先评聘。

医师的专业技术职称评聘破除唯论文、唯学历、唯奖项、唯“帽子”等倾向。不把论文、科研项目、获奖情况、出国（出境）学习经历等作为申报的必要条件。科学合理对待论文，在职称评审和岗位聘任各个环节，不得把论文篇数和 SCI（科学引文索引）等相关指标作为前置条件和评审的直接依据。对在国内和国外期刊发表的论文要同等对待，鼓励更多成果在具有影响力的国内期刊发表。不得将人才荣誉性称号与职称评审直接挂钩。

医师医学专业技术职称设置、评定和岗位聘任，将职业道德、专业实践能力和工作业绩作为重要条件。凡在乡镇卫生院、社区卫生服务机构工作的医师、护师，可提前一年参加相应专业的中级卫生专业技术资格考试。本科及以上学历、经全科专业住院医师规范化培训合格并到基层医疗卫生机构工作的，可直接参加中级职称考试，考试通过的直接聘任中级职称。对基层卫生专业技术人员的论文、科研和职称外语不作要求。对长期在基层服务、业绩突出、表现优秀的卫生专业技术人员，可适当放宽学历要求，同等条件下优先评聘。

11 医师协会等行业组织、专业学术团体在规范执业、行业自律方面有哪些作用?

设立医师协会是对医师进行行业管理的需要。卫生健康主管部门无所不包、无所不能的管理方式，使得卫生健康主管部门过多集中于具体事务而影响宏观监督、指导职能的正常行使。医师协会作为医师的自律组织，作为医师自己的组织，能够根据医师工作的规律和特点，结合执业实际，制定出切合实际、行之有效的管理模式。适时地指导医师开展执业活动，促进医师行业的自律，切实保护医师的合法权益，更好地为医师服务，为人民健康服务。

随着我国卫生法律法规的逐步完善，对执业医师的管理有了新的突破，《医师法》第 7 条规定：“医师可以依法组织和参加医师协会等有关行业组织、专业学术团体。医师协会等有关行业组织应当加强行业自律和医师执业规范，维护医师合法权益，协助卫生健康主管部门和其他有关部门开展相关工作。”《医师法》对医师协会这一特殊的行业组织进行规定，标志着我国对医师的管理由单纯的行政管理开始向行政管理与医师协会行业管理相结合的管理模式过渡。

2002 年 1 月 9 日，中国医师协会在北京宣告成立[1]。中国医

---

① 参见《健康报》，2002 年 1 月 10 日版。

师协会作为我国最大的医师行业组织，是经民政部登记注册，由执业医师、执业助理医师及单位会员自愿组成的全国性、行业性、非营利性的群众团体，是具有独立法人资格的国家一级社会团体。中国医师协会的宗旨是：服务、协调、自律、维权、监督、管理。

随着我国政府机构改革的深入，政府职能的转变，医师协会行业管理必将发挥越来越重要的作用。自2013年住院医师规范化培训制度建立以来，中国医师协会受国家卫生健康委员会委托，负责住院医师规范化培训和专科医师培训的组织、管理、质量提升和评价等工作，为我国毕业后医学教育高质量发展做了大量工作。

医师协会行业管理是整个医师管理工作的重要组成部分，医师协会应当在卫生健康主管部门的指导和监督下开展各项工作，充分发挥职能。政府宏观管理职能和医师协会行业管理职能相结合，将是我国医师管理体制改革的方向和趋势。卫生健康主管部门负责医师的宏观管理，具体管理医师的事务由医师协会承担。医师协会将成为联系医师和卫生健康主管部门的桥梁和纽带，其作用不容忽视。医师协会的成立有利于执业医师合法权益的维护，有利于执业医师业务的指导和培训，有利于对医师进行管理，并能及时反映和处理医师执业中出现的问题。

第二章 考试和注册

12 医师资格考试具有哪些特点？

医师资格是指一个人从事医师职业所必须具备的、由国家认可的医学知识与医疗技能的资质证明。医师资格是医务人员依法独立开展医疗活动所必需的，由国家认可和授予的个人学识、技术和能力的资质证明。

医师资格考试，又称医师执业考试或医师执照考试，性质属于行业准入考试，是评价申请医师资格者是否具备从事医师工作所必需的专业知识与技能的考试。是以国家法律形式确定的，经过医师资格考试成绩合格后方能授予其医师资格的制度。

医师资格考试具有如下特点：

第一，医师资格考试是医师执业准入制度的一项重要内容。《医师法》规定，参加医师资格考试是取得医师执业许可的前提、基础和主要途径。除通过师承方式学习中医外，只有参加医师资格考试并合格，才能取得医师资格和执业许可，才能成为一名医师。

第二，医师资格考试是评价申请医师资格者是否具备执业所必需的专业知识和技能的考试。具备医学专业知识和技能，参加全国统一考试合格者，方能被授予医师资格，发给医师资格证书。

第三，医师资格考试分为执业医师资格考试和执业助理医师资格考试。考试类别分为临床、中医（包括中医、民族医、中西医结合）、口腔、公共卫生四类。考试方式分为实践技能考试和医学综合笔试。

第四，医师资格考试属于国家级考试。考试具有公开、公平、公正、择优等突出特点，是符合中国国情，可以最大限度地确保医师队伍质量的一项科学规范的医师队伍选拔制度。

13 医师资格考试包括哪些类别？

医师资格考试分为两级四类，即执业医师和执业助理医师两级；每级分为临床、中医、口腔、公共卫生四类。中医包括中医、民族医和中西医结合，其中民族医又含蒙医、藏医和维医三类，其他民族医医师暂不开考。

我国医师资格考试共有 24 种类别的考试。报考类别全称见下表。

医师资格考试报考类别

序号	执业医师报考类别全称
1	临床执业医师
2	口腔执业医师

续表

序号	执业医师报考类别全称
3	公共卫生执业医师
4	具有规定学历的中医执业医师
5	具有规定学历的蒙医执业医师
6	具有规定学历的藏医执业医师
7	具有规定学历的维医执业医师
8	中西医结合执业医师
9	师承或确有专长的中医执业医师
10	师承或确有专长的蒙医执业医师
11	师承或确有专长的藏医执业医师
12	师承或确有专长的维医执业医师
13	临床执业助理医师
14	口腔执业助理医师
15	公共卫生执业助理医师
16	具有规定学历的中医执业助理医师
17	具有规定学历的蒙医执业助理医师
18	具有规定学历的藏医执业助理医师
19	具有规定学历的维医执业助理医师
20	中西医结合执业助理医师
21	师承或确有专长的中医执业助理医师
22	师承或确有专长的蒙医执业助理医师
23	师承或确有专长的藏医执业助理医师
24	师承或确有专长的维医执业助理医师

14 医师资格考试的考试方式和考试时间是怎样规定的?

医师资格考试分实践技能考试和医学综合笔试两种方式进行。程序上，考生须先参加实践技能考试，实践技能考试合格者方可参加医学综合笔试。未参加实践技能考试的考生，不得参加医学综合笔试。

医师资格考试是检验考生基本专业知识和能力的一个主要标准。其中实践技能考试主要考查医师的实际能力与医疗技能，由省级医师资格考试领导小组组织实施。医学综合笔试主要考查医师的专业理论知识和专业水平。采用标准化考试方式并实行全国统一考试，由国家医学考试中心和国家中医药管理局考试工作办公室承担国家一级的具体考试业务工作。

医师资格考试实行全国统一考试，每年举行一次。考试时间由国家医师资格考试委员会确定，并提前 3 个月向社会公布。执业医师资格笔试时间为 2 天，分 4 个单元；执业助理医师资格笔试时间为 1 天，分 2 个单元。每单元考试时间均为 2 个小时。

执业医师和执业助理医师资格考试的实践技能考试部分差别不大，但在医学综合笔试部分，执业助理医师的考试难度比执业医师低。同样的考试时间内，执业助理医师的笔试题总量只有执业医师的一半。

15 参加执业助理医师资格考试的报考条件有哪些？

参加执业助理医师资格考试的报考条件为以下几个方面：

（1）学历要求。申请参加执业助理医师资格需具备医学专业专科学历。专科学历是指省级以上教育行政部门认可的各类高等学校医学专业专科学历。在《医师法》施行前以及在本法施行后一定期限内取得中等专业学校相关医学专业学历的人员，可以参加医师资格考试。具体办法由国务院卫生健康主管部门会同国务院教育、中医药等有关部门制定。

（2）专业要求。医学专业是指全日制本科或大专医学院校的临床医学、中医学、预防医学、口腔医学、全科医学等专业。医学院校中的其他医学相关专业，如基础医学类、法医学类、护理（学）类、医学技术类、药学类、中药学类等专业的毕业生，不具备参加执业助理医师资格考试的资格。

（3）资历要求。具有高等学校相关医学专业专科学历，在执业医师指导下，在医疗卫生机构中参加医学专业工作实践满一年。

16 参加执业医师资格考试的报考条件有哪些？

参加执业医师资格考试的报考条件为以下几个方面：

（1）学历要求。具有高等学校相关医学专业本科以上学历或获得执业助理医师资格的专科学历。

（2）专业要求。高等院校医学专业，包括临床医学、预防医学、口腔医学、全科医学、中医学、中西医结合专业等。医学院校中的其他医学相关专业，如基础医学类、法医学类、护理（学）类、医学技术类、药学类、中药学类等专业的毕业生，不具备参加执业医师资格考试的资格。

（3）资历要求。临床医学是一门应用科学，只有理论知识，没有临床实践，不能胜任。考生在正式执业前不仅要具备必要的医学理论知识，还必须有一定的实际工作经验，故对参加执业医师资格考试规定了严格的资历限制。①具有高等学校相关医学专业本科以上学历，在执业医师指导下，在医疗卫生机构中参加医学专业工作实践满一年；②具有高等学校相关医学专业专科学历，毕业后不能直接参加执业医师考试，须先参加执业助理医师考试，取得执业助理医师执业证书后，在医疗卫生机构中执业满二年。

17 对传统医学师承和确有专长人员的医师资格取得有何特殊规定？

我国确有一部分老中医和少数民族传统医学医师包括藏医学、蒙医学、维医学等，经多年实践确有一技之长，为老百姓治疗了不少疑难杂症。他们大多通过师傅带徒弟的方式培养年轻中医。对这部分人的行医资格问题，《医师法》采用了比较特殊的保护政策，对学历条件适当放低。这部分以师承方式学习中医人员虽不具有规定学历的报考条件，但经考核合格的，即可参加医师资格考试。医术确有专长人员经省级人民政府中医药主管部门组织实践技能和效果考核合格后，即可直接取得中医医师资格及相应的资格证书。考核是不具备《医师法》第 9 条、第 10 条所列条件的人员但属于以师承方式学习中医和确有专长人员取得参加医师资格考试或取得中医医师资格的重要途径。

《中医药法》第 15 条第 2 款规定："以师承方式学习中医或者经多年实践，医术确有专长的人员，由至少两名中医医师推荐，经省、自治区、直辖市人民政府中医药主管部门组织实践技能和效果考核合格后，即可取得中医医师资格；按照考核内容进行执业注册后，即可在注册的执业范围内，以个人开业的方式或者在医疗机构内从事中医医疗活动。国务院中医药主管部门应当根据中医药技术方法的安全风险拟订本款规定人员的分类考核办法，报国务院卫生行政部门审核、发布。"

根据《医师法》第 11 条、《中医药法》和 2006 年 12 月 21 日原卫生部发布的《传统医学师承和确有专长人员医师资格考核考试办法》、2017 年 11 月 10 日国家卫生计生委发布的《中医医术确有专长人员医师资格考核注册管理暂行办法》，申请参加考核的人员分为两部分，一部分为以师承方式学习中医的人员；另一部分为确有专长人员。

（1）以师承方式学习中医的医术确有专长人员，申请参加医师资格考核应当同时具备下列条件：①连续跟师学习中医满三年，对某些病证的诊疗，方法独特、技术安全、疗效明显，经指导老师评议合格；②由至少两名中医类别执业医师推荐，推荐医师不包括其指导老师。

（2）经多年中医医术实践的医术确有专长人员，申请参加医师资格考核应当同时具备下列条件：①具有医术渊源，在中医医师指导下从事中医医术实践活动满五年或者《中医药法》施行前已经从事中医医术实践活动满五年的；②对某些病证的诊疗，方法独特、技术安全、疗效明显，并得到患者的认可；③由至少两名中医类别执业医师推荐。

以师承方式连续跟师学习中医满三年，经县级以上人民政府卫生健康主管部门委托的中医药专业组织或者医疗卫生机构考核合格后，授予《传统医学师承出师证书》或《传统医学医术确有专长证书》，取得上述证书的师承人员在所在地医疗机构中试用期满一年并考核合格的，可以参加中医执业助理医师资格考试。取得执业助理医师执业证书后，在执业医师指导下，在医疗机构中从事传统医学医疗工作满五年并考核合格，可以参加中医执业医师资格考试。

以师承方式学习中医或者经多年实践，医术确有专长的，由至少两名中医医师推荐，经省级人民政府中医药主管部门组织实践技能和效果考核合格后，即可取得中医医师资格及相应的资格证书。以师承方式学习中医或者经多年实践，医术确有专长的不经过医师资格考试，可直接取得相应的医师资格证书。

18 何谓医师执业注册制度？其特点有哪些？

医师执业注册制度是指卫生健康主管部门对已经取得执业医师资格或执业助理医师资格并申请办理执业注册者进行审查后，予以注册并允许其从事医师执业活动的法律制度。医师执业注册制度具有以下特点：

（1）医师执业注册制度是医师执业许可制度的一项重要内容。它和医师资格考试制度既有区别，又紧密联系，一个是能力的资格许可；另一个是具体的行为许可，先取得资格，后注册执业，两者共同构成了法律上较为完备的医师执业许可制度。

（2）医师经注册后取得的医师执业证书，是医师从事医疗、预防、保健活动，开展医师执业活动的唯一合法法律文书。凡是未取得有效的医师执业证书从事医师执业活动的，均属无证行医的违法行为。

（3）医师执业注册分为初次注册、重新注册和变更注册。初次注册是执业医师首次向卫生健康主管部门申请的注册。重新注册是指执业医师首次向卫生健康主管部门申请注册后，中止医师执业活动二年以上或不予注册的情形消失的，医师重新向卫生健康主管部门申请的注册。变更注册是指医师对执业地点、执业类别、执业范围等注册事项进行的变更。

（4）医师经注册后取得的医师执业证书，不同于医师资格证书，其稳定性差，不具有终身性。比如，医生在注册后受刑事处罚的，其医师执业证书被注销废止，则不得再从事执业活动。

（5）医师经注册后从事执业活动，必须按照注册的执业地点、执业类别、执业范围执业，从事相应的医疗、预防、保健活动，不能突破注册的执业地点、执业类别、执业范围，从事与注册事项不相关的业务。

19 医师执业证书和医师资格证书有何区别？

医师取得医师资格后，并不当然就具有了行医资格，只有经注册取得医师执业证书后，方可按照注册的执业地点、执业类别、执业范围，从事相应的医疗、预防、保健活动。医师执业证书和医师资格证书的取得和管理是我国医师执业准入制度的主要内容，两者既有区别，又紧密联系，一个是能力的资格许可，另一个是具体的行为许可，它们共同构成了法律上较为完备的医师执业准入制度。两者之间的区别为：

（1）目的与取得方式不同

前者是通过国家定期举办的考试活动，考查医学院校毕业生是否具备从事医师执业活动所必须具备的医学知识与医疗技能；后者指卫生健康主管部门对已通过医师资格考试的人员是否具备从事医疗活动的行为能力等所进行的行政审查。前者主要是对知识能力的微观控制，侧重于对申请人学历条件、专业知识和能力要求的考查，只有考试合格者才能取得《医师资格证书》；后者主要是对行为能力的宏观控制，侧重于对申请人的行医实践经验、行为能力、身体状况和医德医风的考查。经卫生健康主管部门审查后符合注册条件的，对首次申请注册者发放医师执业证书。

（2）稳定性不同

医师执业证书较医师资格证书的稳定性差。医师资格证书一经获得，其效力是终身的，非因法定事由，一般不得取消，除非证书的取得是伪造或骗取的。持证人自证书签发之日起就终身具有执业资格。医师执业证书的稳定性差，执业医师须定期向卫生健康主管部门申请注册，不定期注册的，医师执业证书即失去法律效力。医师执业证书不具有终身性。在中止医师执业活动满二年，身体健康状况不适宜继续执业，考核不合格等情况下，医师执业证书可依法被注销，则医师丧失执业条件与能力。

（3）法律效力不同

医师资格证书是取得医师身份和职务所应具备的基本条件，但仅有医师资格证书，还不能从法律和事实上认为其已经是一名医师。医师资格证书不具有对外开业行医的法律效力。

医师经注册后取得的医师执业证书，是医师从事医疗、预防、保健活动，开展医师执业活动的唯一合法证件。取得医师资格证书，准备被某医疗卫生机构聘用，申请注册后取得医师执业证书者，方可对外开展医师执业活动。未取得有效的医师执业证书从事医师执业活动属无证行医的违法行为。

（4）受到的限制不同

医师经注册后从事执业活动，要受到医师执业证书注册的执业地点、执业类别、执业范围的限制；医师从事相应的医疗、预防、保健活动，必须按照注册的执业地点、执业类别、执业范围执业。不能突破注册的执业地点、执业类别、执业范围，从事与注册事项不相关的业务。医师资格证书除受到专业类别的限制外，不受执业地点、执业范围的限制。在资格证书认定的专业类别内，在全国范围任一地点经注册后均可开展医疗活动。

20　申请医师执业注册须具备哪些条件？

根据《医师法》和《医师执业注册管理办法》，申请医师执业注册须具备下列条件：

（1）取得执业医师资格或执业助理医师资格。申请人取得执业医师资格或执业助理医师资格后，方可向卫生健康主管部门申请注册，也就是先有资格，后行注册。医师资格是申请注册的前提与基础。

（2）申请人是具有完全民事行为能力的自然人。根据我国《民法典》的规定，十八周岁以上的自然人为成年人。不满十八周岁的自然人为未成年人。成年人为完全民事行为能力人，可以独立实施民事法律行为。十六周岁以上的未成年人，以自己的劳动收入为主要生活来源的，视为完全民事行为能力人。

（3）申请人身体健康，能胜任医疗、预防、保健任务。

（4）申请人未受过刑事处罚，也未受吊销医师执业证书的行政处罚。申请人受刑事处罚，刑罚执行完毕不满二年或者被依法禁止从事医师职业的期限未满的，不予注册。申请人被吊销医师执业证书不满二年的，也不予注册。

21 医师执业注册的内容有哪些？

医师执业注册的内容主要包括执业地点、执业类别和执业范围。执业地点是指执业医师执业的医疗卫生机构所在地的省级行政区划和执业助理医师执业的医疗卫生机构所在地的县级行政区划。执业类别是指临床、中医（包括中医、民族医和中西医结合）、口腔、公共卫生。执业范围是指医师在医疗、预防、保健活动中从事的与其执业能力相适应的专业。

原卫生部和国家中医药管理局制定的《关于医师执业注册中执业范围的暂行规定》中对医师执业范围规定为：

临床类别医师执业范围：（1）内科专业；（2）外科专业；（3）妇产科专业；（4）儿科专业；（5）眼耳鼻咽喉科专业；（6）皮肤病与性病专业；（7）精神卫生专业；（8）职业病专业；（9）医学影像和放射治疗专业；（10）医学检验、病理专业；（11）全科医学专业；（12）急救医学专业；（13）康复医学专业；（14）预防保健专业；（15）特种医学与军事医学专业；（16）计划生育技术服务专业；（17）省级以上卫生行政部门规定的其他专业。

口腔类别医师执业范围：（1）口腔专业；（2）口腔麻醉专业；（3）口腔病理专业；（4）口腔影响专业；（5）省级以上卫生行政部门规定的其他专业。

公共卫生类别医师执业范围：(1) 公共卫生类别专业；(2) 省级以上卫生行政部门规定的其他专业。

中医类别（包括中医、民族医、中西医结合）医师执业范围：(1) 中医专业；(2) 中西医结合专业；(3) 蒙医专业；(4) 藏医专业；(5) 维医专业；(6) 傣医专业；(7) 全科医学专业；(8) 省级以上卫生行政部门规定的其他专业。

中医（专长）医师实行医师区域注册管理。取得《中医（专长）医师资格证书》者，应当向其拟执业机构所在地县级以上地方中医药主管部门提出注册申请，经注册后取得《中医（专长）医师执业证书》。中医（专长）医师按照考核内容进行执业注册，执业范围包括其能够使用的中医药技术方法和具体治疗病证的范围。中医（专长）医师在其考核所在省级行政区域内执业。中医（专长）医师跨省执业的，须经拟执业所在地省级中医药主管部门同意并注册。取得《中医（专长）医师执业证书》者，即可在注册的执业范围内，以个人开业的方式或者在医疗机构内从事中医医疗活动。

相对于《执业医师法》，《医师法》对医师执业范围采取了灵活宽松的管理措施，第 14 条第 3 款明确规定："医师经相关专业培训和考核合格，可以增加执业范围。法律、行政法规对医师从事特定范围执业活动的资质条件有规定的，从其规定。"

在县级及县级以下医疗机构（主要是乡镇卫生院和社区卫生服务机构）执业的临床医师，从事基层医疗卫生服务工作，确因工作需要，经县级卫生健康主管部门考核批准，报设区的市级卫生健康主管部门备案，可申请同一类别至多三个专业作为执业范围进行注册。

在乡镇卫生院和社区卫生服务机构中执业的临床医师因工作需要，经过国家医师资格考试取得公共卫生类医师资格，可申请增加公共卫生类别专业作为执业范围进行注册；在乡镇卫生院和社区卫生服务机构中执业的公共卫生医师因工作需要，经过国家医师资格考试取得临床类医师资格，可申请增加临床类别相关专业作为执业范围进行注册。

在计划生育技术服务机构中执业的临床医师，其执业范围为计划生育技术服务专业。在医疗机构中执业的临床医师以妇产科专业作为执业范围进行注册的，其范围含计划生育技术服务专业。

22 申请医师执业注册应提交哪些材料？

拟在医疗卫生机构中执业的人员，应当向批准该机构的卫生健康主管部门申请注册并提交材料。拟在疾病预防控制机构中执业的人员，应当向该机构的同级卫生健康主管部门申请注册并提交材料。医疗机构可集体办理拟聘任医师执业注册事宜。

申请医师执业注册，应填写医师执业注册申请审核表，并提交下列材料：①医师执业注册申请审核表；②二寸免冠正面半身照片二张；③医师资格证书；④注册主管部门指定的医疗机构出具的申请人 6 个月内的健康体检表；⑤申请人身份证明；⑥医疗卫生机构的拟聘用证明；⑦省级以上卫生健康主管部门规定的其他材料。

23 取得医师资格但未经注册的人员能否开展医师执业活动？

根据《医师法》第 13 条第 4 款规定，取得医师资格证书但未注册取得医师执业证书的人员不得从事医师执业活动。取得医师资格证书但未经医师注册并取得医师执业证书的人员从事医师执业活动的，属于非医师行医行为。《医师法》第 59 条规定："违反本法规定，非医师行医的，由县级以上人民政府卫生健康主管部门责令停止非法执业活动，没收违法所得和药品、医疗器械，并处违法所得二倍以上十倍以下的罚款，违法所得不足一万元的，按一万元计算。"

24 医师资格证书、医师执业证书能否出借、出租？

医师资格证书，是通过全国统一的执业医师资格考试和执业助理医师资格考试后，由卫生健康主管部门统一发放的，证明持有人具备从事医疗卫生服务条件和能力的法定凭证，是对医师医疗技术方面的认可。证明持证人具有独立从事医疗活动的技术和能力，证书永久有效。医师执业证书是行医者先取得医师资格证，再携带医师资格证到工作的医疗卫生机构所在地的卫生健康主管部门注册后取得的准许执业的证书。两个证都具备，才有资格行医。申请人凭医师资格证书、医师执业证书开展医师执业活动，持有人应妥善保管该证书，不得出借、出租、抵押、转让、涂改和毁损。如发生损坏或者遗失的，当事人应当及时向原发证部门申请补发或换领。损坏的医师执业证书，应当交回原发证部门。医师执业证书遗失的，原持证人应当于15日内在当地指定报刊上予以公告。

25 中医（西医）医师能否采用西医（中医）技术对患者进行诊治？

长期以来，中医和西医的诊疗范围问题，在法律界和医务界一直争论不休。曾经发生过这样一个案例，一名中医助理医师在诊疗活动中从事西医诊疗活动，在未给患者做皮试的情况下为患者输液，导致病人过敏性休克死亡，被人民法院一审判决构成非法行医罪，判处有期徒刑三年，缓刑三年。法院审理认为，该中医助理医师只有中医助理医师资格，其对被害人王某进行的诊疗活动属于西医范围，属卫生技术人员从事本专业以外的诊疗活动，应按非卫生技术人员处理。

《医师法》第14条第4款规定："经考试取得医师资格的中医医师按照国家有关规定，经培训和考核合格，在执业活动中可以采用与其专业相关的西医药技术方法。西医医师按照国家有关规定，经培训和考核合格，在执业活动中可以采用与其专业相关的中医药技术方法。”

经考试取得医师资格的中医医师，可以从事一般的现代诊疗技术，可以开西药、做手术；开展国家有专门规定的医疗技术，如关节置换、介入等限制类医疗技术，需按照国家相关规定培训和考核合格；使用抗菌药物，需经培训、考核合格，授予相应的抗菌药物处方权；从事母婴保健技术服务活动，需取得《母婴保健技术考核合格证书》；开具麻醉药品处方，需经医疗机构考核合格取得麻醉药品处方权。但需特别注意的是，经考核取得医师资格的中医（专长）医师，只能按照中医（专长）医师考核认定的执业范围（包括其能够使用的中医药技术方法和具体治疗病证的范围）从事相关医疗活动，不能突破考核认定的执业范围看西医、开西药、做手术。同样西医按照国家有关规定，经培训和考核合格，也可采用与其专业相关的中医药技术方法，使用中医的技术措施进行诊治。《医师法》施行后，在医疗机构中的中医科、中西医结合科或者其他临床科室注册的中医、中西医结合医师，经相关专业培训和考核合格，在执业活动中可以采用与其专业相关的西医药技术方法。西医医师按照国家有关规定，经培训和考核合格，在执业活动中可以采用与其专业相关的中医药技术方法。中西医技术不再是人为设置壁垒，而是技术互通。中医师、中西医结合医师给患者予以注射输液治疗是允许的，不再违法，更不会构成非法行医罪。

26 医师能否在多个医疗卫生机构执业？

医师能否在多个医疗卫生机构执业，也就是通常所说的能否多机构执业的问题。医师经注册后从事执业活动，应当按照注册的执业地点，在注册的执业机构内执业，从事相应的医疗、预防、保健活动，一般不能突破注册的执业地点、执业机构、执业范围，从事与注册事项不相关的业务。这是《执业医师法》当时的明确规定。医师未经批准在注册的执业机构以外开展诊疗活动是一种应当受到行政处罚的违法行为。

为引导医务人员合理流动，充分调动医务人员工作的积极性，在国家卫生健康主管部门探索实行并规范注册医师多地点执业的试点基础上，《医师法》进一步将其上升为法律规定。该法第15条第1款规定："医师在二个以上医疗卫生机构定期执业的，应当以一个医疗卫生机构为主，并按照国家有关规定办理相关手续。国家鼓励医师定期定点到县级以下医疗卫生机构，包括乡镇卫生院、村卫生室、社区卫生服务中心等，提供医疗卫生服务，主执业机构应当支持并提供便利。"①

符合条件的医师可以申请两个以上的医疗卫生机构定期执业，分别作为第二、第三执业机构，其原执业机构为第一执业机构，即主执业机构。积极引导医师定期定点到县级以下医疗卫生

① 参见王萍、官宜希："医师法：法治引领推动新时代医师队伍高质量发展"，《中国人大》2021年9月。

机构，包括乡镇卫生院、村卫生室、社区卫生服务中心等，提供医疗卫生服务。医师定期定点到县级以下医疗卫生机构行医，送医下乡，送医到基层，可有效解决农村基层医疗技术不足的问题，同时也方便医师的合理流动和技术发挥。

27 医师出现哪些情形依法不予执业注册？

根据《医师法》第16条规定，医师有以下情形的，不予注册：①无民事行为能力或者限制民事行为能力；②受刑事处罚，刑罚执行完毕不满二年或者被依法禁止从事医师职业的期限未满；③被吊销医师执业证书不满二年；④因医师定期考核不合格被注销注册不满一年；⑤法律、行政法规规定不得从事医疗卫生服务的其他情形的。

（1）无民事行为能力或者限制民事行为能力

根据我国《民法典》规定，十八周岁以上的自然人为成年人，不满八周岁的未成年人为无民事行为能力人，八周岁以上的未成年人为限制民事行为能力人，不能辨认自己行为的成年人为无民事行为能力人，不能完全辨认自己行为的成年人为限制民事行为能力人。对限制民事行为能力人和无民事行为能力人，依法不予注册。

（2）受刑事处罚，刑罚执行完毕不满二年或者被依法禁止从事医师职业的期限未满

刑事处罚是一种较为严重的法律制裁。因此，《医师法》规

定，刑满后自刑罚执行完毕不满二年或者被依法禁止从事医师职业的期限未满，不予注册，不得开展医师执业活动。

（3）被吊销医师执业证书不满二年

吊销医师执业证书属于对医师实施行政处罚的一个罚种。从作出处罚决定之日起二年内，不予注册，不得开展医师执业活动。

（4）因医师定期考核不合格被注销注册不满一年

医师定期考核是指受县级以上卫生健康主管部门委托的机构或组织按照医师执业标准对医师的业务水平、工作成绩和职业道德进行的考核。医师定期考核分为执业医师考核和执业助理医师考核。考核类别分为临床、中医（包括中医、民族医、中西医结合）、口腔和公共卫生。医师定期考核每三年为一个周期。

根据原卫生部2007年2月9日制定的《医师定期考核管理办法》第27条规定，医师在考核周期内有下列情形之一的，考核机构应当认定为考核不合格：①在发生的医疗事故中负有完全或主要责任的；②未经所在机构或者卫生行政部门批准，擅自在注册地点以外的医疗、预防、保健机构进行执业活动的；③跨执业类别进行执业活动的；④代他人参加医师资格考试的；⑤在医疗卫生服务活动中索要患者及其亲友财物或者牟取其他不正当利益的；⑥索要或者收受医疗器械、药品、试剂等生产、销售企业或其工作人员给予的回扣、提成或者谋取其他不正当利益的；⑦通过介绍病人到其他单位检查、治疗或者购买药品、医疗器械等收取回扣或者提成的；⑧出具虚假医学证明文件，参与虚假医疗广告宣传和药品医疗器械促销的；⑨未按照规定执行医院感染控制任务，未有效实施消毒或者无害化处置，造成疾病传播、流行的；⑩故意泄漏传染病人、病原携带者、疑似传染病病人、密切接触者涉及个人隐私的有关信息、资料的；⑪疾病预防控制机构的医师未依法履行传染病监测、报告、调查、处理职责，造成严重后果的；⑫考核周期内，有一次以上医德考评结果为医德较差的；⑬无正当理由不参加考核，或者扰乱考核秩序的；⑭违反卫生法律有关规定，被行政处罚的。

（5）法律、行政法规规定不得从事医疗卫生服务的其他情形

2017 年 2 月 28 日国家卫生和计划生育委员会公布的《医师执业注册管理办法》规定：甲类、乙类传染病传染期、精神疾病发病期以及身体残疾等健康状况不适宜或者不能胜任医疗、预防、保健业务工作的；重新申请注册，经考核不合格的；在医师资格考试中参与有组织作弊的；被查实曾使用伪造医师资格或者冒名使用他人医师资格进行注册的不予注册。

28 何谓注销注册？医师注册后出现哪种情形时应当注销注册？

注销注册是指经过注册，取得医师执业证书后出现了不能或不宜从事医师执业活动的情况，卫生健康主管部门注销其注册并废止医师执业证书的情况。

注销注册是卫生健康主管部门对已领取医师执业证书的人员行使管理职能所采取的主要措施之一。注销注册的法定报告单位为医师执业的医疗卫生机构。医师注册后出现应注销注册的情形，其所在的医疗卫生机构在三十日内报告准予注册的卫生健康主管部门，卫生健康主管部门应及时注销其注册，废止医师执业证书。准予注册的卫生健康主管部门之外的卫生健康主管部门依职权发现医师有应注销注册情形的，应当及时通报准予注册的卫生健康主管部门。准予注册的卫生健康主管部门应当及时注销注册，废止医师执业证书。

根据《医师法》第 17 条规定，医师注册后有下列情形之一的，卫生健康主管部门应当注销注册。

（1）死亡。医师死亡的，包括自然死亡和宣告死亡，卫生健康主管部门依法应注销医师注册。

（2）受刑事处罚。刑事处罚是公民违反刑法规定，构成犯罪时，依法所应承担的法律责任。刑事处罚只能由人民法院依法作出。对于医师在执业活动中的犯罪行为，不论是故意犯罪，还是过失犯罪，也不论是与医疗活动有关的犯罪，还是与医疗活动不相关的犯罪，只要受到刑事处罚，都要注销其注册。需要说明的是，被追究刑事责任的医师刑满后二年内，不得重新申请注册。也就是说，医师被追究刑事责任刑满后二年内不得从事医师执业活动。从刑罚执行完毕之日起自申请注册之日止满二年的，医师可重新申请注册，开展医疗活动。

（3）被吊销医师执业证书。医师被吊销医师执业证书的，卫生健康主管部门同时应注销其注册，废止医师执业证书。医师从卫生健康主管部门作出吊销医师执业证书行政处罚之日起二年后可重新申请注册，经注册后，重新开展医师执业活动。但从处罚之日起二年内不予注册，也就是说，执业医师一旦被卫生健康主管部门吊销医师执业证书，从行政处罚之日起二年内，就失去了执业的资格，不能再从事相应的医师执业活动。

（4）医师定期考核不合格，暂停执业活动期满，经培训后再次考核仍不合格。受县级以上人民政府卫生健康主管部门委托的医疗卫生机构或者组织应当按照医师执业标准，对医师的业务水平、工作成绩和职业道德状况进行定期考核。对考核不合格的医师，县级以上人民政府卫生健康主管部门可以责令其暂停执业活动三个月至六个月，并接受培训和继续医学教育。暂停执业活动期满，再次进行考核，对考核合格的，允许其继续执业；再次考核仍不合格的，由县级以上人民政府卫生健康主管部门注销注册，废止医师执业证书。对业务水平低，医德差，严重不称职的医师，连续两次考核仍不合格，将被注销注册，废止医师执业证书。

（5）中止医师执业活动满二年。当今，科学的发展可以说是日新月异，医学知识的更新速度也非常快。在医疗机构中执业的医师如果不注重继续医学教育，将难以胜任本职工作。医师中止执业活动满二年，不但会造成对近阶段的医学进展不了解，对一般的业务也会变得生疏。如果任其随意执业，将很难保证医疗质量。因此《医师法》规定，中止医师执业活动满二年的，将被注销注册。被注销注册后，该医师仍具有医师资格，如仍准备执业，可重新申请注册，但应首先接受3~6个月的培训。

（6）法律、行政法规规定不得从事医疗卫生服务或者应当办理注销手续的其他情形。

29 何谓变更注册？哪些情况下医师可不变更注册在执业地点之外行医？

变更注册是指对执业地点、执业类别、执业范围等已注册事项进行的变更。医师在执业过程中，变更执业地点、执业类别、执业范围的，应到注册主管部门办理变更注册手续，并提交医师变更注册申请审核表，医师资格证书、医师执业证书以及省级以上卫生健康主管部门规定提交的其他材料。医师申请变更执业注册事项属于原注册主管部门管辖的，申请人应到原注册主管部门申请办理变更手续。变更注册事项不属于原注册主管部门管辖的，申请人应当先到原注册主管部门申请办理注册事项和医师执业证书编码，然后到拟执业地点注册主管部门申请办理变更执业注册手续。跨省、自治区、直辖市变更执业注册事项的，新执业地点注册主管部门应废止原医师执业证书后，再发给新的医师执业证书。

注册主管部门应当自收到变更注册申请之日起30日内办理变更注册手续。对因不符合变更注册条件不予变更的，应当自收到变更注册申请之日起30日内书面通知申请人，并说明理由。医师在办理变更注册手续中，在医师执业证书原注册事项已被变更，未完成新的变更事项许可前，不得从事执业活动。

医师参加规范化培训、进修、对口支援、会诊、突发事件医疗救援、慈善或者其他公益性医疗、义诊，承担国家任务或者参加政府组织的重要活动等，在医疗联合体内的医疗机构中执业等情况下，可以在不办理相关变更注册手续情况下异地开展诊疗活动。

规范化培训是毕业后医学教学的重要形式。进修是指医师根据工作中的需要，到上一级医疗卫生单位接受一定阶段的某一专业的训练。对口支援即经济发达或实力较强的一方对经济不发达或实力较弱的一方实施援助的一种政策性行为。会诊指几个医师共同诊断疑难病症。突发事件医疗救援是指有突发事件意外或者急病发生时，医护人员到达事故现场为伤病者进行的初步救援及护理。慈善是人们自愿地奉献爱心与援助的行为。公益性医疗是指非营利性和具有社会效益性的医疗项目。义诊是指义务为患者诊察疾病，有时包括施以简单的治疗。医疗联合体，是将同一个区域内的医疗资源整合在一起，通常由一个区域内的三级医院与二级医院、社区医院、村医院组成一个医疗联合体。在医联体内专家互享，可不变更注册在医联体不同的医疗机构之间开展诊疗活动。

30 哪些情况下应重新申请注册？

根据《医师法》第 19 条规定，中止医师执业活动二年以上或者本法规定不予注册的情形消失，申请人可重新申请注册。

重新申请注册的人员，应当由县级以上人民政府卫生健康主管部门或者其委托的医疗卫生机构、行业组织考核合格，方可按照规定重新申请执业注册。

重新申请注册，申请人除按照正常注册的申请提交材料外，还应提交医师重新执业注册申请审核表和县级以上卫生健康主管部门或者其委托的医疗卫生机构、行业组织出具的业务水平考核结果证明。

获得执业医师资格或执业助理医师资格后二年内未注册者，申请注册时，还应提交卫生健康主管部门或者其委托的医疗卫生机构、行业组织出具的业务水平考核结果证明。

执业助理医师取得执业医师资格后，原来对执业助理医师的注册即作废，继续在医疗卫生机构中执业的，应当重新申请注册。申请执业医师注册，申请人除按照正常注册的申请提交材料外，还应提交原医师执业证书。注册主管部门在办理执业注册手续时，应废止原医师执业证书，核发新的医师执业证书。

31 申请个体开业应具备哪些条件？

个体医疗机构是指个体行医者根据法律规定，经审批所开办的医疗机构。个体医疗机构是我国医疗机构的有机组成部分，在我国的医疗卫生事业中发挥着重要作用。

执业医师个体行医必须符合法律规定的条件，并按照规定程序进行审批或备案。未经审批或备案，不准个人私自行医。但是以师承方式学习中医或者经多年实践，医术确有专长的，由至少二名中医医师推荐，经省级人民政府中医药主管部门组织实践技能和效果考核合格，取得中医医师资格及相应的资格证书的人员，按照考核内容进行执业注册后，即可在注册的执业范围内个体行医。

我国法律规定的执业医师个体行医应具备的条件有：取得执业医师资格并经注册后，在医疗卫生机构中执业满 5 年的。执业行医不仅要具有医学理论知识，还必须具有一定的临床经验，因此要求个体行医的医师必须有在医疗卫生机构中执业满 5 年的临床经验积累过程。

32 医师能否利用业余时间私自行医？

现实中确实存在个别医师私自行医，在自己家中给病人看病、开方、配药，有的还设有病床给病人输液，甚至还有的在家中开展简单的手术。这虽然在一定程度上方便了附近群众，但由于家中的设备、技术条件较为简陋，没有严格规范的设施、急救药品、制度和人员等条件保障，给病人健康、医疗安全、社会安定埋下了隐患。另外，医师下班后在家行医，势必分散精力，影响正常的医疗工作。

医疗机构的医师在家中行医是违法的，一旦发生医疗纠纷，医师要承担相应的法律责任。《医疗机构管理条例》第 24 条明确规定：“任何单位或者个人，未取得《医疗机构执业许可证》，不得开展诊疗活动。”随着卫生法律法规的逐步建立健全，对医务人员的执业资格、服务行为以及应该承担的责任都有了明确的界定。正规医疗机构医师或者医师退休后，未取得个体《医疗机构执业许可证》，不得在家中擅自行医执业。

33 医师执业机构的种类和特征有哪些？

医师执业机构是指医师执业的机构，即医师的工作机构或从业单位。医师执业机构包括医疗机构、预防机构和保健机构。此外，还有以医师个人名义开办的诊所。

我国的医师执业机构具有如下特征：

（1）医师执业机构是医师运用医学知识开展诊疗活动的场所

医师取得了医师资格后，只是取得了医师执业的资格条件，医师开展执业活动，还必须经注册并到医疗卫生机构中执业或以个人名义开办诊所。医师执业机构是医师运用医学知识开展诊疗活动或预防、保健活动的场所。医师被医师执业机构聘用后，即可运用自己掌握的医学知识，以该机构的名义对外开展诊疗活动。医疗机构面对的是患者，是特定个体；预防、保健机构面对的是群体，不是特定的个体或病人。这是由医疗机构和预防、保健机构的性质和特征决定的。医师在诊疗或预防、保健活动中因过失给患者造成损害的，应由其所在的执业机构承担赔偿责任，医师执业机构承担赔偿责任后有权向有过错的医师追偿。执业机构应为医师执业创造必要的条件，如配备与执业活动相当的医疗设备，保障其工资报酬、津贴和福利待遇。执业医师有权参与所在机构的民主管理，对医师执业机构的医疗、预防、保健工作提出意见和建议。

（2）医师执业机构受卫生健康主管部门的监督、指导或领导

《医疗机构管理条例》第 5 条第 1 款、第 2 款规定："国务院卫生行政部门负责全国医疗机构的监督管理工作。县级以上地方人民政府卫生行政部门负责本行政区域内医疗机构的监督管理工作。"《医疗机构管理条例实施细则》第 7 条规定："卫生计生行政部门依法独立行使监督管理职权，不受任何单位和个人干涉。"

卫生健康主管部门依法对医师执业机构的设置进行审批，保证合理配置和合理利用医疗资源。通过设置审批、登记校验、名称核准、日常监督，对医师执业机构进行监督和指导。此外，卫生健康主管部门还通过核发医疗机构执业许可证，对违反法律规定的医师执业机构进行行政处罚，确保执业机构依法开展诊疗活动。

（3）医师执业机构具有多种形式

医师执业机构依作用不同可分为医疗机构、预防机构和保健机构。其组成形式多种多样。依机构的作用不同可分为医疗机

构、预防机构和保健机构；依机构的所有制不同可分为全民所有制机构、集体所有制机构、个体组织和股份制机构等；依行政隶属关系不同可分为国家卫生健康委属执业机构、省属执业机构、地（市）属执业机构、县属执业机构、高等医学院校附属执业机构等；依地域分布不同，可分为城市执业机构和农村执业机构；依机构的社会行为性质不同可分为营利性医疗机构和非营利性医疗机构。我国《医师法》对医师执业机构是按作用不同进行分类的。其中医疗机构在医师执业机构中占有较大比重。医疗机构的种类最多，包括医院、卫生院、门诊部、诊所、卫生所（室）以及急救站等，主要从事疾病诊断、治疗活动。预防机构的成分比较简单，主要有各级政府依法设立的疾病控制中心、结核病防治研究所（院）、寄生虫病防治研究所（站）、血吸虫病防治研究所（站）、皮肤病性病防治研究所（站）、地方病防治研究所（站）、鼠疫防治（站）所、乡镇预防保健站（所）等。保健机构是指承担保健任务的机构，主要有疗养院、妇幼保健站、卫生保健所等。

（4）医师执业机构不是经济实体，但可依机构的社会行为性质分为营利性执业机构和非营利性执业机构。

作为为广大人民群众提供医疗、预防、保健服务的医师执业机构，不同于一般的以营利为目的的经济实体。但依据机构的社会行为性质，即是否具有营利性质分为营利性执业机构和非营利性执业机构。国家区别营利性执业机构和非营利性执业机构进行不同的分类管理，采取不同的投资政策、价格和税收政策以及资产处置权。

34 如何查询医师注册信息？

医师注册信息可通过国家卫生健康委员会官网查询。县级以上地方人民政府卫生健康主管部门每年定时将准予注册和注销注册的人员名单予以公告，逐级上报后由省级人民政府卫生健康主管部门汇总，报国务院卫生健康主管部门备案。通过国家卫生健康委员会官网可查询到执业医师的项目、性别、医师级别、执业类别、执业证书编号、执业地点、执业范围、注册时间等相关信息。

第三章　执业规则

35 医师权利的内容及特点有哪些？

医师的权利是指法律赋予医师在执业过程中具有的一定权能。具体来说，是指在法律上允许医师在执业时具有一定作为或不作为的许可，并要求病人相应地作出或不作出一定行为的保障。它包括如下三个方面的主要内容：一是医师在执业过程中，依法实施一定行为的可能性和允许范围限度；二是医师在执业时，依法请求他人为或不为一定行为的限度和范围；三是医师在执业过程中，如若权益受到侵犯时，请求有关机关及时保护或救济的可能性。

医师是社会中的一项特殊职业，由于其履行着防病治病、救死扶伤，保护人民健康的神圣职责，其权利不同于一般公民的权利，也不同于律师、教师、公务员等的权利，其具有以下几个显著的特点：

（1）医师权利的广泛性。为保障医师有效地行使其职权，法律、法规赋予其广泛的权利，这些权利是不具有医师资格的一般公民不具备的，是不开展医疗执业活动的人不享有的。这些权利主要有医学诊查权、疾病调查权、医学处置权、出具诊断证明权，选择合理的医疗、预防、保健方案权。此外，还有获得医疗设备条件权，从事医学研究、开展学术交流、接受继续医学教育的权利等。

（2）医师权利的法定性。医师作为为社会提供医疗服务的医学工作者，其权利的来源是法律赋予的，这些权利是在《医师法》等法律、法规中明确规定的。法定的权利，任何人不得否定，不得剥夺。当然，医师在行使这些权利时并不是不受任何限制的，诊查权、调查权、处置权等必须征得患者的知情同意。在患者不同意的情况下，医师即使具备这样的权利，也无法行使。但这并不意味着医师不具备或丧失了此项权利。

（3）医师权利同执业活动相伴相随，不可分离。医师的权利不同于普通公民的权利始于出生，终于死亡。医师的权利只能是取得执业医师资格或执业助理医师资格，经注册后取得医师执业证书，并按照执业地点、执业类别、执业范围开展医疗、预防、保健活动时才能享有。如果只取得了执业医师资格，没有注册取得医师执业证书，就无法享有医师的权利。取得医师执业证书后，不开展医疗执业活动的，也不能享有医师的权利。医师经注册取得医师执业证书后出现违法或犯罪行为，给予行政处罚或刑事处分被注销注册的，医师的权利同时丧失①。

---

① 参见张永伟："医师执业的权利与义务"，载《中国卫生法制》2000年第3期。

36 医师执业时具有哪些权利？

医师执业时具有的权利有：医学诊查权；疾病调查权；医学处置权；出具医学证明文件权；选择合理的医疗、预防、保健方案权；获得符合国家规定标准的执业基本条件和职业防护装备权；从事医学研究、学术交流，参加专业学术团体权；参加专业培训和接受继续医学教育权；人格尊严、人身安全不受侵犯权；获得工资报酬和津贴，享受国家规定的福利待遇权；参与所在机构民主管理权。

37 什么是医学诊查权？

医师是具有一定的医学知识、进行疾病诊治的专业技术人员。医师要在医疗卫生机构中开展执业活动，要履行防病治病、救死扶伤，保护人民身体健康的职责，就必须具备医学诊查权。医学诊查权是医师的首要权利。

医学诊查权是指医师在执业过程中，对病人身体、心理状态进行诊断检查的权利。这是医师从事执业活动应当享有的基本权利。否则，医师的一切权利便无从谈起。诊查的目的是发现患者的病理、生理改变，从而作出正确诊断，选择正确的治疗方案。

在我国很早就有了“望、闻、问、切”的诊查方法。古典的临床诊断方法是病状、体征、逻辑推理三部曲。自从生理学因素介入临床诊断后，主要是通过检查后，根据生理功能常数的变异发现病变的部位、性质和程度。随着物理学、化学、生物学、解剖学及生理学的发展，诊断技术得到了飞速发展。微生物检查、生化检查、免疫学检查、X 光技术、同位素检查术、超声波检查、心电图，甚至 CT、核磁共振技术越来越广泛地应用到疾病诊断检查中，并发挥着主要作用。

医师的诊查权是法律赋予的，是其执业过程中必然具有的。但具体到某个病人来说，医师是否对其具有诊查权，还必须以就诊的人知情同意为前提，但某些传染病患者和精神病患者除外。根据我国法律规定，当发生传染病流行时，对传染病患者可采取强制措施，对其进行强制性检查和治疗。

医师和患者在法律上是两个完全独立的个体。基于病人患病就医，医师提供医疗服务、实施诊查行为而产生的医师与患者的关系。病人到医院看病，首先要预约、挂号，这可以看作一种法律上的要约，医师对预约的答复、医院挂号处收取挂号费并向病人交付挂号单，便是医师、医疗机构对患者的承诺。从这时起，病人和医师或医院之间便确立了一种事实上的合同关系。医师权利的行使从这一刻也便开始了。医师根据病情需要，在征得病人同意的情况下，决定具体检查的项目与内容。病人在享受医疗服务的同时，还应积极配合医师的检查，如实回答医师的提问，如实讲述病史。

医师的诊查权并不是绝对的。医师和患者作为两个完全独立的个体，患者在医疗过程中虽然处于被动的地位，但并不因此丧失其独立自主的地位。医师在行使诊查权，对患者作出具体诊查决定之前（除传染病患者和精神病患者外），应充分尊重患者的意愿。在认为需要通过化验或特殊检查才能查明病因或明确诊断时，应事先提出建议，征得患者的同意。患者如果无行为能力（婴幼儿、昏迷病人、严重精神病人），则应征得他（她）的家长、亲属或其他监护人的同意。这可以看作患者权利的延伸。医师在执业过程中，发现法定传染病人或病原携带者时，可以依据《传染病防治法》规定，强制对其检查、治疗，必要时还应采取隔离措施，以防止传染病的进一步传播、扩散。

38 什么是疾病调查权？

我国《医师法》第 22 条明确规定，医师在执业活动中享有疾病调查权。疾病调查权是指医师为明确诊断，就病人患病情况、身体状况、生活习惯以及有无不良行为等进行的询问、调查。

医师在开展诊治活动前，一般要询问病史，询问病史实际上就是对病人患病情况展开的调查。病人应主动配合医师，详细、如实地向医师提供自己的病情，不可隐瞒或伪造病情，否则将影响诊断的准确性，有时还会带来灾难性的后果，如有某种药物过敏史的病人，不如实向医师提供，在医师给患者使用该药物时会造成过敏性休克甚至死亡。

由于医患的特殊关系，某些病人可能在接受医师调查时将难言之隐告知为其就诊的医师，则该医师对此负有保密义务，不得出于医疗以外的目的，向其他人泄露患者的隐私。否则就构成对患者隐私权的侵害。

39 什么是医学处置权？

医学处置权，也就是医学处理权，是指医师在询问调查的基础上，在明确诊断或已初步诊断的情况下，根据患者的病情采取一定的医学处理措施，以控制病情的进一步发展、恶化，或遇有昏迷、大出血等危及病人生命的紧急情况时，对病人采取紧急性、及时性的抢救措施。这实际上是法律赋予医师在某些特殊情况下的紧急处置权。

医学处置权是医师在执业过程中享有的一项重要权利。这一权利对医师来说是完全独立的，在保证病人恢复健康或有利于病情好转的前提下，医师可根据医学科学的原理和方法，结合患者的病情，提出具体的处置措施或诊治方案，包括采用什么方法、什么药物、是住院还是门诊治疗、是否施行手术等。这些是法律赋予医师的权利，患者或其家属无权强行干预，更不能逼迫、威胁医务人员接受不合理的要求和改变医师在科学基础上作出的处置决定或治疗方案。医师的医学处置权应当具有自主性、独立性、完整性和科学性。

医学处置权可分为一般处置权和紧急处置权。一般处置权是指医师在正常的非紧急情况下行使的权利。一般应在注册的执业范围内，依照法律规定的条件和程序行使，通常情况下应征得患者的同意。在施行手术、特殊检查或者特殊治疗时，必须征得患者同意，无法取得患者意见时，应当取得其家属或者关系人同意并签字。紧急处置权是在患者出现危及生命的紧急情况时实施的，这时也应尽可能取得患者或者家属同意。如果时间紧急，情况不允许，病情急难险重，不能取得患者或者其近亲属意见的，经治医师在提出医疗处置方案后，报医疗机构负责人或者授权的负责人批准，可以立即实施相应的医疗措施。医师积极参与公共交通工具等公共场所急救服务，自愿实施急救造成受助人损害的，不承担民事责任。

40 什么是出具医学证明文件权？

我国《医师法》第 22 条中明确规定：医师在执业活动中，享有在注册的执业范围内出具相应的医学证明文件的权利。医学证明文件是指疾病诊断书、健康证明书、出生证明书或者死亡证明书等具有医学内容的证明文书。上述医学证明文书通常应患者或有关方面的要求出具。

医师出具医学证明文书，需明确两个问题：一是出具的医学证明文书所记载的内容必须属于医师本人注册的执业范围，如内科医师无权出具属于妇产科医师范围的出生证明书。二是必须是自己亲自检查、诊断、处置的病人。未经执业医师亲自诊查、处置的病人，不得就该病人出具疾病诊断书、健康证明书或死亡证明书等。如未亲自接产，不得出具出生证明书或者死产证明书。执业医师在出具医学证明文书时，必须实事求是，对诊查、处置的病人做客观、真实的记录。不得违反法律规定，不得出具假诊断证明书、假健康证明书等，否则要承担相应的法律责任。

41 医师是否具有从事医学研究、学术交流、参加专业学术团体的权利？

医师作为科技工作者，是掌握了一定医学科学知识的专业技术人员，依照《宪法》《科学技术进步法》《医师法》的规定，享有从事医学科学研究、进行学术交流、参加专业学术团体的权利。也就是说，医师在完成其专业任务赋予的本职工作的前提下，有权进行科学研究、技术开发、撰写学术论文、著书立说、参加医学专业学会等学术机构举办的学术交流活动，参加中华医学会、中华预防医学会、医师协会等专业学术团体，进行学术研究，并公开自己的学术观点。

医学是科技含量很高的一门学科，医学的发展取决于医学科研的开展程度。医师在执业活动中，结合执业中遇到的问题、难点，开展医学研究，不但有利于自身素质的提高，也有利于医疗水平的提高，有利于医学科技的进步，有利于患者疾病的康复。随着一个个不治之症的攻克，一个个医学难题的解决，不但会给医疗卫生机构带来荣誉和利益，对患者、对社会、对人类也是非常大的贡献。因此，医师执业的医疗卫生机构，就诊的患者都应支持并配合医师在完成本职工作的前提下，从事医学研究，开展学术交流。

42 医师是否具有参加专业培训，接受继续医学教育的权利？

随着现代科学技术高速的发展，知识在不断更新，医学知识更新的速度更是非常快，这就要求医师及时更新知识，调整知识结构，不断提高自己的业务水平。为此，法律赋予了医师在执业过程中参加专业培训，接受继续医学教育的权利。这既是医师的基本权利，也是其基本义务。医疗卫生机构以及卫生健康主管部门应当有计划、有步骤地采取各种方式，开辟多种渠道，为医师参加培训、进修和各种形式的继续教育创造条件，提供机会，切实保障此项权利的行使。

43 法律如何保护医师获取劳动报酬，享受国家规定的福利待遇，按照规定参加社会保险并享受相应待遇的权利？

获取劳动报酬，享受国家规定的福利待遇是医师的基本物质保障权利。医师治病救人、为患者服务、为人民健康服务，其工作是社会不可或缺的有效劳动。同时，医师以其特有的劳动，为医疗卫生机构的发展作出了显著的贡献。医师在执业过程中，当然有权要求所在单位及其主管部门提供与其地位和作用相称的经济保障。劳动报酬通常应当包括国家规定的医师职务基本工资、绩效工资以及加班和夜班报酬、特殊津贴和其他补贴。福利待遇一般包括医疗、住房、退休等方面依法享有的各项待遇和优惠措施。医师是专业性强、脑力和体力消耗较大的一种职业，这项权利，是维护其个人及家庭生活、保持良好工作体能与状态、安心于本职工作的基本保障。各级人民政府、卫生健康主管部门以及医疗卫生机构应当采取有力措施，依法保障医师的工资、津贴和各种工资福利待遇等权利的落实。

44 国家规定标准的执业基本条件和职业防护装备都有哪些?

《医师法》第 22 条规定了医师在执业活动中享有获得符合国家规定标准的执业基本条件和职业防护装备的权利，那么国家规定标准的执业基本条件和职业防护装备都有哪些呢?

医师在执业活动中，有权按照卫生健康主管部门规定的标准，获得与本人执业活动相当的医疗设备基本条件。这是医师开展执业活动应当具备的先决条件。比如，心电图机、X 光机、显微镜、必要的手术器械、胃镜、呼吸机、无影灯等。“巧妇难为无米之炊”，随着现代科技的发展，使得医师和医疗器械、医疗设备的联系程度越来越密切。没有这些条件做保障，医师就难以开展正常的执业活动。

原卫生部于 1994 年 9 月 2 日颁布的《医疗机构基本标准（试行）》中规定了医疗机构执业必须达到的最低标准，什么样的医疗机构，应具有哪些设备，该标准中有明确规定。

医师可能会与传染病患者及其血液、体液、排泄物等密切接触，且在工作中经常使用针、刀、剪刀和其他锋利的工具，如果不注意个人防护，任何时候都可能有职业暴露危险。如通过呼吸飞沫、物品接触，甚至试管标本溅洒到皮肤、黏膜甚至眼部，锐器导致手部被刺伤等意外而受到感染。一些传染病，特别是新冠肺炎，若医务人员防护不到位或稍有疏忽，就可能会意外感染。对医务人员要加强职业防护，配备和完善职业防护装备和日常防护用品，如防护服、隔离衣、防护鞋、N95 口罩、防护眼罩、防护面具、面屏、动力送风头套等，防止医务人员受到意外感染。

45 医师是否具有参与所在机构的民主管理权？

我国《宪法》第 41 条规定，公民对任何国家机关和国家工作人员有提出批评和建议的权利。医师作为公民，当然也享有这一政治权利。

医师有权对所在机构的医疗、预防、保健工作和卫生健康主管部门的工作提出意见和建议，有权依法参与所在机构的民主管理。医师作为专业技术人员，又长期处在医疗、预防、保健工作的第一线，容易发现其所在机构的医疗、预防、保健工作中存在的问题、不足或薄弱环节。医师以提高医疗、预防、保健管理工作质量为出发点，对其工作的优点与缺点、失误与不足提出意见和合理化建议，依法参与民主管理，对提高医疗、预防、保健工作的质量，提高卫生健康主管部门的科学化管理工作水平，促使医疗卫生工作规范化、科学化、民主化，无疑具有非常重要的意义。

提出意见和建议是指医师为搞好医疗、预防、保健工作为目的，对所在机构和卫生健康主管部门工作中存在的问题直接或间接地提出批评和合理化建议。参与民主管理是指医师有权参与所在机构的发展、改革及其他方面的重大事项。

各级卫生健康主管部门和医疗卫生机构应以积极的态度对待医师提出的批评和合理化建议，不得对提出批评意见的医师进行打击报复，并采取一定的措施保证医师参与所在机构的民主管理权利的实现。

46 医师义务具有哪些特征？

医师的义务是指法律赋予医师在执业过程中必须履行的责任。具体是指依照法律规定，医师在执业过程中必须为一定行为或不为一定行为，以维护法律正确实施和患者合法权益的必要性。医师的义务是和医师的权利相对应的一种概念。它同样是法律明确规定的，和执业活动密切相关的，为维护法律的权威，为保障患者的合法权益，医师在执业活动中必须这样做或那样做的内在的质的规定。

医师义务的特征有[①]：

（1）医师义务的法定性。医师的义务和医师的权利一样，是法律明确规定的，不是由卫生健康主管部门或执业机构规定的，也不是由患者约定的。这就意味着，医师在执业过程中必须无条件地履行自己的义务，根据法律规定必须为或不为一定行为。

（2）医师义务的实质是为或不为一定行为。医师作为社会职业中的一种特殊职业，除履行法律赋予一般公民的义务外，还应履行法律赋予医师的特定义务。这些义务是由其职业特点决定的。其主要分为两个方面：一是必须为一定行为。如医师在执业活动中必须遵守技术操作规范的义务。法律规定必须为一定行为，医师在执业过程中不为的，就构成了不作为违法。医师的不作为违法是指医师不履行法律、法规或技术操作规范所规定的作为义务的行为。如注射青霉素前，必须按照操作规范要求先做皮试，未做皮试而直接注射青霉素则构成不作为违法。二是必须不为一定行为。法律规定医师在执业过程中必须不为一定行为，若医师违反法律规定为了，同样也构成违法，它构成的是作为违法。医师的作为违法是指医师在执业过程中不履行法律、法规或技术操作规范所规定的不作为义务的行为。如法律规定医师在执业过程中负有不得泄露患者的隐私，为患者保密的义务，如果医

① 参见张永伟："医师执业的权利与义务"，载《中国卫生法制》2000 年第 3 期。

师不尊重患者，随意泄露患者的隐私则构成作为违法。

（3）医师的义务体现着职业道德和执业纪律的客观要求。我国法律规定的医师的义务，大多属于医师职业道德和职业纪律研究的范畴。医师的义务和医德的要求是一致的、统一的。从一定意义上说，可以将医师的义务看作上升为法律规范的医师的职业道德，是医德的升华。

（4）医师的义务同其执业行为紧密相连、密不可分。医师的义务同其权利一样，只有在其从事执业活动时，才发生履行义务的问题，如果医师没有开展执业活动，也就不存在履行义务的问题。

47 医师执业时应履行的义务有哪些？

《医师法》第23条明确规定了医师在执业活动中应履行的义务有：①树立敬业精神，恪守职业道德，履行医师职责，尽职尽责救治患者，执行疫情防控等公共卫生措施；②遵循临床诊疗指南，遵守临床技术操作规范和医学伦理规范等；③尊重、关心、爱护患者，依法保护患者隐私和个人信息；④努力钻研业务，更新知识，提高医学专业技术能力和水平，提升医疗卫生服务质量；⑤宣传推广与岗位相适应的健康科普知识，对患者及公众进行健康教育和健康指导；⑥法律、法规规定的其他义务。

48 规范医师执业行为的法律法规有哪些？

目前，国家层面已确立了依法治国的基本国策。医疗卫生领域国家的卫生法律法规正在逐步完善。依法行医，提高医务人员的医疗卫生法律意识也是卫生界当下的共识。医务人员应加强执业相关法律知识学习，弥补“业务知识强，法律意识淡薄”的漏洞，改变“注重看病治疗，忽视依法执业”的现象。

规范医师执业活动的法律有：《基本医疗卫生与健康促进法》《医师法》《药品管理法》《传染病防治法》《精神卫生法》《母婴保健法》《职业病防治法》《人口与计划生育法》《中医药法》《献血法》《疫苗管理法》等。

规范医师执业活动的法规有：《麻醉药品和精神药品管理条例》《医疗用毒性药品管理办法》《艾滋病防治条例》《病原微生物实验室生物安全管理条例》《放射性同位素与射线装置安全和防护条例》《医疗废物管理条例》《医疗机构管理条例》《血吸虫病防治条例》《血液制品管理条例》《医疗纠纷预防和处理条例》《突发公共卫生事件应急条例》《放射性药品管理办法》《人体器官移植条例》等。

规范医师执业活动的规章有：《处方管理办法》《医疗广告管理办法》《医疗机构管理条例实施细则》《医院感染管理办法》《人体器官移植技术临床应用管理暂行规定》《医疗机构传染病预检分诊管理办法》《医师外出会诊管理暂行规定》《放射诊疗管理

规定》《病历书写基本规范》《药品不良反应报告和监测管理办法》《医疗机构病历管理规定（2013年版）》《医师定期考核管理办法》《消毒管理办法》等。

此外，还有一些医疗管理制度也是医师执业活动必须了解的，这些制度主要有：首诊负责制度、术前讨论制度、三级医师查房制度、死亡病例讨论制度、分级护理制度、查对制度、疑难病例讨论制度、病历书写基本规范与管理制度、会诊制度、交接班制度、危重患者抢救制度、技术准入制度等。

49 医师在执业活动中为什么要遵循临床诊疗指南、临床技术操作规范和医学伦理规范？

医疗机构及其医务人员除了要遵守法律、法规、规章以外，还要遵守有关临床诊疗指南、临床技术操作规范和医学伦理规范。临床诊疗指南、临床技术操作规范和医学伦理规范是在总结以往医学科学经验和医疗技术成果的基础上对医疗过程的定义和所应用技术的规范或指南。

临床诊疗指南、临床技术操作规范和医学伦理规范是指卫生健康主管部门以及全国性医学专业学会（中华医学会、中国医师协会等）针对医疗行业的特点，制定的各种标准、规程、规范、制度的总称。这些规范经卫生健康主管部门和全国性医学专业学会制定和发布后，具有技术性、规范性和可操作性，是具有法律性质的规范性文件。医务人员在执业活动中应当遵守并认真执行。

医学伦理规范是指在医学伦理学基本原则指导下协调医师人际关系及医师、医疗卫生机构与社会关系的行为准则或具体要求，它以强调的医师应履行的义务为内容，以“应该做什么、不应该做什么以及如何做”的形式出现，所以也是培养医师医学道德品质的具体标准。

临床诊疗指南、临床技术操作规范包括国务院有关部门（国家卫生健康委、国家中医药管理局）制定的诊疗护理规范，全国性的医学专业学会制定或编著的诊疗护理规范、指南。如原卫生部曾先后发布的《口腔种植技术管理规范》《寨卡病毒病诊疗方案》《结直肠癌诊疗规范》《原发性肺癌诊疗规范》《恶性淋巴瘤诊疗规范》等均属于技术操作规范内容；中华医学会编著的系列《临床诊疗指南》《临床技术操作规范》（分别由人民卫生出版社和人民军医出版社出版）。地方卫生健康主管部门、地方行业性学会、协会制定或编著的诊疗护理规范在本地具有遵照执行的效力。医疗机构自定、供内部使用的诊疗护理规范常规在医疗机构内具有执行的效力。

卫生健康主管部门以及全国医学专业学会、协会针对医学行业的特点制定的有关技术操作方面的规范，从内容上具有技术性，但经一定的机关或机构制定和发布后，便具有了规范性的特征。国家卫生健康委依法定权限、法定程序制定的技术规范，属于法律的范畴，具有在全国范围内生效的法律效力，医师在执业活动中应当遵照执行。

50 医师执业时为什么必须遵守职业道德规范?

医师必须爱岗敬业，遵守职业道德和执业纪律，恪守职业情操，履行医师职责，尽职尽责为患者服务，这是医师执业最基本、最重要的义务。

爱岗敬业、遵守职业道德是医师做好本职工作的前提，一个人不珍惜自己的岗位，没有敬业精神，就不可能待患者如亲人，不可能成为一个全心全意为患者服务的好医师。医师必须具有崇高的职业献身精神，树立牢固的事业心，刻苦钻研，不断提高自己的医疗技术水平，树立敬业精神，全心全意为患者服务，这是法律为医师执业设定的一项重要义务。

由于医师是以身心有疾病、有痛苦的人为服务对象，因此，社会对其提出的道德要求比其他群体更高、更严。只有具有良好医德的医师，才能很好地履行自己的职责，为众多患者解除痛苦。医师如果没有高尚的医德，不仅不能治好患者的疾病，还会给患者增加额外负担和痛苦。医乃仁术，贵在医德。

医师在执业过程中，必须履行其职责，尽职尽责地为患者服务，这同样是《医师法》为医师执业设定的义务。

51 医师为什么要保护患者的隐私?

《民法典》对隐私的定义是：隐私是自然人的私人生活安宁和不愿为他人知晓的私密空间、私密活动、私密信息。据此，可将患者的隐私理解为患者在就诊过程中向医师公开的，但患者不愿让其他人知晓的私密空间、私密活动、私密信息。具体指可造成患者精神伤害的疾病、病理生理上的缺陷、有损个人名誉的疾病、患者不愿他人知道的隐情等。保护患者的隐私是指医师为病人保守秘密，不得向患者或者家属以外的无关人员泄露患者的隐私与秘密。①

一个人生病后，一般要到门诊或医院找医师看病，患者和医师之间便构成了事实上和法律意义上的医患关系。由于职业的需要，医师在为患者诊治疾病的过程中，很容易接近和了解患者或者其他服务对象的隐私，主要表现在：①医师在询问患者病情和患病史或听取患者陈述过程中，一般要对患者姓名、住址、住宅电话、家族情况进行了解并记入病案。②医师在对患者或常规体检的人进行身体检查时，往往要接触患者身体肌肤，甚至是性器官等特别隐私部位。③医师在询问患者或听取患者主诉时，要了解患者疾病或其他方面隐私，如性生活不协调、性功能障碍、曾患过性病、曾吸过毒、曾被人强奸等。④对患者血液、精液、排泄物进行检查检验时，可能发现患者的某些隐私，如无精子、染色体畸形或其他遗传信息。总之，患者到医院检查治疗的一切过程都可能属于患者的隐私，都可能构成患者隐私权的内容。

医师与患者的关系，是建立在相互信任的基础上的。基于这

① 参见肖艳秋：“我国隐私权保护入宪初探”，载《湖北经济学院学报》（人文社会科学版）2021 年第 6 期。

种信任，患者将属于自己隐私范畴的事项告知医师；也是基于这种信任，医师获得患者的某种属于隐私的信息，它是医师行使其职权的基础与前提。如果医师在诊治过程中，不能为患者保守秘密，就会严重破坏医患之间确立的相互信任关系，医师就不能从病人那里得到和疾病的发生、发展密切相关的有关信息，医师也就不可能很好地履行自己的职责。随意泄露患者的隐私，不但对病人造成侵害，妨害医师依法履行其职责，从长远来看，对医学事业的发展也是非常不利的。

医师在执业过程中，负有关心、爱护、尊重患者，保护患者隐私的义务。保护患者隐私，既是医德的要求，也是法律的要求。随着科技和大众传播媒介的发展，信息交流的增加，世界变得“越来越小”，使得个人隐私越来越容易受到他人侵犯。我们国家也越来越重视对公民隐私权的保护。我国《宪法》《刑法》《民法典》均规定有与隐私权相关的内容。如《宪法》第 38 条规定：“中华人民共和国公民的人格尊严不受侵犯。禁止用任何方法对公民进行侮辱、诽谤和诬告陷害。”这里的人格尊严，不仅包括名誉、姓名、肖像等，也包括隐私。《民法典》第 1032 条第 1 款规定：“自然人享有隐私权。任何组织或者个人不得以刺探、侵扰、泄露、公开等方式侵害他人的隐私权。”第 1033 条规定：“除法律另有规定或者权利人明确同意外，任何组织或者个人不得实施下列行为：（一）以电话、短信、即时通讯工具、电子邮件、传单等方式侵扰他人的私人生活安宁；（二）进入、拍摄、窥视他人的住宅、宾馆房间等私密空间；（三）拍摄、窥视、窃听、公开他人的私密活动；（四）拍摄、窥视他人身体的私密部位；（五）处理他人的私密信息；（六）以其他方式侵害他人的隐私权。”

患者的个人信息是指以电子或者其他方式记录的能够单独或者与其他信息结合识别特定自然人的各种信息，包括自然人的姓名、出生日期、身份证件号码、生物识别信息、住址、电话号码、电子邮箱、健康信息、行踪信息等。《民法典》第 1034 条规定，自然人的个人信息受法律保护。个人信息中的私密信息，适用有关隐私权的规定；没有规定的，适用有关个人信息保护的规定。《个人信息保护法》第 28 条第 1 款规定，敏感个人信息是一旦泄露或者非法使用，容易导致自然人的人格尊严受到侵害或者人身、财产安全受到危害的个人信息，包括生物识别、宗教信仰、特定身份、医疗健康、金融账户、行踪轨迹等信息，以及不满十四周岁未成年人的个人信息。

医师处理患者个人信息，包括个人信息的收集、存储、使用、加工、传输、提供、公开等，应当符合《民法典》第 1035 条规定，遵循合法、正当、必要原则，并征得该自然人或者其监护人同意，公开处理信息的规则，明示处理信息的目的、方式和范围，不违反法律、行政法规的规定和双方的约定，不过度处理。

我国卫生法律法规中有大量保护公民个人健康信息和患者隐私的内容。《基本医疗卫生与健康促进法》第 92 条规定，国家保护公民个人健康信息，确保公民个人健康信息安全。任何组织或者个人不得非法收集、使用、加工、传输公民个人健康信息，不得非法买卖、提供或者公开公民个人健康信息。《医师法》第23条中规定，医师在执业活动中应当履行尊重、关心、爱护患者，依法保护患者隐私和个人信息的义务。《母婴保健法》第34条规定，从事母婴保健工作的人员应当严格遵守职业道德，为当事人保守秘密。《艾滋病防治条例》第39条规定，疾病预防控制机构和出入境检验检疫机构进行艾滋病流行病学调查时，被调查单位和个人应当如实提供有关情况。未经本人或者其监护人同意，任何单位或者个人不得公开艾滋病病毒感染者、艾滋病病人及其家属的姓名、住址、工作单位、肖像、病史资料以及其他可能推断出其具体身份的信息。

52 医师为什么必须努力钻研业务，更新知识，提高专业技术水平？

医疗工作是一项专业性、技术性很强的工作，医师除具备良好的医德外，还必须具备扎实的业务知识和熟练的技能，医德和医技是医师从业不可或缺的两个方面。没有精湛的医疗技术，无论医德多么高尚，也不可能成为受人信赖的好医师。为确保医师医疗技术的不断改进和提高，法律赋予了医师在执业活动中，努力钻研业务，更新知识，提高专业技术水平的义务。

随着现代科学技术的飞速发展，各种医学理论、技术和知识在不断更新。医师只有努力进取、不断学习、刻苦钻研业务，不断更新自己的知识结构，提高专业技术水平，才能适应医疗工作的需要，完成救死扶伤、治病救人、保护人民健康的神圣职责。

53 医师在为病人诊治时，是否有义务向患者宣传卫生保健知识，并对其进行健康教育？

医师除从事诊疗活动，解除患者病痛外，还应向患者积极宣传卫生保健知识，对患者进行健康教育。许多患者患病，是由于缺乏卫生保健知识，采取不卫生、不科学的生活方式造成的。“授人以鱼不如授人以渔。”为患者解除痛苦固然重要，但倡导健康文明的生活方式，普及卫生保健知识，教育和引导患者养成良好的卫生习惯，提高健康意识和自我保健能力，防病于未患之时，对社会、对每一位患者更为重要。

54 医师开具诊断证明应遵循哪些规定？

医学诊断证明书是证明病人就诊过程及诊休意见的文字凭据，它是病人考勤、工伤诊断、肇事赔偿、司法鉴定以及各类保险报销的重要凭据。医师在实施医疗、预防、保健措施时，签署的有关医学证明文件的种类有：出生证、死亡证、健康证明书、疾病诊断证明书、伤残证明书、功能鉴定书。病历、门诊日志、处方、手术记录、疫情报告等医学文书，从内容上也可认为是医学证明文件。医师在签署上述医学证明文件时，并不是不受任何约束和限制，必须遵守一定的规则，必须符合《医师法》和《医疗机构管理条例》等法律法规的规定。

出具疾病诊断证明书、出院证明书等医学诊断证明书的人员应为本医疗机构注册的医师，所诊断的疾病应尽量明确具体，说明程度，其内容与病历记载一致，出具医学诊断证明书的医师对所作出的诊断负法律责任。医师不得出具与自己执业范围无关或者与执业类别不相符的医学诊断证明书。

医师必须亲自诊查患者并书写相关病历，对门诊患者，应具有相关检验、检查结果后方可出具疾病诊断证明书；住院患者必须确实在本院住院，在其出院后方可出具出院证明书。每项诊断都应具备科学客观的诊断依据，主要处理意见要考虑病情需要与实际可能，并与病历中记载的病情和检查结果相符。医师填写诊断证明要慎重认真，不能单凭患者简单主诉，而应以科学检查为依据，不允许利用人情关系滥开医学诊断证明书，更不允许出具虚假医学诊断证明书。原则上规定出具医学诊断证明必须由首诊医师书写。

医师开具的医学诊断证明书必须填写完整（包括姓名、性别、年龄、职别、疾病标准全称、出院时患者状况、休假天数、其他建议、当日时间及诊疗医师签字等）。对事后的医学诊断证明书一般不应补办，确有特殊情况的，要以事实为依据，核实后并经院领导批准才能补办，补办落款日期必须书写为补办当日日期，同时注明“补办”二字。

医师必须严格掌握病休时间。原则上急诊开具病休时间不超过3天，门诊不超过1周，慢性病不超过2周，特殊情况不超过1个月。住院医师出具的出院证明病休时间不得超过半个月，主治以上医师出具的出院证明病休时间不超过1个月，因特殊病情需要延长病休时间在复诊时由经治医师续开。休息时间应大写，病休假时间仅供病人单位参考。医学诊断证明书只证明病人疾病诊断和是否需要病休以及时间或医疗建议，不得出现疗养、免夜班等非临床医学治疗内容，不应提及与医疗不相关的其他处理意见。

医师未经特殊授权不得出具劳动能力、伤残程度及职业病等专用医学诊断证明文件。凡因打架斗殴、凶杀或交通事故，涉及刑事案件的医疗诊断，以及用于因病退休、因病休学、伤害、残疾、工伤、劳动鉴定、保险索赔、办理低保等特殊诊断证明，由当事人或家属持公检法、交通管理、劳动保障等相关部门的介绍信，经医务科审核后，由指定科室医师按照相关规定开具医学诊断证明书。对学术上有争议的诊断，需开医学诊断证明书，应由医院组织专家会诊，经过讨论后，慎重开具医学诊断证明书。

医学证明文件是病人身体健康状况或出生、死亡等情况的真实记载。它一经签署，就产生一定的法律效力，因工致伤、致残的要享受工伤的福利待遇。公民出生、死亡的，还要引起公民民事权利能力的发生和终止。医师不据实签署有关医学证明文件，轻则引起纠纷，重则引起社会管理秩序的混乱。没有劳动能力及伤残鉴定资格的医院不作劳动能力和伤残资格鉴定。职业病诊断、工伤鉴定应介绍至职业病诊断机构、人力资源和社会保障部门进行诊断鉴定。有些病人出于一定的个人目的，找熟人、托关系，让医师出具不实的诊断证明，医师必须守住法律和道德底线，自觉不做虚假诊断和证明，不因此妨碍司法活动或扰乱社会管理秩序。

《医师法》第 24 条第 1 款规定："医师实施医疗、预防、保健措施，签署有关医学证明文件，必须亲自诊查、调查，并按照规定及时填写病历等医学文书，不得隐匿、伪造、篡改或者擅自销毁病历等医学文书及有关资料。"《医疗机构管理条例》第 32 条规定："未经医师（士）亲自诊查病人，医疗机构不得出具疾病诊断书、健康证明书或者死亡证明书等证明文件；未经医师（士）、助产人员亲自接产，医疗机构不得出具出生证明书或者死产报告书。"

为保证医学证明文件的真实性、合法性、有效性，要求医师签署的有关医学证明文件，必须是亲自诊断、调查的结果，"没有调查就没有发言权"。一个人是否健康、是否患病、患的什么病，是否导致残疾，病人是否死亡，婴儿是否出生、是死产还是活产等，必须是医师本人亲自进行医学诊查、疾病调查、医学处置，结合医学知识分析判断后，才能得出的结论。未经亲自检查、诊断，很难保证诊断证明的真实性。如果该诊断证明妨碍了司法机关的侦查、检察、审判活动或引起其他严重后果，构成伪证罪的，要依法追究医师伪证罪的刑事责任。

55 医师能否出具与自己执业范围无关或者与执业类别不相符的医学证明文件？

依据法律规定，医师在执业活动中享有在注册的执业范围内出具相应的医学证明文件的权利，医师出具的医学证明文件应限于本人的执业范围和执业类别。内科医师应限于内科疾病范围，外科医师应限于外科疾病的范围，妇科医师应限于妇科疾病范围。内外科医师无权出具出生证明，出生证明是妇产科医师在执业类别范围内出具的医学证明文件。医师出具的医学证明文件必须与自己的执业范围相关或与执业类别相符。

56 规范病历书写的法律法规有哪些？

病历属于重要的医学文书，是患者病情和诊疗全过程的客观原始记录。医疗纠纷、伤残处理、诉讼案件等都要以全部医学文书作为评议、处理或明确责任的依据，是一种重要的法律证据。

医师应认真执行医疗文书书写与管理制度，规范书写、妥善保存病历材料，不隐匿、伪造或违规涂改、销毁医学文书及有关资料。医师应按照要求及时书写病历，不能临时抱佛脚，等出现医疗纠纷后再补写应付。

规范病历书写的法律法规有以下几个方面：

（1）《全国医院工作条例》第8条中规定：“……认真按时写好病历，保持病历的及时性、准确性、完整性，提高病历书写质量……”

（2）原卫生部于1982年4月7日颁发的《医院工作制度》对病历书写制度作出了明确规定：病历记录应用钢笔书写，力求通顺、完整、简练、准确、字迹清楚、整洁、不得删改、倒填、剪贴。医师应签全名。病历一律用中文书写，无正式译名的病名，以及药名等可以例外。诊断、手术应按照疾病和手术分类名称填写。同时对门诊病历和住院病历的书写作了规定。

（3）原卫生部制定的《病历书写基本规范》（卫医政发〔2010〕11号）主要对病历书写要求和规范进行了规定。

57 病历书写应遵守哪些规定？

病历是指医务人员在医疗活动过程中形成的文字、符号、图表、影像、切片等资料的总和，包括门（急）诊病历和住院病历。病历书写是指医务人员通过问诊、查体、辅助检查、诊断、治疗、护理等医疗活动获得有关资料，并进行归纳、分析、整理形成医疗活动记录的行为。

医务人员应按照原卫生部制定的《病历书写基本规范》书写病历。病历书写时应当使用蓝黑墨水、碳素墨水，需复写的病历资料可以使用蓝色或黑色油水的圆珠笔。计算机打印的病历应当符合病历保存的要求。病历书写应当使用中文，通用的外文缩写和无正式中文译名的症状、体征、疾病名称等可以使用外文。规范使用医学术语，文字工整，字迹清晰，表述准确，语句通顺，标点正确。病历书写一律使用阿拉伯数字书写日期和时间，采用 24 小时制记录。

58 电子病历录入应遵守哪些规定？

电子病历是指医务人员在医疗活动过程中，使用医疗机构信息系统生成的文字、符号、图表、图形、数据、影像等数字化信息，并能实现存储、管理、传输和重现的医疗记录，是病历的一种记录形式。使用文字处理软件编辑、打印的病历文档，不属于电子病历。

电子病历包括门（急）诊电子病历、住院电子病历及其他电子医疗记录。电子病历内容应当按照《病历书写基本规范》执行，使用卫生健康主管部门统一制定的项目名称、格式和内容，不得擅自变更。

电子病历录入应当使用中文和医学术语，要求表述准确，语句通顺，标点正确。通用的外文缩写和无正式中文译名的症状、体征、疾病名称等可以使用外文。记录日期应当使用阿拉伯数字，记录时间应当采用 24 小时制。

电子病历系统应当为操作人员提供专有的身份标识和识别手段，并设置有相应权限；操作人员对本人身份标识的使用负责。

医务人员采用身份标识登录电子病历系统完成各项记录等操作并予确认后，系统应当显示医务人员电子签名。

电子病历系统应当设置医务人员审查、修改的权限和时限。实习医务人员、试用期医务人员记录的病历，应当经过在本医疗机构合法执业的医务人员审阅、修改并予电子签名确认。医务人员修改时，电子病历系统应当进行身份识别、保存历次修改痕迹、标记准确的修改时间和修改人信息。

电子病历系统应当具有严格的复制管理功能。同一患者的相同信息可以复制，复制内容必须校对，不同患者的信息不得复制。严禁篡改、伪造、隐匿、抢夺、窃取和毁坏电子病历。

59 病历修改应遵循哪些规定？

病历是医疗机构对患者进行治疗、护理过程的真实记载，是发生医疗纠纷时的主要证据。医疗机构随意修改病历，不仅侵害了患者对医院诊断、治疗过程和自身病况的知情权，而且还会造成比医疗事故本身更恶劣的社会影响。医师书写病历应符合原卫生部制定的《病历书写基本规范》，严禁涂改、伪造、隐匿、销毁病历资料。根据《民法典》第1222条的规定，医疗机构遗失、伪造、篡改或者违法销毁病历资料，推定医疗机构有过错。

病历不允许篡改，但允许合理合法的修改。《病历书写基本规范》第7条规定：“病历书写过程中出现错字时，应当用双线划在错字上，保留原记录清楚、可辨，并注明修改时间，修改人签名。不得采用刮、粘、涂等方法掩盖或去除原来的字迹。上级医务人员有审查修改下级医务人员书写的病历的责任。”

60 医师书写病历能否由他人代签名？

医患双方发生纠纷时，治疗过程中形成的病历资料在判断责任中起着关键作用。病历资料的真实性和完整性是其本质要求。医师本人签名是真实性和完整性的保证，是对记录内容负责的具体体现。现实中病历代书写或代签名的情况在部分医院、部分医师中仍有不同程度的存在，如下级医师代上级医师记录或签名、实习医师代主治医师记录或签名、护士代医师记录或签名等，这些都是不符合规定的。一旦因此引发诉讼医方就会陷入被动，为败诉埋下伏笔。病历中的医师签名必须由医师本人亲自签名，不得由他人代签。下级医师或者实习医师更不得因任何原因在病历资料中模仿或伪造上级医师笔迹进行签名。

《病历书写基本规范》第 8 条规定：“病历应当按照规定的内容书写，并由相应医务人员签名。实习医务人员、试用期医务人员书写的病历，应当经过本医疗机构注册的医务人员审阅、修改并签名。进修医务人员由医疗机构根据其胜任本专业工作实际情况认定后书写病历。”

61 病程记录能否事后补记或重新誊写？

病程记录是指继入院记录之后，对患者病情和诊疗过程所进行的连续性记录。病程记录属于重要的医学文书，是患者病情和诊疗全过程的客观原始记录。医疗纠纷、伤残处理、诉讼案件等都要以全部病程记录作为评议、处理或明确责任的依据，它是一种重要的法律证据。

医师应按照要求及时书写病程记录，因抢救急危患者，未能及时书写的，允许事后6小时内补记。但产生纠纷或提起诉讼后再行补记或重新誊写则是法律所不允许的。医师不按照要求及时书写病历，引起纠纷后补记或重新誊写的病历不具有应有的证据效力。

62 病历保管应遵循哪些规定？

为进一步强化医疗机构病历管理，维护医患双方的合法权益，使病历管理满足现代化医院管理的需要，国家卫生计生委和国家中医药管理局于2013年11月20日发布了《医疗机构病历管理规定（2013年版）》。

门（急）诊病历原则上由患者负责保管。医疗机构建有门（急）诊病历档案室或者已建立门（急）诊电子病历的，经患者或者其法定代理人同意，其门（急）诊病历可以由医疗机构负责保管。门（急）诊病历由患者保管的，医疗机构应当将检查检验结果及时交由患者保管。门（急）诊病历由医疗机构保管的，医疗机构应当在收到检查检验结果后24小时内，将检查检验结果归入或者录入门（急）诊病历，并在每次诊疗活动结束后首个工作日内将门（急）诊病历归档。

住院病历由医疗机构负责保管。患者住院期间的住院病历由所在病区统一保管。因医疗活动或者工作需要，须将住院病历带离病区时，应当由病区指定的专门人员负责携带和保管。医疗机构应当在收到住院患者检查检验结果和相关资料后 24 小时内归入或者录入住院病历。患者出院后，住院病历由病案管理部门或者专（兼）职人员统一保存、管理。

医疗机构对患者的住院病历负有管理责任。医疗机构对病历保管不当造成丢失的，应当负相应的法律责任。

63 什么是医疗告知义务？

医疗告知义务是指依据我国卫生法律法规规定，医疗机构及其医务人员在医疗过程中应当向患者、患者家属或者有关人员如实告知病情、医疗措施、医疗风险、替代医疗方案等与患者诊治有关的内容。

医疗告知义务是基于患者的知情同意权而产生的。医疗告知的目的在于患者对自身病情、医疗措施、医疗风险及医疗费用等相关信息的知情并自主作出是否同意相关医疗措施的选择。医疗机构及其医务人员在医疗过程中的医疗告知义务是患者知情同意权得以实现的前提和保障。

医患双方在医学专业知识、医疗相关信息的占有上具有不对称性。一般患者通常不具有专业水准的医学知识，难以理解医疗行为的目的和必要性，难以对其风险进行正确认知。对人身具有严重损伤后果的医疗行为，该行为是在权衡利弊的基础上所采取的。尽管其可能影响身体机能甚至危及生命，但其目的是治疗患者顽疾，使患者免遭受疾病困扰或长期受病痛折磨。让患者接受在其体内实施的具有一定侵袭性的医疗行为，需要患者在知晓自己病情并了解该医疗行为风险的基础上，作出是否同意该医疗措施的决定。对医疗过程中不具有严重损伤后果的医疗行为，如常规注射、针灸等，则不需要向患者详尽说明。

64 规定有医疗告知义务的法律法规有哪些？

《民法典》第1219条规定："医务人员在诊疗活动中应当向患者说明病情和医疗措施。需要实施手术、特殊检查、特殊治疗的，医务人员应当及时向患者具体说明医疗风险、替代医疗方案等情况，并取得其明确同意；不能或者不宜向患者说明的，应当向患者的近亲属说明，并取得其明确同意。医务人员未尽到前款义务，造成患者损害的，医疗机构应当承担赔偿责任。"

《医师法》第25条规定："医师在诊疗活动中应当向患者说明病情、医疗措施和其他需要告知的事项。需要实施手术、特殊检查、特殊治疗的，医师应当及时向患者具体说明医疗风险、替代医疗方案等情况，并取得其明确同意；不能或者不宜向患者说明的，应当向患者的近亲属说明，并取得其明确同意。"

《医疗事故处理条例》第11条规定："在医疗活动中，医疗机构及其医务人员应当将患者的病情、医疗措施、医疗风险等如实告知患者，及时解答其咨询；但是，应当避免对患者产生不利后果。”

《医疗机构管理条例》第33条规定：“医疗机构施行手术、特殊检查或者特殊治疗时，必须征得患者同意，并应当取得其家属或者关系人同意并签字；无法取得患者意见时，应当取得家属或者关系人同意并签字；无法取得患者意见又无家属或者关系人在场，或者遇到其他特殊情况时，经治医师应当提出医疗处置方案，在取得医疗机构负责人或者被授权负责人员的批准后实施。”

《医疗机构管理条例实施细则》第62条规定：“医疗机构应当尊重患者对自己的病情、诊断、治疗的知情权利。在实施手术、特殊检查、特殊治疗时，应当向患者作必要的解释。因实施保护性医疗措施不宜向患者说明情况的，应当将有关情况通知患者家属。”

《医疗机构管理条例实施细则》第88条规定：“……特殊检查、特殊治疗：是指具有下列情形之一的诊断、治疗活动：（一）有一定危险性，可能产生不良后果的检查和治疗；（二）由于患者体质特殊或者病情危笃，可能对患者产生不良后果和危险的检查和治疗；（三）临床试验性检查和治疗；（四）收费可能对患者造成较大经济负担的检查和治疗……”

《病历书写基本规范》第23条规定：“手术同意书是指手术前，经治医师向患者告知拟施手术的相关情况，并由患者签署是否同意手术的医学文书。内容包括术前诊断、手术名称、术中或术后可能出现的并发症、手术风险、患者签署意见并签名、经治医师和术者签名等。”

65 医师履行告知程序应告知患者本人还是家属？

医师在履行告知程序时，患者完全具有民事行为能力，只要本人有同意能力，医疗行为应以本人同意为原则。仅要求患者家属签字同意是一个误区，常常是引起医疗纠纷的一个原因。通常只有患者没有同意能力时，才由其配偶、父母或者成年子女，以及近亲属或监护人代为同意。但通常要由患者签署授权委托书，同时要在知情同意书上写明原因，医师和患者签字家属同时签名。

医疗机构及其医务人员应将患者作为告知的首要对象，患者是医疗行为及其风险的具体承担者，告知的对象首先应当是患者本人。让患者充分了解自己的病情及其转归以及欲采取的诊疗措施和可能存在的潜在风险，在患者本人充分知情的情况下，作出是否同意的选择。

医疗告知以告知患者为原则，以告知患者家属或其近亲属为例外。当患者不具有完全民事行为能力或意识不清时，告知患者存在障碍，这时的告知由患者延伸至其家属或者近亲属。如果患者生命垂危需要紧急抢救，不能取得患者或其近亲属的意见时，可由医疗机构负责人或被授权的负责人签字同意后，实施必要的医疗措施，但必须在事后及时向患方告知有关情况。

家属并不是一个严格的法律上的概念，其一般是指同一家庭居住在一起的成员。患者家属，指家庭内患者本人以外的家庭成员。根据我国《民法典》第 1045 条，近亲属包括配偶、父母、子女、兄弟姐妹、祖父母、外祖父母、孙子女、外孙子女。当告知患者不能或存在障碍时，可告知患者配偶、父母、子女、兄弟姐妹、祖父母、外祖父母、孙子女、外孙子女。配偶、父母、子女和其他共同生活的近亲属为家庭成员。

当患者为未成年人、精神病人等无民事行为能力人或限制民事行为能力人时，其不具备理解和接受告知信息的能力，无法自主进行选择。这时的告知对象是其监护人，监护人代理被监护人接受告知和行使知情同意及选择权利。这在儿科和精神科是常见的一种方式。《精神卫生法》第 31 条规定："精神障碍患者有本法第三十条第二款第一项情形的，经其监护人同意，医疗机构应当对患者实施住院治疗；监护人不同意的，医疗机构不得对患者实施住院治疗。监护人应当对在家居住的患者做好看护管理。"第 37 条规定："医疗机构及其医务人员应当将精神障碍患者在诊断、治疗过程中享有的权利，告知患者或者其监护人。"

监护人是指对无民事行为能力或限制民事行为能力人的人身、财产和其他一切合法权益负有监督和保护责任的人。一般来说，对未成年人、精神病患者及其他有严重精神障碍的人，都应设置监护人。《民法典》第 27 条规定："父母是未成年子女的监护人。未成年人的父母已经死亡或者没有监护能力的，由下列有监护能力的人按顺序担任监护人：（一）祖父母、外祖父母；（二）兄、姐；（三）其他愿意担任监护人的个人或者组织，但是须经未成年人住所地的居民委员会、村民委员会或者民政部门同意。”第28条规定：“无民事行为能力或者限制民事行为能力的成年人，由下列有监护能力的人按顺序担任监护人：（一）配偶；（二）父母、子女；（三）其他近亲属；（四）其他愿意担任监护人的个人或者组织，但是须经被监护人住所地的居民委员会、村民委员会或者民政部门同意。”

现实中发生过因告知不当引起纠纷的案例。一位30多岁的女性患者发现左侧乳房有一肿块到北京某大医院就诊。医师经过检查诊断后明确为乳腺癌而收住入院手术治疗。手术医师告诉病人的丈夫，病人需做左侧乳房切除手术，丈夫表示同意，并在术前通知书上签了字。手术经过顺利，术后病人清醒后，发现自己左侧乳房已被切除，情绪低落，痛哭流涕，并因此产生纠纷。医师说，做手术前我们告诉了你的丈夫，而且你的丈夫也签了同意书。病人说，问题是你医师手术前为什么不告诉我手术方案？我作为一个年轻的女性不能没有乳房，丈夫签字不能代表我的意见。患者一纸诉状将医院告上法庭。

66 患者作出同意或者不同意医疗方案时医师如何应对？

一个具有完全民事行为能力的患者进行知情同意选择，结果会有同意、不同意和弃权三种，医师对这三种选择结果，应采取不同的应对方案。

第一，患者作出的“同意”选择，意味着对实施医疗措施的认可，医疗方案可付诸实施。

第二，对要实施的医疗方案，患者作出“不同意”的选择，是拒绝接受相关措施的表示。对此，医师只能放弃该医疗方案，但应将可替代的医疗方案及时提供给患者，由患者继续作出选择决定。

第三，如果患者对医疗告知的项目选择“弃权”，或者不明确表示其选择意愿，医师一般应视为患者作出不同意的意思表示。需要注意的是，当患方家庭内部出现选择意见分歧时，医师实施医疗告知更为棘手。笔者认为，在患者为完全民事行为人、意识清楚并能表达其意志的情况下，尽管患方内部的意见有分歧，医师仍应尊重患者本人作出的选择。

67 医疗告知的方式有哪些?

医疗告知有口头和书面两种方式。

（1）口头告知。因医师的工作具有强度大、专业性强的特点，不可能做到所有与患者相关的问题均进行书面告知。一些患者一般应知晓的、通常对患者无危险性或危险性极小，如常用药的服药方法、常规检查、常规治疗的注意事项等，医师可以采取口头告知的方式。

（2）书面告知。实施手术、特殊检查、特殊治疗、实验性医疗等均应履行书面告知，签署同意书。手术同意书的内容包括术前诊断、手术名称、术中或术后可能出现的并发症、手术风险、患者签名、医师签名；特殊检查、特殊治疗、实验性医疗同意书的内容包括特殊检查、特殊治疗、实验性医疗项目名称、目的、可能出现的并发症及风险、患者签名、医师签名等。

患者签名中所包含的不仅是一个名字，还应包括患者是否理解了同意书中的内容，是同意还是拒绝同意书中的手术、检查及治疗项目等。医院在与患者签署知情同意书时，一式两份，患者保存一份，可促进医师更为重视同意书书写的全面性、严谨性，同时也可减少相关问题的医疗纠纷。

68 实施特殊检查、特殊治疗是否应征得患者同意？

《民法典》第 1219 条规定，需要实施手术、特殊检查、特殊治疗的，医务人员应当及时向患者说明医疗风险、替代医疗方案等情况，并取得其书面同意；不宜向患者说明的，应当向患者的近亲属说明，并取得其书面同意。医务人员未尽到前款义务，造成患者损害的，医疗机构应当承担赔偿责任。《医疗机构管理条例实施细则》第 88 条将特殊检查、特殊治疗界定为以下四个方面的检查和治疗：①有一定危险性，可能产生不良后果的检查和治疗；②由于患者体质特殊或者病情危笃，可能对患者产生不良后果和危险的检查和治疗；③临床试验性检查和治疗；④收费可能对患者造成较大经济负担的检查和治疗。

特殊检查、特殊治疗不同于一般的检查、治疗，其存在一定的风险、可能产生不良后果或有可能给患者造成较大经济负担，医师应将特殊检查和特殊治疗的缺陷、可能产生的难以避免的并发症以及医学效果评价恰当地告知患者，让患者自主决定或自由选择是否进行这些风险较大或价格昂贵的检查和治疗。患者同意施行特殊检查、特殊治疗的，应签署特殊检查、特殊治疗及风险知情同意书。医师凭患者签字的知情同意书对患者进行特殊检查和特殊治疗。

69 施行手术过程中术式变更是否应征得患者或其家属同意？

医师无论在什么情况下，都应尊重患者的“知情同意”“知情选择”权。无论是实施手术前还是在手术过程中术式变更时，都一定要充分将各种事项全面告知，在患者充分知情的情况下自主决定是否同意手术。

患者是手术利益和风险的最终承担者，只有患者在权衡风险大小和利弊得失后，才有权决定是手术还是保守治疗，是行此手术还是行彼手术。实施手术医师应尊重病人的知情权和选择权。患者对手术方案、风险程度、费用开支等真实情况有了解与被告知的权利，患者在知情的情况下有选择、接受与拒绝的权利。

对需取得患者书面同意方可进行的医疗活动，应当由患者本人签署知情同意书。患者不具备完全民事行为能力时，应当由其法定代理人签字；患者因病无法签字时，应当由其授权的人员签字；为抢救患者，在法定代理人或被授权人无法及时签字的情况下，可由医疗机构负责人或者授权的负责人签字。医师在实施手术前，由手术者（或第一助手）向病人（或委托授权人）及其家属就病人病情、手术方式、可能发生的并发症及可采取的措施等进行充分、明确的术前告知，并有签字认可。如果手术过程中手术方式因故需要变更时，需要暂时停止手术，向患者或其亲属（或委托授权人）交代并获得签字同意后方可进行。

70 告知患者病情应如何避免产生不利后果？

《医师法》第 25 条规定：“医师在诊疗活动中应当向患者说明病情、医疗措施和其他需要告知的事项。需要实施手术、特殊检查、特殊治疗的，医师应当及时向患者具体说明医疗风险、替代医疗方案等情况，并取得其明确同意；不能或者不宜向患者说明的，应当向患者的近亲属说明，并取得其明确同意。”这里的“不宜”是指医师履行告知程序应注意区分患者病情轻重程度和患者承受能力，考虑直接告知患者是否会产生不利后果。

医师应如实向患者和其家属介绍病情，是指医师在不影响诊治的前提下，应充分尊重患者和其家属的意愿，在疾病诊治过程中，将病情如实介绍给患者或其家属，使其及时了解有关诊断、治疗、预后等方面的信息，使病人能及时行使相关权利。如同意某种手术或不同意某种手术的权利，接受或拒绝某种治疗方案的权利。但医师应注意避免对患者产生不良后果。特别是对癌症患者或某些危重患者，要防止如实告知病情后产生的负面影响，应本着对患者身心健康负责的原则，在不影响诊治的前提下，采取适当的方式，选择适当的时机，避免因告知的不适当对患者的疾病治疗和康复产生不良影响。

对某些心情不太开朗的癌症患者，应避免患者知道自己真实病情后对治疗和康复产生的不利影响。防止患者一旦得知真实病情后，情绪悲观或剧烈波动，丧失战胜疾病的信心，甚至抵触治疗或采取消极的行为。一般应首先向家属如实告知，再根据家属的意愿，决定是否将真实情况告知患者。必要时，在征得家属同意并取得患者家属和有关人员的配合下，可不告知患者真实病情，采取保护性治疗措施。

医师履行告知程序应注意避免对患者产生不利后果。一些身体素质和心理承受能力较差的患者，一旦得知自己患病严重，不能承受疾病和精神双重打击，进而突发严重情况，有的甚至采取自杀等极端手段。江苏六旬王老太就经历了这样一个过程。王老太在某医院被确诊为恶性肿瘤，需要做手术，术前麻醉师按照规定和惯例与患者进行告知谈话："老太太，你患的是肺癌，病情很重，需要做开胸手术，你要做好准备。"一席话没有结束，老太太由于害怕和恐惧，突发心脏病，经抢救无效死亡。家属以医院向患者交代病情方式不当"吓死"患者为由，要求医院承担法律责任。

71 医师进行药物、医疗器械临床试验，必须符合哪些条件？

医师进行药物、医疗器械临床试验，必须符合下列两个条件：其一是要经过医师所执业的医疗机构的批准。通过审批，医院对药物、医疗器械临床试验的目的是否科学、安全程度如何、危险性大小等进行科学分析、判断，对药物、医疗器械临床试验过程实行严格的管理，遵守医学伦理规范，依法通过伦理审查，以降低其危险性，提高其安全程度。其二是在对患者进行药物、医疗器械临床试验前必须征得患者本人或者其家属同意。医师在开展药物、医疗器械临床试验前，应如实告知患者本人或者其家属，其所进行的治疗属于药物、医疗器械临床试验，所使用的药品或者医疗器械是未经正式批准生产的，处于临床试用阶段。让患者本人或者其家属了解真实情况后作出自主选择，以便决定是否参加。如获同意，患者本人应在知情同意书上签字。对无行为能力的受试者，如昏迷患者、婴幼儿、精神病人等，应由其家属或监护人签名。

72 医师在进行药物、医疗器械临床试验时为什么要征得患者的同意？

医学科学是一门实验性很强的科学，医疗技术的不断创新和进步，诊疗技术水平的不断改进与提高，直接关系到患者的治疗质量和效果。为推动医学科学的发展和进步，促进医疗技术的不断发展和医疗质量的不断提高，必须有计划、有目的、有组织地进行药物、医疗器械临床试验研究。药物、医疗器械临床试验中的药物、器材是在未得到正式批准或普遍认可的情况下在临床进行的人体试用。医学和其他科学一样，作为新事物，其临床效果和是否安全需要逐渐认识和发现，医师和患者都需要承担一定的风险。作为临床医疗的新药物、新器材的开发和应用，都必须经过一个临床试用的过程，通过试用确定其效果，不断总结经验和进行改进，得到肯定的效果后再进行推广应用。药物、医疗器械临床试验是新药物、新器材等通过有关部门鉴定，证明其安全性和疗效，取得批准文号，大量投入生产和临床应用的必不可少的重要环节。

由于药物、医疗器械临床试验具有一定的风险，因此，《医师法》第 26 条明确规定：“医师开展药物、医疗器械临床试验和其他医学临床研究应当符合国家有关规定，遵守医学伦理规范，依法通过伦理审查，取得书面知情同意。”医师不得未经医院批准，未经患者本人或者其家属同意，将药物、医疗器械临床试验强行用于病人。医师进行药物、医疗器械临床试验必须经批准并征得患者本人或其家属的同意，是对患者本人或其家属意愿的尊重，是对人体健康负责，也是国际上通行的做法。严禁医师为了本人科研目的，沽名钓誉，置患者生命安全于不顾，未经批准，未经患者本人或者其家属同意，强行推行药物、医疗器械临床试验。

医师在执业活动中，违反法律规定，未经患者或者其家属同意，对患者进行药物、医疗器械临床试验的，由县级以上人民政府卫生健康主管部门责令改正，情节严重的，责令暂停六个月以上一年以下执业活动直至吊销医师执业证书。

73 医疗机构使用医疗器械的目的是什么？

医疗器械，是指直接或者间接用于人体的仪器、设备、器具、体外诊断试剂及校准物、材料以及其他类似或者相关的物品，包括所需要的计算机软件；其效用主要是通过物理等方式获得，而不是通过药理学、免疫学或者代谢的方式获得，或者虽然有这些方式参与但是只起辅助作用。

医疗机构使用医疗器械的目的是：

（1）疾病的诊断、预防、监护、治疗或者缓解；

（2）损伤的诊断、监护、治疗、缓解或者功能补偿；

（3）生理结构或者生理过程的检验、替代、调节或者支持；

（4）生命的支持或者维持；

（5）妊娠控制；

（6）通过对来自人体的样本进行检查，为医疗或者诊断目的提供信息。

74 医疗器械是如何进行分类管理的？

医疗器械按产品种类可分为三类：第一类是指植入人体，用于生命支持，技术结构复杂，对人体可能具有潜在危险，其安全性、有效性必须严格控制的医疗器械，如人造心脏瓣膜、接骨钢板等。第二类是指产品机理已取得国际国内认可，技术成熟，其安全性、有效性必须加以控制的医疗器械，如心电图仪、X 光机。

第三类是指通过常规管理即可保证安全性、有效性的医疗器械，如注射器、血压计等。

医疗器械按规模大小可分为：①普通医疗器械；②普通医用仪器设备；③大型精密贵重仪器设备。按用途不同可分为诊断用医疗器械、治疗用医疗器械和生物材料。

我国《医疗器械监督管理条例》是按照医疗器械风险程度进行分类管理的：第一类是风险程度低，实行常规管理可以保证其安全、有效的医疗器械。第二类是具有中度风险，需要严格控制管理以保证其安全、有效的医疗器械。第三类是具有较高风险，需要采取特别措施严格控制管理以保证其安全、有效的医疗器械。

75 医疗机构使用医疗器械应符合哪些要求？

医疗器械使用单位，是指使用医疗器械为他人提供医疗等技术服务的机构。

为保证诊治效果，医疗机构应使用经国家有关部门批准使用的医疗器械。未经药品监督管理部门批准使用的不合格产品，不得用于临床。妥善保存购入第三类医疗器械的原始资料，并确保信息具有可追溯性。

医疗机构对重复使用的医疗器械，应当按照国家卫生健康委制定的消毒管理的规定进行处理。一次性使用的医疗器械不得重复使用，对使用过的应当按照国家有关规定销毁并记录。对需要定期检查、检验、校准、保养、维护的医疗器械，应当按照产品说明书的要求进行检查、检验、校准、保养、维护并予以记录，及时进行分析、评估，确保医疗器械处于良好状态，保障使用质量；对使用期限长的大型医疗器械，应当逐步建立使用档案，记录其使用、维护、转让、实际使用时间等事项。记录保存期限不得少于医疗器械规定使用期限终止后5年。

医疗机构使用大型医疗器械以及植入和介入类医疗器械的，应当将医疗器械的名称、关键性技术参数等信息以及与使用质量安全密切相关的必要信息记载到病历等相关记录中。使用过程中发现医疗器械存在安全隐患的，医疗器械使用单位应当立即停止使用，并通知生产企业或者其他负责产品质量的机构进行检修；经检修仍不能达到使用安全标准的医疗器械，不得继续使用。

76 医疗机构使用大型医用设备应符合哪些规定？

大型医用设备，是指使用技术复杂、资金投入量大、运行成本高、对医疗费用影响大且纳入目录管理的大型医疗器械，分为甲类和乙类实施配置许可管理。

根据《国家卫生健康委员会关于发布大型医用设备配置许可管理目录（2018年）的通知》：“甲类大型医用设备包括：①重离子放射治疗系统；②质子放射治疗系统；③正电子发射型磁共振成像系统（英文简称PET/MR）；④高端放射治疗设备，指集合了多模态影像、人工智能、复杂动态调强、高精度大剂量率等精确放疗技术的放射治疗设备，包括 X 线立体定向放射治疗系统（英文简称 Cyberknife）、螺旋断层放射治疗系统（英文简称 Tomo）HD 和 HDA 两个型号、Edge 和 Versa HD 等型号直线加速器；⑤首次配置的单台（套）价格在 3000 万元人民币（或 400 万美元）及以上的大型医疗器械。乙类大型医用设备包括：①X 线正电子发射断层扫描仪（英文简称 PET/CT，含 PET）；②内窥镜手术器械控制系统（手术机器人）；③64 排及以上 X 线计算机断层扫描仪（64 排及以上 CT）；④1.5T 及以上磁共振成像系统（1.5T 及以上 MR）；⑤直线加速器（含 X 刀，不包括列入甲类管理目录的放射治疗设备）；⑥伽玛射线立体定向放射治疗系统（包括用于头部、体部和全身）；⑦首次配置的单台（套）价格在 1000—3000 万元人民币的大型医疗器械。”

根据《大型医用设备配置与使用管理办法（试行）》规定，医疗机构使用大型医用设备应取得配置许可证。甲类大型医用设备的配置许可证由国家卫生健康委员会核发；乙类大型医用设备的配置许可证由省级卫生健康行政部门颁发。

医疗机构使用大型医用设备应当遵循安全、有效、合理和必需的原则。大型医用设备必须达到计（剂）量准确、辐射防护安全、性能指标合格。使用单位应当建立大型医用设备管理档案，记录其采购、安装、验收、使用、维护、维修、质量控制等事项，并如实记载相关信息。按照大型医用设备产品说明书等要求，进行定期检查、检验、校准、保养、维护，确保大型医用设备处于良好状态。不得使用无合格证明、过期、失效、淘汰的大型医用设备，不得以升级等名义擅自提高设备配置性能或规格，规避大型医用设备配置管理。发现大型医用设备使用存在安全隐患的，或者外部环境、使用人员、技术等条件发生变化，不能保障使用安全质量的，应当立即停止使用。经检修不能达到使用安全标准的，不得继续使用。发现大型医用设备不良事件或者可疑不良事件，应当按照规定及时报告医疗器械不良事件监测技术机构。

大型医用设备使用人员应当具备相应的资质、能力，按照产品说明书、技术操作规范等使用大型医用设备。

77 一次性使用的医疗器械有哪些使用要求？

一次性使用的医疗器械是国家重点监控的第三类医疗器械。包括：①一次性使用无菌注射器；②一次性使用输液器；③一次性使用输血器；④一次性使用麻醉穿刺包；⑤一次性使用静脉输液针；⑥一次性使用无菌注射针；⑦一次性使用塑料血袋；⑧一次性使用采血器；⑨一次性使用滴定管式输液器。

对一次性使用的医疗器械的使用，需注意以下规定：《传染病防治法》第51条第2款规定，医疗机构应当按照规定对使用的医疗器械进行消毒；对按照规定一次使用的医疗器具，应当在使用后予以销毁。《医疗器械监督管理条例》第49条第2款规定，一次性使用的医疗器械不得重复使用，对使用过的应当按照国家有关规定销毁并记录。一次性使用的医疗器械目录由国务院药品监督管理部门会同国务院卫生主管部门制定、调整并公布。列入一次性使用的医疗器械目录，应当具有充足的无法重复使用的证据理由。重复使用可以保证安全、有效的医疗器械，不列入一次性使用的医疗器械目录。对因设计、生产工艺、消毒灭菌技术等改进后重复使用可以保证安全、有效的医疗器械，应当调整出一次性使用的医疗器械目录，允许重复使用。《消毒管理办法》第 6 条规定，医疗卫生机构使用的一次性使用医疗用品用后应当及时进行无害化处理。《医院感染管理办法》第 12 条第 2 款规定，医疗机构使用的消毒药械、一次性医疗器械和器具应当符合国家有关规定。一次性使用的医疗器械、器具不得重复使用。

78 为什么法律规定医师在任何情况下都不得拒绝急救处置急危患者？

《医师法》第 27 条第 1 款规定：“对需要紧急救治的患者，医师应当采取紧急措施进行诊治，不得拒绝急救处置。”此规定明确的是不得拒绝处置急危患者的规则。急危患者，是指急症或病情危重的患者。对急危患者必须及时予以救治，如拖延时机、延误救治，就有可能危及生命。医师承担着救死扶伤、保护人民身体健康的神圣职责，对危急患者，医师应当采取紧急措施进行诊治，在任何情况下，都不得拒绝急救处置，这是医师执业义不容辞的责任。

个别医院片面强调经济效益，对急需手术抢救的病人，过分强调挂号、交费等手续延误了抢救时机，造成病人死亡或其他无法挽回的后果，在社会上造成了恶劣影响。为杜绝见死不救，以种种借口推诿患者的现象，《医师法》规定，对需要紧急救治的患者，拒绝急救处置，或者由于不负责任延误诊治的，由县级以上人民政府卫生健康主管部门责令改正，给予警告；情节严重的，责令暂停六个月以上一年以下执业活动直至吊销医师执业证书。

79 我国法律规定对哪些患者可实行强制医疗？

强制医疗，顾名思义即非自愿的强制治疗。具体是指国家基于维护公共安全、避免公共健康危机，通过对患者疾病非自愿的强制治疗，以治愈疾病、防止疾病传播、维护社会安全和公众健康利益。强制医疗具有强制性、非自愿性、公益性的特点。较为常见的是对甲类传染病患者的强制医疗，对精神病人的强制医疗，有关部门对吸毒人员采取的强制戒毒治疗措施等。

对疑似精神障碍患者发生伤害自身、危害他人安全的行为，或者有伤害自身、危害他人安全危险的，其近亲属、所在单位、当地公安机关应当立即采取措施予以制止，并将其送往医疗机构进行精神障碍诊断。具体而言，人民法院负责强制医疗决定书的作出，公安机关负责强制执行。精神病人强制医疗的依据是《刑事诉讼法》的有关规定。《刑事诉讼法》第302条规定：“实施暴力行为，危害公共安全或者严重危害公民人身安全，经法定程序鉴定依法不负刑事责任的精神病人，有继续危害社会可能的，可以予以强制医疗。”

80 对精神障碍患者诊断治疗应实行自愿原则还是非自愿原则？

精神疾病与其他躯体疾病不同，具有其特殊性。精神疾病病因复杂，治愈率低，病程迁延，致残率高。患者行为异常，缺乏自知，具有潜在的社会危害性，给社会和家庭带来沉重的负担。精神疾病患者受到社会较为严重的歧视，其权益易受侵害。

作为弱势群体，精神障碍患者往往受到不同程度的歧视，合法权益常常得不到保障。为了发展精神卫生事业，规范精神卫生服务，维护精神障碍患者的合法权益，全国人大常委会于2012年10月26日通过了《精神卫生法》，于2013年5月1日起正式施行。

我国《精神卫生法》对精神障碍患者诊断治疗实行自愿原则。在此前提下，对诊断结论、病情评估表明，就诊者为严重精神障碍患者并且有已经发生危害自身或他人安全的行为，或者有危害自身或他人安全的危险的，应对其实施住院治疗，即强制住院治疗。医疗机构接收强制住院治疗精神病患者必须有司法机关作出的强制住院治疗决定作为法定依据。《精神卫生法》第27条规定：“精神障碍的诊断应当以精神健康状况为依据。除法律另有规定外，不得违背本人意志进行确定其是否患有精神障碍的医学检查。”第28条规定：“除个人自行到医疗机构进行精神障碍诊断外，疑似精神障碍患者的近亲属可以将其送往医疗机构进行精神障碍诊断。对查找不到近亲属的流浪乞讨疑似精神障碍患者，由当地民政等有关部门按照职责分工，帮助送往医疗机构进行精神障碍诊断。疑似精神障碍患者发生伤害自身、危害他人安全的行为，或者有伤害自身、危害他人安全的危险的，其近亲属、所在单位、当地公安机关应当立即采取措施予以制止，并将其送往医疗机构进行精神障碍诊断。医疗机构接到送诊的疑似精神障碍患者，不得拒绝为其作出诊断。”第30条规定：“精神障碍的住院治疗实行自愿原则。诊断结论、病情评估表明，就诊者为严重精神障碍患者并有下列情形之一的，应当对其实施住院治疗：（一）已经发生伤害自身的行为，或者有伤害自身的危险的；（二）已经发生危害他人安全的行为，或者有危害他人安全的危险的。”

81 医疗机构购进、使用药品有何要求？

药品是指用于预防、治疗、诊断人的疾病，有目的地调节人的生理机能并规定有适应症、用法和用量的物质，包括中药材、中药饮片、中成药、化学原料药及其制剂、抗生素、生化药品、放射性药品、血清疫苗、血液制品和诊断药品等。

治病救人离不开药品，药品质量好坏，直接影响着医疗效果。未经国家药品监督管理局批准使用的药品，很难保证其产品质量，应用于患者时，不仅起不到相应的治疗作用，还会给患者造成痛苦，带来更严重的危害。

医疗机构购进药品，必须建立并执行进货检查验收制度，验明药品合格证明和其他标识；不符合规定要求的，不得购进和使用。医疗机构应当制定和执行药品保管制度，采取必要的冷藏、防冻、防潮、防虫、防鼠等措施，保证药品质量。

医疗机构的药剂人员调配处方，必须经过核对，对处方所列药品不得擅自更改或者代用。对有配伍禁忌或者超剂量的处方，应当拒绝调配；必要时，经处方医师更正或者重新签字，方可调配。

82 《药品管理法》对假药劣药是如何界定的？

医师在执业过程中使用的药品，必须是国家有关部门批准使用的合格药品，禁止使用假药、劣药。依据《药品管理法》，有下列情形之一的，为假药：（1）药品所含成份与国家药品标准规定的成份不符；（2）以非药品冒充药品或者以他种药品冒充此种药品；（3）变质的药品；（4）药品所标明的适应症或者功能主治超出规定范围。有下列情形之一的，为劣药：（1）药品成份的含量不符合国家药品标准；（2）被污染的药品；（3）未标明或者更改有效期的药品；（4）未注明或者更改产品批号的药品；（5）超过有效期的药品；（6）擅自添加防腐剂、辅料的药品；（7）其他不符合药品标准的药品。

83 医疗机构配制制剂有何要求？

医疗机构制剂，是指医疗机构根据本单位临床需要经批准而配制、自用的固定处方制剂。医疗机构配制的制剂应该通过本医疗机构的医师对患者进行诊断后开具处方，由本医疗机构的药剂部门根据医师处方将该制剂发放到患者手中。

《药品管理法》第 74 条规定：“医疗机构配制制剂，应当经所在地省、自治区、直辖市人民政府药品监督管理部门批准，取得医疗机构制剂许可证。无医疗机构制剂许可证的，不得配制制剂。医疗机构制剂许可证应当标明有效期，到期重新审查发证。”第 75 条规定：“医疗机构配制制剂，应当有能够保证制剂质量的设施、管理制度、检验仪器和卫生环境。医疗机构配制制剂，应当按照经核准的工艺进行，所需的原料、辅料和包装材料等应当符合药用要求。”第 76 条规定：“医疗机构配制的制剂，应当是本单位临床需要而市场上没有供应的品种，并应当经所在地省、自治区、直辖市人民政府药品监督管理部门批准；但是，法律对配制中药制剂另有规定的除外。医疗机构配制的制剂应当按照规定进行质量检验；合格的，凭医师处方在本单位使用。经国务院药品监督管理部门或者省、自治区、直辖市人民政府药品监督管理部门批准，医疗机构配制的制剂可以在指定的医疗机构之间调剂使用。医疗机构配制的制剂不得在市场上销售。”

84 临床使用的麻醉药品等特殊药品为什么要进行特殊管制？

麻醉药品、医疗用毒性药品、精神药品和放射性药品统称为特殊药品。由于其能产生生理依赖性，易使人产生中毒或发生其他危害，国家通过立法对麻醉药品、医疗用毒性药品、精神药品和放射性药品进行特殊管理，医师在执业过程中应合理使用，不得滥用。

麻醉药品，是指对中枢神经有麻醉作用，连续使用、滥用或者不合理使用，易产生生理依赖性和精神依赖性，能成瘾癖的药品。主要包括阿片类、可卡因类、大麻类、合成麻醉药类及原卫生部指定的其他易成瘾癖的药品、药用原植物及其制剂。但不泛指全身或局部麻醉药（如乙醚、普鲁卡因）。精神药品是指直接作用于中枢神经系统，使之兴奋或抑制，连续使用能产生依赖性的药品。精神药品和麻醉药品性质相似，连续使用能产生依赖性，危害人体健康。医疗用毒性药品系指毒性剧烈、治疗剂量与中毒剂量相近，使用不当会致人中毒或死亡的药品。放射性药品是指用于临床诊断或者治疗的放射性核素制剂或者其标记药物。

根据《麻醉药品和精神药品管理条例》，麻醉药品和精神药品，是指列入麻醉药品目录、精神药品目录（以下称目录）的药品和其他物质。依据使人体产生的依赖性和危害人体健康的程度不同，将精神药品分为第一类精神药品和第二类精神药品分别进行管理。其目录由国务院药品监督管理部门会同国务院公安部门、国务院卫生主管部门制定、调整并公布。我国曾经是受鸦片烟毒最深的国家，鸦片几乎使中国到了亡国的边缘。新中国成立后，我国政府下决心在全国范围内禁绝鸦片烟毒。改革开放后，一些地方吸毒现象死灰复燃。贩毒和不法分子乘机进行套购、倒卖等犯罪活动，危害人民身体健康，影响社会治安，情况甚为严重。个别医务人员不合理利用自己手中的麻醉药品处方权，为吸毒和个别不法分子提供方便，这种行为是严重违法的。

85 医师如何取得麻醉药品和第一类精神药品的处方权？

根据《麻醉药品和精神药品管理条例》第38条规定，医疗机构应当按照国务院卫生主管部门的规定，对本单位执业医师进行有关麻醉药品和精神药品使用知识的培训、考核，经考核合格的，授予麻醉药品和第一类精神药品处方资格。执业医师取得麻醉药品和第一类精神药品的处方资格后，方可在本医疗机构开具麻醉药品和第一类精神药品处方，但不得为自己开具该种处方。医疗机构应当将具有麻醉药品和第一类精神药品处方资格的执业医师名单及其变更情况，定期报送所在地设区的市级人民政府卫生主管部门，并抄送同级药品监督管理部门。医务人员应当根据国务院卫生主管部门制定的临床应用指导原则，使用麻醉药品和精神药品。

86 医疗机构使用麻醉药品、精神药品有何特殊规定？

我国法律对医疗机构购进和使用麻醉药品和第一类精神药品

有特殊的管理规定。医疗机构需要使用麻醉药品和第一类精神药品，应当取得《麻醉药品、第一类精神药品购用印鉴卡》（以下称《印鉴卡》），并凭《印鉴卡》向本省、自治区、直辖市范围内的定点批发企业购买麻醉药品和第一类精神药品。

《麻醉药品和精神药品管理条例》第36条规定："医疗机构需要使用麻醉药品和第一类精神药品的，应当经所在地设区的市级人民政府卫生主管部门批准，取得麻醉药品、第一类精神药品购用印鉴卡（以下称印鉴卡）。医疗机构应当凭印鉴卡向本省、自治区、直辖市行政区域内的定点批发企业购买麻醉药品和第一类精神药品。设区的市级人民政府卫生主管部门发给医疗机构印鉴卡时，应当将取得印鉴卡的医疗机构情况抄送所在地设区的市级药品监督管理部门，并报省、自治区、直辖市人民政府卫生主管部门备案。省、自治区、直辖市人民政府卫生主管部门应当将取得印鉴卡的医疗机构名单向本行政区域内的定点批发企业通报。"第37条规定："医疗机构取得印鉴卡应当具备下列条件：（一）有专职的麻醉药品和第一类精神药品管理人员；（二）有获得麻醉药品和第一类精神药品处方资格的执业医师；（三）有保证麻醉药品和第一类精神药品安全储存的设施和管理制度。"

87 对麻醉药品、精神药品处方剂量有何特殊要求？

医师开具麻醉药品、精神药品时，处方剂量应符合下列规定：

（1）麻醉药品、第一类精神药品注射剂处方为一次用量；其他剂型处方不得超过 3 日用量；控缓释制剂处方不得超过 7 日用量。

（2）第二类精神药品处方一般不得超过 7 日用量；对于某些特殊情况，处方用量可适当延长，但医师应当注明理由。

（3）为癌痛、慢性中、重度非癌痛患者开具的麻醉药品、第一类精神药品注射剂处方不得超过 3 日用量；其他剂型处方不得超过 7 日用量。

（4）对于需要特别加强管制的麻醉药品，盐酸二氢埃托啡处方为一次用量，药品仅限于二级以上医院内使用；盐酸哌替啶处方为一次用量，药品仅限于医疗机构内使用。

88 医疗机构如何对医疗用毒性药品进行管理？

医疗用毒性药品系指毒性剧烈、治疗剂量与中毒剂量相近，使用不当会致人中毒或死亡的药品。

为加强对医疗用毒性药品的管理，防止中毒或死亡事故的发生，根据《药品管理法》的规定，国务院于 1988 年 12 月 27 日颁布实施了《医疗用毒性药品管理办法》。

根据《医疗用毒性药品管理办法》的规定，医疗卫生机构使用毒性药品必须建立健全保管、验收、领发、核对等制度，严防收假、发错，严禁与其他药品混杂，做到划定仓间或仓位，专柜加锁并由专人保管。毒性药品的包装容器上必须印有毒药标志。

医疗单位供应和调配毒性药品，凭医师签名的正式处方。每次处方剂量不得超过 2 日剂量。调配处方时，必须认真负责，计量正确，按医嘱要求，并由配方人员及具有医师以上技术职称的复核人员签名盖章后方可发出。对处方未注明“生用”的毒性中药，应当付炮制品。如发现处方有疑问时，须经原处方医师重新审定后再行调配。处方一次有效，取药后处方保存 2 年备查。科研和教学单位所需的毒性药品，必须持本单位的证明信，经单位所在地县级以上卫生行政部门批准后，供应部门方能发售。群众自配民间单、秘、验方需用毒性中药，购买时要持有本单位或者城市街道办事处、乡（镇）人民政府的证明信，供应部门方能发售。每次购用量不得超过 2 日剂量。

89 使用放射性药品应具备哪些条件？

临床上使用的放射性药品是指用于临床诊断或者治疗的放射性核素制剂或者其标记药物。放射性核素，也称为放射性同位素，是指某种发生放射性衰变的元素中具有相同原子序数但质量不同的核素。

放射性药品与其他药品的不同之处在于，放射性药品含有的放射性核素能放射出射线。放射性药品是一类特殊药品，它释放出的射线具有穿透性，当其通过人体时，可与组织发生电离作用，对人体组织产生危害。尽管其具有一定危害性，但由于用于临床诊断或者治疗是其他药物无法代替的，权衡利弊，放射性药品用于临床诊断或者治疗给患者带来的益处会明显大于其危害。

放射性药品的临床使用比一般药品要求更为严格，以保证达到诊断与治疗的目的又不使正常组织受到不应有的损害。

放射性药品的使用必须符合《药品管理法》《放射性药品管理办法》和《放射性同位素与射线装置安全和防护条例》的规定。使用放射性同位素的医疗机构应当取得环境保护主管部门、卫生健康主管部门的辐射安全许可和放射诊疗许可。医疗机构内设置核医学科、室（同位素室)，配备与其医疗任务相适应并经核医学技术培训的具有中级以上专业技术职务任职资格的核医学医师、核医学技师。设有专门的放射性同位素分装、注射、储存场所，放射性废物屏蔽设备和存放场所。配备活度计、放射性表面污染监测仪等。

90 放射性药品保管、贮存应符合哪些规定?

放射性药品保管、贮存应符合下列规定：

（1）放射性药品应由专人负责保管。

（2）收到放射性药品时，应认真核对名称、出厂日期、放射性浓度、总体积、总强度、容器号、溶液的酸碱度以及物理性状等，注意液体放射性药品有否破损、渗漏，注意发生器是否已作细菌培养、热原检查。做好放射性药品使用登记。贮存放射性药品容器应贴好标签。

（3）建立放射性药品使用登记表册，在使用时认真按项目要求逐项填写，并做永久性保存。

（4）放射性药品应放在铅罐内，置于贮源室的贮源柜内，平时由专人负责保管，严防丢失。常用放射药品应按不同品种分类放置在通风橱贮源槽内，标志要鲜明，以防发生差错。

（5）发现放射性药品丢失时，应立即追查去向，并报告上级机关。

（6）放射性药品用于病人前，应对其品种和用量进行严格的核对，特别是在同一时间给几个病人服药时，应仔细核对病人姓名及给药剂量。

91 接触放射性药品的医务人员如何做好个人防护?

放射性药品在使用过程中应注意工作人员本身的防护，尽量减少对工作人员的辐射剂量，防止污染环境。实验室内严禁吸烟、饮水和进食，禁止闲杂人员随便进入。

放射性药品开瓶、稀释、分装时工作人员要穿隔离衣，戴口罩、帽子、胶皮手套、防护眼镜等用品。并应在铅、砖、铅玻璃防护屏后进行。尽量增大操作人员与放射源间的距离，减少操作人员的辐射剂量。开瓶应在通风橱内进行，开瓶前应按说明书核对放射性药物的标签。然后将放射源置于通风橱内，开瓶时要仔细勿用力过猛，以防打碎玻璃容器，造成污染。稀释与分装放射性药物前应仔细核对说明书的项目，稀释口服液可用蒸馏水，稀释静脉注射剂用无菌生理盐水，分装放射性药品时应在铺有吸水纸的搪瓷盘内进行，不要直接在工作台上操作。

92 临床用药的基本原则是什么？

临床用药的基本原则是安全性原则、有效性原则、经济性原则。

安全性是指使用的药品质量合格，毒性低、副作用小、风险小。合理用药的首要条件是具有安全性，只有在保证安全的情况下，才能谈到合理用药的问题。是药三分毒，药物的安全性是一个相对的概念。安全性不是药物无不良反应或不良反应最小，而是强调让患者以最小的治疗风险，获得最大的治疗效果。合理用药的前提是药品具有安全性、毒性低、副作用小。保证用药安全，应避免用药错误，避免使用质量不符合国家药品标准的药品，不滥用或过量使用药品，以免因此造成不必要的药品损害。

药物是用来治病的，对病症有效是选择药物的关键。药物发展的两个目标是有效性和安全性，有效性是药品质量的固有特性，最好的药物应该有效并在多数治疗情况下是安全的。有效性是指在规定的适应证、用法和用量条件下，药品能满足预防、治疗、诊断人的疾病，有目的地调节人的生理机能的要求。主要体现在根除疾病；延缓疾病进程；缓解临床症状；预防疾病；避免不良反应；调节生理功能等。判断临床药物有效性的指标主要有治愈率、显效率、好转率等。医师在治疗疾病时，应有针对性地选择药物，做到辨明病症、对症下药、因病施治。

经济性是指获得相同的治疗效果所投入的成本应尽可能地

低。经济性并不是尽量少用药或使用廉价药品，其正确含义是在药品安全性、有效性有保证的前提下，还应考虑用药是否经济，是否合理使用有限的医疗卫生资源，患者经济上能否负担得起。用药应以尽可能低的治疗成本取得较高的治疗效果，减轻患者及社会的经济负担。

93 处方药与非处方药是如何进行分类管理的？

处方药，简称Rx药，是指需凭医师开写处方出售，并在医师、药师监督或指导下方可使用的药品。

处方药主要包括：①上市的新药，对其活性或副作用还要进一步观察。②可产生依赖性的某些药物，如吗啡类镇痛药及某些催眠安定药物等。③药物本身毒性较大，如抗癌药物等。④用于治疗某些疾病所需的特殊药品，如抗生素、治疗心脑血管疾病的药物。处方药须经医师确诊后开出处方并在医师、药师指导下使用。

非处方药，简称OTC，是指不需要医师开写处方即可购买的药。一般公众凭自我判断，按照药品标签及使用说明即可自选、自购、自用。

非处方药疗效肯定，毒副作用较少、较轻，不会引起耐药性、成瘾性，与其他药物的相互作用也较小，已在临床上使用多年。非处方药主要用于多发病、常见病的诊治，如感冒、咳嗽、消化不良、头痛、发热等。

我国制定有《处方药与非处方药分类管理办法（试行）》，国家药品监督管理部门分批次公布了非处方药目录，对处方药与非处方药进行分类管理。

94 处方权是如何取得的？

处方权是指医疗机构授予的医师开具药品处方的能力。依据《处方管理办法》，经注册的执业医师在执业地点取得相应的处方权。

取得处方权的医师应当在注册的医疗机构签名留样或者专用签章备案后，方可开具处方。经注册的执业助理医师在医疗机构开具的处方，应当经所在执业机构执业医师签名或加盖专用签章后方有效。经注册的执业助理医师在乡、民族乡、镇、村的医疗机构独立从事一般的执业活动，可以在注册的执业地点取得相应的处方权。试用期人员开具处方，应当经所在医疗机构有处方权的执业医师审核、并签名或加盖专用签章后方有效。进修医师由接收进修的医疗机构对其胜任本专业工作的实际情况进行认定后授予相应的处方权。

95 医疗过程中发生药品不良反应后如何进行处置？

药品不良反应是指合格药品在正常用法用量下出现的与用药目的无关的有害反应。主要包括：①副作用：如阿托品被用于解除胃肠痉挛而引起口干等；②毒性反应：如引起失眠、耳鸣、贫血、肝功能损害等；③过敏反应；④致畸形、致突变、致癌等；⑤后遗效应；⑥继发性反应。

构成药品不良反应需具备以下四个条件：第一，必须是合格药品；第二，必须在正常用法用量下出现；第三，必须是与用药目的无关的或意外的反应；第四，必须是有害的反应。

“是药三分毒”，药品在治疗疾病的同时，往往同时会伴有副作用，对患者会产生不利影响。副作用是指药物在正常用法、用量下出现的与治疗作用无关的作用，它属于药物的固有效应。大多数药物都具有一种以上的药理作用，用于治疗目的一般只是其中的一种或者两种，其他暂时不需要的作用就变成了副作用。比如，异丙嗪具有抗过敏和镇静作用，在用于抗过敏治疗时，它的镇静作用所引起的困倦、嗜睡就是副作用；阿托品可以解除胃肠绞痛，但存在口干、视力模糊等副作用。医师在临床用药时应当权衡利弊，让患者在使用药物过程中用最小的代价取得最大的治疗效果，避免出现严重副作用①。

一般来说，大多数常见药品的不良反应是轻微的，停药后就会消失，不需要作特别处理。用药后出现的不良反应因人而异，个体的差异在量的方面，表现为有些人对某种药物特别敏感，同量的药物可以引起和一般人性质相似但强度很大的不良反应。因

① 参见江岚：“正确应对药物副作用”，载《中华养生保健》2011年第6期。

此，医师应正确指导患者合理用药。要按照药品说明书，看看有哪些需要特别注意的事项，结合临床经验，告知患者严格遵照执行，不可擅自更改药物剂量和用药时间。对副作用大的药物应告知患者不应长期连续服药，需定期去医院做检查，以预防药品不良反应的发生。

医师执业时应当经常观察使用的药品的质量、疗效和不良反应，发现药品有不良反应或质量发生变化时，应及时向有关部门报告。

96 医师给患者开具药品是否应按照药品说明书向患者交代副作用和注意事项？

药品说明书是载明药品重要信息的法定文件，是选用药品的法定指南。药品说明书的内容包括药品的品名、规格、生产企业、药品批准文号、产品批号、有效期、主要成份、适应症或功能主治、用法、用量、禁忌、不良反应和注意事项。中药制剂说明书还应包括主要药味（成份）性状、药理作用、贮藏等。

药品说明书为医师、患者提供了用药信息，是医师、患者了解药品的重要途径。《药品管理法》规定，药品必须附有说明书。药品说明书的基本作用是指导安全、合理使用药品。医师应遵照说明书的药品适应症、药理作用、用法、用量、禁忌、不良反应和注意事项等开具处方。

医师给患者开具药品或给患者服用、输注药品时应按照要求向患者交代副作用和注意事项。不能让患者只知其能治病，不知其有副作用，更不知其还有可能致命。不能让患者稀里糊涂地盲目用药。如果由于医师没有向患者交代药品不良反应、服药注意事项等内容引起患者产生副作用等不良后果的，医师和医师所在医疗机构应当承担相应责任。

97 抗生素临床使用应符合哪些规定？

自50多年前青霉素被发明利用以来，以青霉素为代表的抗生素挽救了无数患者的生命，使曾经危害人类生命健康数千年的细菌感染类疾病得到了有效的控制，使人类的平均寿命得到了显著延长。然而，近年来我们对抗生素的滥用已到了无以复加的地步。一些医师和患者迷信抗生素，将其视为“万能药”。超时、超量、不对症使用等情况不同程度地存在，使得细菌耐药性问题日益突出。

药物滥用一般是指违背公认的医疗用途和社会行为规范而使用任何一种药物。所谓滥用抗生素，主要是指违反抗生素的使用原则，无指征、无目标、超剂量、超疗程、追求高档、喜好多联地使用抗生素[1]。抗生素滥用问题是一个世界性难题，我国已成为世界上滥用抗生素最严重的国家之一。滥用抗生素致使大量耐

---

① 参见张云英、赖静：“2013年7月份某医院Ⅰ类切口手术围手术期抗菌药物使用情况”，载《右江民族医学院学报》2015年第5期。

药菌产生，难治性感染越来越多；破坏体内的正常菌群，导致菌群失调，诱发其他条件致病菌感染；同时也带来严重的毒副作用。

造成抗生素滥用的原因是多方面的。它不仅仅是一个医学问题，更是一个社会综合性的问题。患者对抗生素的过分喜好对滥用起着重要作用。医生没有按抗生素使用原则合理使用抗生素则起着主要作用。滥用抗生素的原因主要有：对抗生素知识掌握不全面，使用抗生素与经济利益相关联，担心抗感染不利引起麻烦和医疗纠纷等。为减少抗生素滥用，加强抗生素临床使用管理，我国制定了《抗菌药物临床应用管理办法》。

正确合理应用抗菌药物是提高疗效、降低不良反应发生率以及减少或减缓细菌耐药性发生的关键。临床使用抗菌素应符合《抗菌药物临床应用管理办法》，开具抗菌药物医师应取得抗菌药物处方权。使用抗菌药物的患者应是初步诊断为细菌性感染者。而缺乏细菌及病原微生物感染的证据，以及病毒性感染者，不能使用抗菌药物。医师应严格执行《抗菌药物临床应用指导原则（2015年版）》，提高抗菌药物临床合理应用水平。坚持抗菌药物分级使用，不滥用、不过度使用抗菌药物。医疗机构应开展临床用药监控，实施抗菌药物用量动态监测及超常预警，对过度使用抗菌药物的行为及时予以干预。

根据安全性、疗效、细菌耐药性、价格等因素，将抗菌药物分为三级：非限制使用级、限制使用级与特殊使用级。非限制使用级抗菌药物是指经长期临床应用证明安全、有效，对细菌耐药性影响较小，价格相对较低的抗菌药物；限制使用级抗菌药物是指经长期临床应用证明安全、有效，对细菌耐药性影响较大，或者价格相对较高的抗菌药物；特殊使用级抗菌药物是指具有以下情形之一的抗菌药物：①具有明显或者严重不良反应，不宜随意使用的抗菌药物；②需要严格控制使用，避免细菌过快产生耐药的抗菌药物；③疗效、安全性方面的临床资料较少的抗菌药物；④价格昂贵的抗菌药物。

98 在何种情况下，医师可以采用药品说明书中未明确但具有循证医学证据的药品用法实施治疗？

药品说明书是载明药品重要信息的法定文件，是选用药品的法定指南。一般情况下，医师应按照药品说明书内容用药。有些情况下，某种药品在药品说明书没有说明其对某个疾病具有一定疗效，但有关论文或研究文献中可查到其用于治疗某种疾病具有一定疗效，也就是具有循证医学的证据。

循证医学意为“遵循证据的医学”，又称实证医学，是指慎重、准确和明智地应用目前可获取的最佳研究证据，同时结合临床医师个人的专业技能和长期临床经验，考虑患者的价值观和意愿，完美地将三者结合在一起，制定出具体的治疗方案①。

---

① 参见何继武、段鹏、叶琳等：“超说明书用药的医学伦理分析——以眼科为例”，载《医学与哲学》2021年第24期。

《医师法》第 29 条规定："医师应当坚持安全有效、经济合理的用药原则，遵循药品临床应用指导原则、临床诊疗指南和药品说明书等合理用药。在尚无有效或者更好治疗手段等特殊情况下，医师取得患者明确知情同意后，可以采用药品说明书中未明确但具有循证医学证据的药品用法实施治疗。医疗机构应当建立管理制度，对医师处方、用药医嘱的适宜性进行审核，严格规范医师用药行为。"

在尚无有效或者更好治疗手段等特殊情况下，医师取得患者明确知情同意后，可以采用药品说明书中未明确但具有循证医学证据的药品用法实施治疗，可以理解为通常所说的超说明书用药。一般来说，超药品说明书用药应满足 5 个条件[①]：①在影响患者生活质量或危及生命的情况下，无合理的可替代药品；②用药目的不是试验研究；③有合理的医学实践证据；④经医院药事管理与药物治疗学委员会及伦理委员会批准；⑤保护患者的知情权。

99 什么是互联网医疗？

互联网医疗是指医疗机构利用在本机构注册的医师，通过互联网等信息技术开展部分常见病、慢性病复诊和"互联网+"家

---

① "医疗机构超药品说明书用药管理专家共识"，载《今日药学》2014 年第 12 期。

庭医师签约服务①。

随着网络技术的发展，互联网医疗开始应用于医疗行业，其包括以互联网为载体和技术手段的健康教育、医疗信息查询、电子健康档案、疾病风险评估、在线疾病咨询、电子处方、远程会诊、远程治疗和康复等多种形式的健康医疗服务。互联网医疗代表了医疗行业新的发展方向，有利于解决中国医疗资源不平衡和人民日益增加的健康医疗需求之间的矛盾，是国家积极引导和支持的医疗发展模式。

人们的衣食住行几乎都可以在网上实现，即使依赖于医师的线下问诊才能完成的疾病诊断同样可以在网络上实现，尤其是在新冠肺炎疫情中由于部分患者无法前往医院诊疗，对于需要前往北京、上海等顶级医院诊疗的患者来说更加方便。

2018 年 7 月 17 日，国家卫生健康委员会和国家中医药管理局组织制定了《互联网诊疗管理办法（试行）》《互联网医院管理办法（试行）》《远程医疗服务管理规范（试行）》三个互联网管理规定，对互联网诊疗和互联网医院进行管理和规范。国务院办公厅印发的《关于进一步优化营商环境更好服务市场主体的实施意见》中提出，在保证医疗安全和质量的前提下，进一步放宽互联网诊疗范围，将符合条件的互联网医疗服务纳入医保报销范围，制定公布全国统一的互联网医疗审批标准，加快创新型医

---

① 参见郑雪倩、岳靓：“‘互联网+医疗健康’需规范发展”，载《中国卫生人才》2021 年第 5 期。

疗器械审评审批并推进临床应用。

互联网诊疗主要有两种模式：一是由医疗机构自行开展，二是与第三方机构合作建立互联网诊疗服务信息系统。《互联网诊疗管理办法（试行）》对互联网诊疗规定了准入条件：①由取得《医疗机构执业许可证》的医疗机构提供。②新申请设置的医疗机构拟开展互联网诊疗活动，应当在设置申请书中注明，并在设置可行性研究报告中写明开展互联网诊疗活动的有关情况。③如果与第三方机构合作建立互联网诊疗服务信息系统，应当提交合作协议。明确各方在医疗服务、信息安全、隐私保护等方面的权利和义务。④医疗机构开展互联网诊疗活动应当与其诊疗科目相一致。

100 互联网医疗的诊疗范围是怎样规定的？

互联网医疗的诊疗范围为：①医疗机构在线开展部分常见病、慢性病复诊时，医师应当掌握患者病历资料，确定患者在实体医疗机构明确诊断为某种或某几种常见病、慢性病后，可以针对相同诊断进行复诊。②当患者出现病情变化需要医务人员亲自诊查时，医疗机构及其医务人员应当立即终止互联网诊疗活动，引导患者到实体医疗机构就诊。③不得对首诊患者开展互联网诊疗活动。④医疗机构开展互联网诊疗活动应当与其诊疗科目相一致。未经卫生健康主管部门核准的诊疗科目，医疗机构不得开展相应的互联网诊疗活动。

101 医师开展互联网医疗时应符合哪些要求？

医师开展互联网医疗时的执业要求为：①开展互联网诊疗活动的医师、护士应当能够在国家医师、护士电子注册系统中查询。②医疗机构应当对开展互联网诊疗活动的医务人员进行电子实名认证，鼓励有条件的医疗机构通过人脸识别等人体特征识别技术加强医务人员管理。③医师开展互联网诊疗活动应当依法取得相应执业资质，具有 3 年以上独立临床工作经验，并经其执业注册的医疗机构同意。④按照《医疗机构病历管理规定（2013 年版）》和《电子病历应用管理规范（试行）》等相关文件要求，为患者建立电子病历，并按照规定进行管理。⑤严格遵守《处方管理办法》等处方管理规定。医师掌握患者病历资料后，可以在线为部分常见病、慢性病患者开具处方。在线开具的处方必须有医师电子签名，经药师审核后，医疗机构、药品经营企业可委托符合条件的第三方机构配送。⑥不得开具麻醉药品、精神药品等特殊管理药品的处方。⑦为低龄儿童（6 岁以下）开具互联网儿童用药处方时，应当确认患儿有监护人和相关专业医师陪伴。⑧严格执行信息安全和医疗数据保密的有关法律法规。

102 索要和非法收受患者财物有何区别？

索要患者财物是指医师利用自己职务上的便利条件，以公开或暗示的手法，主动向病人索要财物的行为。非法收受患者财物是指在没有任何法律依据或规定的情况下，违反国家法律或有关规定收取或接受患者财物的行为。

“索要”财物是医师主动向病人索要。“非法收受”是指被动或主动的接受。两者都是利用职务之便进行的非法行为。从某种程度上说，“索要”要比“非法收受”的性质更恶劣，对社会造成的影响也比较严重。这就好比刑法上规定的受贿罪中索贿行为与收受贿赂行为的区别，对索贿的必须从重处罚，对一般的受贿行为没有从重处罚的法律规定。

医务人员接受的“红包”，大多属于“非法收受”的行为，真正向病人索要的很少。非法收受患者财物不包括医师按照卫生法律、法规、规章或有关规定进行的合理收费，都不应包括医师为病人尽职尽责，挽救了危重患者的生命或其他情况下，病人出于感激之情诚心诚意地向医师送一些礼品、纪念品或土特产等。当然，作为一名医德高尚的医师，在任何情况下，都不应收受患者的财物。除按照规定的收费标准收取费用外，不得再以任何方式收取患者的财物，无法拒绝的应上缴医院。

医师是全社会公认的以履行救死扶伤职责为己任的高尚职业。作为一名医师，首先必须具备良好的职业道德，时刻为病人着想，千方百计为病人解除痛苦，而不能乘人之危，借机牟取私利。有的医师利用病人急于住进医院的心理；住进医院后，急于尽早手术，想让某某专家主刀的心理和借住院难，手术难向患者索要或收取财物。医务工作者利用手中的权力（如安排住院、手术等）向患者暗示或索要“红包”是非法的，暗示、索要者不论职务、职称、年资、技术水平的高低，都要依照党纪、政纪从严处理，情节严重构成犯罪的，移送司法机关处理。《医师法》生效后，对索取患者财物的行为应依照该法的规定追究其法律责任。

当然，医师作为一种职业的存在，是以一定的收入来源作为基础的。我国卫生事业是政府实行一定福利政策的社会公益事业，医师不是国家公务人员，医师的工资收入主要靠医疗收费来支撑，这就决定了医疗服务必然是有偿的。对社会办医和个人行医的医师来说，则完全实行自主经营、自负盈亏。从某种意义上说，医师的收费是通过出售特定的医疗服务来换取一定的经济利益的行为。医师依照有关规定合理收费是合法的，不属于这里所指的索取患者财物、非法收受患者财物的行为。

作为医师，应廉洁行医，一心为患者，不图私利。绝不能把医患关系变成金钱关系，绝不允许医师利用手中的处方权、手术刀来谋取个人的私利，搞个人交易，满足个别人的不正当甚至是非法的要求。

103 遇有严重威胁人民生命健康的突发事件时，医师是否应服从卫生健康主管部门调遣？

严重威胁人民生命健康的突发事件，包括自然灾害、事故灾难、公共卫生事件和社会安全事件等。

自然灾害，是指给人类生存带来危害或损害人类生活环境的自然现象，包括干旱、高温、低温、寒潮、洪涝、山洪、台风、龙卷风、冰雹、霜冻、暴雨、暴雪、地震、海啸、滑坡、泥石流、沙尘暴、雷电、火山喷发等。严重威胁人民生命健康的自然灾害主要包括洪涝、山洪、台风、龙卷风、地震、海啸、滑坡、泥石流等。

事故灾害，是指由于事故的行为人出于故意或过失的行为，违反治安管理法规和有关安全管理的规章制度，造成物质损失或者人员伤亡的事故。主要包括工矿企业的各类安全事故、交通安全事故、公安设施和设备事故、环境污染和生态破坏事故等。

突发公共卫生事件，是指突然发生，造成或者可能造成社会公众健康严重损害的重大传染病疫情、群体性不明原因疾病、重大食物和职业中毒以及其他严重影响公众健康的事件。根据突发公共卫生事件性质、危害程度、涉及范围，突发公共卫生事件可划分为特别重大（Ⅰ级）、重大（Ⅱ级）、较大（Ⅲ级）和一般（Ⅳ级）四级。

社会安全事件，根据《国家突发公共事件总体应急预案》，主要包括恐怖袭击事件，经济安全事件和涉外突发事件等。

医师的职责是防病治病，救死扶伤，保护人民健康。治病救人是医师的天职。在灾害发生、传染病流行、突发重大伤亡事故时，医师必须服从卫生健康主管部门调遣，无条件参与到救灾与抢救伤员工作中去。在各地开展的新冠肺炎疫情防控中，医务工作者发扬大爱无疆、无私奉献的精神，履行防病治病，救死扶伤，保护人民健康的神圣职责，向党和人民交了一份满意的答卷。

遇有自然灾害（如地震、洪水）、传染病流行、突发重大伤亡事故及其他严重威胁人民生命健康的紧急情况时，医师必须服从当地政府及卫生健康主管部门统一组织和调遣，这不但是医师职业道德所要求的，也是法律对医师执业明确规定的法定义务。《医师法》第32条规定："遇有自然灾害、事故灾难、公共卫生事件和社会安全事件等严重威胁人民生命健康的突发事件时，县级以上人民政府卫生健康主管部门根据需要组织医师参与卫生应急处置和医疗救治，医师应当服从调遣。"《传染病防治法》第45条规定："传染病暴发、流行时，根据传染病疫情控制的需要，国务院有权在全国范围或者跨省、自治区、直辖市范围内，县级以上地方人民政府有权在本行政区域内紧急调集人员或者调用储备物资，临时征用房屋、交通工具以及相关设施、设备。紧急调集人员的，应当按照规定给予合理报酬。临时征用房屋、交通工具以及相关设施、设备的，应当依法给予补偿；能返还的，应当及时返还。"1995年4月27日，原卫生部发布的《灾害事故医疗救援工作管理办法》是专门就灾害事故医疗救援工作制定的部委规章。该办法要求各级政府卫生行政部门要成立灾害事故医疗救援组织，制定医疗救援预案，并建立救灾医疗队。同时规定，灾害事故发生后，凡就近的医护人员都要主动及时到达现场，并组织起来参加医疗救护。参加医疗救援工作的单位和个人，到达现场后应立即向灾害事故医疗救援现场指挥部报到，并接受其统一指挥和调遣。

104 医师在执业中发现哪些情形时应当按照有关规定及时报告？

根据《医师法》第33条规定，医师在执业活动中应当按照有关规定及时向所在医疗卫生机构或者有关部门、机构报告的情形有：

（一）发现传染病、突发不明原因疾病或者异常健康事件

传染病疫情报告是指疾病预防控制机构、医疗机构和采供血机构及其执行职务的人员发现传染病防治法规定的传染病疫情或者发现其他传染病暴发、流行以及突发原因不明的传染病时，应当遵循疫情报告属地管理原则，按照国务院规定的或者国务院卫生健康主管部门规定的内容、程序、方式和时限报告。凡执行职务的执业医师包括个体开业医师皆为疫情责任报告人。责任报告人发现传染病病人、病原携带者、疑似传染病病人，应当及时向附近的疾病预防控制机构或者医疗机构报告。

《传染病防治法实施办法》第35条规定："责任疫情报告人发现甲类传染病和乙类传染病中的艾滋病、肺炭疽的病人、病原携带者和疑似传染病病人时，城镇于六小时内，农村于十二小时内，以最快的通讯方式向发病地的卫生防疫机构报告，并同时报

出传染病报告卡。责任疫情报告人发现乙类传染病病人、病原携带者和疑似传染病病人时，城镇于十二小时内，农村于二十四小时内向发病地的卫生防疫机构报出传染病报告卡。责任疫情报告人在丙类传染病监测区内发现丙类传染病病人时，应当在二十四小时内向发病地的卫生防疫机构报出传染病报告卡。”该实施办法第 36 条规定：“传染病暴发、流行时，责任疫情报告人应当以最快的通讯方式向当地卫生防疫机构报告疫情……”

发现甲类及甲类管理的乙类传染病病人、病原携带者、疑似传染病病人、其他乙类及丙类传染病疫情暴发、流行时，应及时对疫情报告进行核实、分析，同时填写《突发公共卫生事件电话记录表》后，报告内容包括疫情发生基本情况（发生地点、波及范围、波及人数、可能传播途径等），疫情发生简要经过，当地卫生机构对疫情处理措施等。

（1）传染病暴发、流行时应以最快的方式上报。

（2）对甲类传染病和按甲类管理的乙类传染病病人、疑似病人和病原携带者，按甲类传染病管理的其他乙类传染病如突发原因不明的传染病，应在 2 小时内完成网络直报。

（3）对其他乙类传染病病人、疑似病人，伤寒副伤寒、痢疾、梅毒、淋病、白喉、疟疾的病原携带者，应在 24 小时内，通过网络进行信息的录入报告。

（4）对丙类传染病病人、疑似病人，应在 24 小时内，通过网络进行信息的录入报告。

（二）发生或者发现医疗事故

医疗事故是指医疗机构及其医务人员在医疗活动中，违反医疗卫生管理法律、行政法规、部门规章和诊疗护理规范、常规，过失造成患者人身损害的事故。

医师在执业过程中发生医疗事故时，应按照《医疗事故处理条例》的规定，及时向所在机构或卫生健康主管部门报告。《医疗事故处理条例》第 13 条规定："医务人员在医疗活动中发生或者发现医疗事故、可能引起医疗事故的医疗过失行为或者发生医疗事故争议的，应当立即向所在科室负责人报告，科室负责人应当及时向本医疗机构负责医疗服务质量监控的部门或者专（兼）职人员报告；负责医疗服务质量监控的部门或者专（兼）职人员接到报告后，应当立即进行调查、核实，将有关情况如实向本医疗机构的负责人报告，并向患者通报、解释。"

在医疗活动中发生医疗事故的，医师应当按照法律、法规的规定及时向其执业的机构或者卫生健康主管部门报告，不得隐瞒不报。这样有利于医疗机构及时了解医疗事故的发生情况，有针对性地及时采取相应的医疗补救措施，防止医疗事故的进一步升级、恶化；有利于卫生健康主管部门及时采取控制措施，封存现场和药品等有关实物，调取病历和有关书证，便于对医疗事故的正确处理。医师发生医疗事故时，故意隐瞒有关情况不上报，只能使医疗纠纷复杂化，使事态进一步恶化、扩大，使纠纷长期得不到解决，不但不利于对病人合法权益的保护，也不利于对医师权益和医疗机构正常秩序的保护。

（三）发现可能与药品、医疗器械有关的不良反应或者不良事件

药品不良反应是指合格药品在正常用法用量下出现的与用药目的无关的有害反应。主要包括：①副作用；②毒性反应；③过敏反应；④致畸形、致突变、致癌等；⑤后遗效应；⑥继发性反应。

医师执业时应当经常观察使用的药品的质量、疗效和不良反应，发现药品有不良反应或质量发生变化时，应及时向有关部门报告。根据《药品不良反应报告和监测管理办法》规定，医疗机构获知或者发现可能与用药有关的不良反应，应当通过国家药品不良反应监测信息网络报告；不具备在线报告条件的，应当通过纸质报表报所在地药品不良反应监测机构，由所在地药品不良反应监测机构代为在线报告。

（四）发现假药或者劣药

医师发现假药、劣药的，应当立即停止使用、就地封存并妥善保管，及时向所在地药品监督管理部门报告。发现存在安全隐患药品的，应当立即停止使用，并通知药品生产企业或者供货商，及时向所在地药品监督管理部门报告。需要召回的，医疗机构应当协助药品生产企业履行药品召回义务。

（五）发现患者涉嫌伤害事件或者非正常死亡

医师是和伤害、死亡打交道最多的人。医师在诊疗疾病时，发现患者涉嫌伤害事件或非正常死亡时，应当按照有关规定向公

安机关、人民检察院或者人民法院报案或者举报。我国《刑事诉讼法》第110条第1款规定："任何单位和个人发现有犯罪事实或者犯罪嫌疑人，有权利也有义务向公安机关、人民检察院或者人民法院报案或者举报。"《医院工作制度》中也明确规定，医师收治涉及法律问题以及有自杀迹象的病员时，应及时向院领导或有关部门请示报告。

105 执业助理医师能否独立开展医师执业活动?

《医师法》规定，除在乡、民族乡、镇的医疗卫生机构中工作的执业助理医师可以根据医疗诊治的情况和需要独立从事一般的执业活动外，执业助理医师应当在执业医师的指导下，在医疗卫生机构中按照其执业类别执业。

为了规范执业助理医师的执业行为，保证医疗安全，避免医疗纠纷，医疗机构应当制定切实可行的执业助理医师行医规范。执业助理医师进行执业活动时需在执业医师的指导下进行。在上级医师的指导下，在法律允许的范围内依法书写处方、病历等医疗文书。执业助理医师不具有处方权，不能独立开具处方，可在执业医师指导下开具处方，处方署名应为指导老师或由指导老师和执业助理医师共同署名。

在乡、民族乡、镇和村医疗卫生机构以及艰苦边远地区县级医疗卫生机构中执业的执业助理医师，可以根据医疗卫生服务情况和本人实践经验，独立从事一般的执业活动。"乡、民族乡、镇和村医疗卫生机构”主要为乡镇卫生院和村卫生室，不包括社区卫生服务机构、个体诊所及民营医院等；乡村级医疗机构中的执业助理医师的独立执业仅限于“一般的执业活动”，不得独立从事应由执业医师独立进行的难度较高的执业活动。“一般的执业活动”是指实施条件要求低、处理简单、医疗风险较小的医疗措施。对于病情复杂、专业技术条件要求高、风险大的医疗措施不属于“一般的执业活动”。但在特殊情况下，如患者病情紧急，危及生命安全，现场又无执业医师指导或上级医师不能及时到达，同时相关医疗措施又具有实施指征时，执业助理医师可不受上述条件限制。

106 处于实习期、试用期的医学生能否独立从事诊疗活动？

处于实习期、试用期的医学生，不得独立从事诊疗活动，这既有法律的规定，也有原卫生部的批复。医学是一门建立在实践经验基础上的应用科学。医学生在正式执业前不仅要具备必要的医学理论知识，还必须有一定的实际工作经验，成为一名合格的医师离不开临床实践，仅凭在书本上学到的理论知识，很难成为一名合格的临床医师。实习期、试用期的医学生由于临床经验不足，独立从事诊疗活动的时机还不成熟。

实习期、试用期的医学生十分需要积累临床经验。临床实习是任何一个合格医师，乃至未来医学大家的必经之路。《医师法》为医学生进入临床畅通了通道，不能因为医学生没有取得医师执业证书因而不得接触或参与到医疗服务中来，医学生可以在执业医师的指导下进行一定的临床工作。实习期、试用期对于医学生而言是一个学习过程，而非执业期，故其从事医疗服务应受到严格的限制，主要是观摩学习，可作为助手，在指导老师的指导下从事一定的医疗行为。在教学医院中实习的本科生、研究生、博士生以及毕业第一年的医学生应当在执业医师的指导下进行临床工作，但不能独立从事医师执业活动。实习期、试用期期间的医学生应严格遵守相关规定，在带教医师的指导下，开展相应医疗活动，不违法违规独立地从事诊疗活动，以免因违法受到处罚或引起不必要的纠纷。

107 哪些组织机构有责任对医师进行医德医风教育？

医德，顾名思义就是医师应有的职业道德。医风就是整个医疗行业应有的、良好的行业风气。医务人员的医德医风与患者的切身利益密切相关，同时也是社会精神文明状况的具体表现。

医德是指导医师与病人之间、医师与医师之间、医师与社会之间发生联系过程中的行为规范。自古有道“学医必修德，无德莫行医”“无德者不能为医，有品者方能济世”“为医者，须绝驰骛利名之心，专博施救援之志”。从医学生走进医学院校就应开始进行医德医风教育；医疗卫生机构也应对聘用的医师进行执业过程中的医德教育。有关行业组织，如医师协会在开展的学术活动和最美医师评选活动中也应进行医德医风教育，使每一位医师自觉形成良好的医德医风，加强自律，守住道德底线。总之，要加强自身修养，“群处守嘴，独处守心”。

108 医师岗位责任是怎么规定的？

责任由职责与任务两部分组成。岗位职责是指一个岗位所需要去完成的工作内容以及应当承担的责任范围。医师岗位是医疗卫生机构为完成某项医疗任务而确立的，由科室、岗位、职务、职称和等级等性质所组成。

医师岗位职责：

（1）在科室主任及上级医师领导下开展日常临床工作。

（2）积极参加医院及科室组织的各项活动，遵守活动规则和要求。服从工作分配，按要求完成各级领导交办的工作任务。

（3）严格遵守医院制定的各项规章制度，认真学习医院和各级主管部门颁发的文件和政策法规。

（4）积极参加继续教育活动，努力提高业务水平医学。

（5）正确处理工作中出现的问题和矛盾，按照个人利益服从集体利益，逐级上报的原则反映情况。

（6）热爱本职工作，遵守职业道德，严格执行医院的各种诊疗常规和技术操作常规及病历书写规范。积极进行医患沟通，主动避免医疗纠纷，杜绝差错事故。

（7）爱护医疗仪器设备，熟练掌握各种医疗仪器的使用，在治疗过程中严格遵守用药原则，认真选择药物，保证病人得到有效的救治。

(8) 严格遵守医院的核心制度，认真做好对所管病人巡诊活动（每天至少上、下午各巡诊一次）。

(9) 积极参加科室内的抢救工作要求，在抢救病人过程中，做到处理得当，抢救及时，按要求及时完成病历书写。对疑难危重病情，及时向上级医师报告病情，提出抢救或转运意见并采取相应的抢救措施，以保证病人安全。

109 医疗投诉处理机制是如何规定的?

随着人们对医疗服务认识的深入，越来越多的患者开始注重保护自身权益，对医疗服务的投诉也随之变得越来越多，正确处理患者投诉，是医疗机构和每一位医师必须认真研究的课题。

医疗机构要进一步健全医院高效投诉处理机制，要有明确的负责投诉处理工作的职能部门；要在醒目的位置公布行风投诉处理电话，设立举报箱、举报示意牌和廉洁行医、加强医患沟通的警示句，营造廉洁行医氛围；设立专门的项目齐全的投诉登记本，有投诉人的联系方式、投诉方式、接待人、处理结果等内容，及时接待处理投诉，并整理记录；建立对投诉情况定期统计分析、讲评通报制度，将投诉处理满意度调查结果纳入对部门、个人考核的内容。

医院病人投诉处理制度是为切实加强医院的服务监督机制，提高医院职业道德水准和医疗服务质量，进一步改善服务态度，增强服务意识，规范服务行为，自觉维护病人的权利和利益而设置的。

投诉处理制度要求医院门诊大厅服务台设有病人投诉点，随时热情接待病员投诉，一般服务问题由门诊部主任负责处理，需其他部门协调解决的由门诊部主任负责召集协调处理。有违纪者报监察室处理，监察室随时有人接待，处理结果及时反馈并登记。向社会公布服务承诺，并公示投诉电话。医院门诊、住院处、医技楼均设有举报箱，定期开箱。对投诉的问题及时给予答复处理结果。

及时认真对患者投诉问题进行答复处理是医疗投诉处理制度的关键环节。对投诉进行处理时要认真倾听患者投诉，让患者发泄心中不快。如患者投诉问题属实，在确认医疗过程存在问题或不足的前提下，应诚心诚意地向患者道歉，实实在在地解决问题。没有一个投诉会无缘无故。解决问题是最关键的一步，只有有效地妥善解决了患者的问题，才算完成了对投诉的处理。问题解决得好，患者感到满意，能有效化解医患矛盾。如果对投诉敷衍了事，患者会更加不满，纠纷不但得不到有效解决，反而会使医患矛盾更加尖锐复杂。

第四章 培训和考核

110 为什么要对医师进行不断的培训？

医师的培训是指以提高医师的业务水平、思想道德和医疗工作质量为目的的各种教育和训练活动。随着科学的迅速发展和人类实践活动的深入，医学科学的发展也是突飞猛进，日新月异。新的医疗方法、医疗技术和医疗设备不断被广泛应用，新的药品不断被研制开发出来。同时，国际医学交流与合作也极为广泛，日益频繁。医师只有通过不断学习培训，不断充实提高自己的医疗水平和业务素质，才能跟上医学科学迅速发展的时代步伐。

我国政府历来十分重视医师的考核与培训工作。2014 年 8 月 25 日，国家卫生计生委以国卫科教发〔2014〕49 号印发《住院医师规范化培训管理办法（试行）》，对临床住院医师规范化培训作了具体要求。《医师法》第四章中以整章内容对医师的考核与培训进行了规定。

为了提高卫生技术人员的素质，促进继续医学教育工作的开展，逐步建立起连贯性医学教育的完整体系和制度，以适应社会主义卫生事业发展的需要，1991 年 7 月 1 日，原卫生部颁布了

《继续医学教育暂行规定》。后又对此作了修订，并于 2000 年 12 月 28 日发布了《继续医学教育规定（试行）》。

111 医师培训有哪几种形式？

医师培训的形式多种多样，通常有岗位培训、全科医师培训、进修培训、临床住院医师规范化培训和继续医学教育等。其中临床住院医师规范化培训和继续医学教育是医师培训的重要形式。

岗位培训是指为适应岗位需求而进行的专业培训，如上岗前培训、在岗培训和转岗换岗培训。

全科医师培训是指利用各种条件、多种形式对在基层医疗单位为社区卫生服务的医师和在农村、少数民族地区从事医疗、预防、保健业务的医师，按其服务需求进行在职全科医师模式教育和培训。

进修培训是指医师根据工作需要，到上一级医疗卫生单位接受一定阶段的某一专业的训练。

临床住院医师规范化培训是毕业后医学教学的重要形式，是提高临床医师队伍素质和医疗工作质量的重要措施。

继续医学教育是医学院校学生继毕业后，以学习新理论、新知识、新技术、新方法为主的终身性医学教育制度。

由于种种原因，目前医疗机构内全科医师、儿科医师、精神科医师、老年科医师数量不足，严重紧缺。国家采取措施，制订长期培养和短期培训计划，对全科医师、儿科医师等紧缺专业人才进行重点培养，以解决全科医师、儿科医师、精神科医师、老年科医师等专业医师数量不足的问题。

112 住院医师规范化培训主要包括哪些内容?

长期以来，我国无规范化住院医师培训制度，学生从医学院校毕业后，未经二级学科培养，就直接分配到医院从事临床工作，之后的能力和水平在相当程度上取决于所在医院的条件，严重影响了医疗队伍整体素质的提高。从 20 世纪 80 年代开始，许多地方都恢复了住院医师培训的试点工作。经十余年的实践，一套较为完整的住院医师规范培训的制度和模式得到了确定和完善。

住院医师规范化培训是毕业后医学教育的重要组成部分，目的是为各级医疗机构培养具有良好的职业道德、扎实的医学理论知识和临床技能，能独立、规范地承担本专业常见多发疾病诊疗工作的临床医师。培训方向分为全科和专科两部分。1993 年，原卫生部印发《关于实施〈临床住院医师规范化培训试行办法〉的通知》。由于经过一段时间的探索，国家卫生计生委于 2014 年 8 月 25 日制定了《住院医师规范化培训管理办法（试行）》，因此临床住院医师规范化培训趋于完善。

（1）培训对象。住院医师规范化培训对象为：①拟从事临床医疗工作的高等院校医学类相应专业（指临床医学类、口腔医学类、中医学类和中西医结合类）本科及以上学历毕业生；②已从事临床医疗工作并获得执业医师资格，需要接受培训的人员；③其他需要接受培训的人员。

根据我国国情和卫生工作发展状况，我国的高等院校设有本科、专科等不同层次的医学专业教育，其培养目标、模式、年限、知识结构等都具有各自的特点。目前，我国实行的住院医师规范化培训制度，其培训对象主要为医学本科毕业后从事临床工作的住院医师，培训目标是经过规范化培训，达到主治医师的水平。

（2）培训基地。培训基地是承担住院医师规范化培训的医疗卫生机构。培训基地应具有职业道德高尚、临床经验丰富、具有带教能力和经验的临床医师作为带教师资，有一定的教学基本条件和比较健全的管理制度，能够满足住院医师规范化培训大纲要求的病种和相关培训内容。为加强住院医师规范化培训基地建设，中国医师协会制定并颁发了《全科专业住院医师规范化培训基地标准（2019年修订版）》。

培训基地应当具备的基本条件有：①为三级甲等医院；②达到《住院医师规范化培训基地认定标准（试行）》要求；③经所在地省级卫生健康主管部门组建的专家委员会或其指定的行业组织、单位认定合格。

根据培训内容需要，可将符合专业培训条件的其他三级医院、妇幼保健院和二级甲等医院及基层医疗卫生机构、专业公共卫生机构等作为协同单位，发挥其优势特色科室作用，形成培训基地网络。

(3) 培训内容。培训基地应当按照国家统一制定的《住院医师规范化培训内容与标准（试行）》，结合本单位具体情况，制订科学、严谨的培训方案，建立严格的培训管理制度并规范地实施，强化全过程监管与培训效果激励，确保培训质量。

住院医师规范化培训以培育岗位胜任能力为核心，依据住院医师规范化培训内容与标准分专业实施。培训内容包括医德医风、政策法规、临床实践能力、专业理论知识、人际沟通交流等，重点提高临床规范诊疗能力，适当兼顾临床教学和科研素养。

(4) 培训年限。培训年限一般为 3 年。已具有医学类相应专业学位研究生学历的人员和已从事临床医疗工作的医师参加培训，由培训基地根据其临床经历和诊疗能力确定接受培训的具体时间及内容。

在规定时间内未按照要求完成培训或考核不合格者，培训时间可顺延，顺延时间一般不超过 3 年。

(5) 培训考核。住院医师规范化培训考核包括过程考核和结业考核，以过程考核为重点。过程考核合格和通过医师资格考试是参加结业考核的必备条件。培训对象申请参加结业考核，须经培训基地初审合格并报省级卫生健康主管部门或其指定的行业组织、单位核准。

过程考核是对住院医师轮转培训过程的动态综合评价。过程考核一般安排在完成某专业科室轮转培训后进行，内容包括医德医风、出勤情况、临床实践能力、培训指标完成情况和参加业务学习情况等方面。过程考核由培训基地依照各专业规范化培训内容和标准，严格组织实施。结业考核包括理论考核和临床实践能力考核。国家卫生健康委或其指定的有关行业组织、单位制定结业考核要求，建立理论考核题库，制定临床实践能力考核标准，提供考核指导；各省级卫生健康主管部门或其指定的行业组织、单位负责组织实施结业考核，从国家建立的理论考核题库抽取年度理论考核试题组织理论考核，安排实施临床实践能力考核。

113 什么是继续医学教育？

继续医学教育是医学院校学生继毕业后，以学习新理论、新知识、新技术、新方法为主的终身性医学教育制度。目的是使卫生专业技术人员在整个职业生涯中，保持高尚的医德医风，知识结构和专业技能不断得到更新、拓宽、加深和提高，完善知识机构，提高专业技术水平，提高服务质量，以适应医学科学技术和卫生事业的发展。

为指导和规范继续医学教育工作的开展。根据原卫生部于2000年12月28日制定的《继续医学教育规定（试行）》，继续医学教育的对象是完成毕业后医学教育培训或具有中级以上（含中级）专业技术职务从事卫生技术工作的人员。

随着时代的发展，医学人才的培养模式也正在发生变化。传统的一次性学校教育观念正在被终身教育观念所取代。医学院校的基本教育—毕业后医学教育—继续医学教育三阶段连续统一的培养模式已被广泛认同。以现代医学科技发展中的新理论、新知识、新技术和新方法为主要内容的继续医学教育，其目的就在于培养和造就一批能掌握现代医学科技的优秀人才和骨干力量，解决人才匮乏问题，推动医学科技进步，为经济建设和实施“科教兴国”战略服务，迎接21世纪知识经济的挑战。

114 继续医学教育是如何进行组织管理的？

根据《继续医学教育规定（试行）》的规定，继续医学教育工作实行全行业管理。要打破医疗机构的行政隶属关系和所有制界限。全国和省、自治区、直辖市设立两级继续医学教育委员会，负责继续医学教育工作。

全国继续医学教育委员会在国家卫生健康委、社会保障与人力资源部的领导下，由卫生健康委、社会保障与人力资源部和有关单位的领导及专家组成。委员会下设若干学科组，聘请有关专家担任学科组成员。委员会的职能是：①研究全国继续医学教育的方针、政策，向国家卫生健康委、社会保障与人力资源部提出建议；②研究和提出全国继续医学教育的总体规划和实施计划；③负责拟订继续医学教育项目的评审标准，申报、认可办法和学分授予办法等；④负责国家级继续医学教育项目的评审，评审结果作为国家卫生健康委批准和公布的依据；⑤定期公布已认可的全国性继续医学教育项目及其单位名单；⑥组织选编、出版国家级继续医学教育项目的优秀文字教材、音像教材；⑦开展远程教育，推动全国继续医学教育广泛深入地开展；⑧对省级继续医学教育委员会、国家卫生健康委直属单位及相关单位的继续医学教育工作进行指导、检查和评估；⑨负责国家级继续医学教育基地的评审，评审结果作为行政主管部门批准和公布的依据。

省级继续医学教育委员会在省级卫生健康主管部门、社会保障与人力资源部门的领导下，由省级卫生健康主管部门、社会保障与人力资源部门和有关单位的领导及专家组成。委员会下设若干个学科组。委员会的职能是：①拟订本省（自治区、直辖市）继续医学教育的规划和计划；②依据继续医学教育有关规定，拟订实施细则；③评审省（自治区、直辖市）级继续医学教育项目，评审结果作为省级卫生健康主管部门批准和公布的依据；④定期公布已认可的全省（自治区、直辖市）继续医学教育项目及其单位名单；⑤组织继续医学教育文字教材、音像教材的编写、出版和发行工作，开展远程教育；⑥对本省（自治区、直辖市）的继续医学教育工作进行指导、检查和评估；⑦评审本省（自治区、直辖市）继续医学教育基地，评审结果作为行政主管部门批准和公布的依据。

地（市）、县两级可建立相应的继续医学教育领导小组，负责贯彻落实省级继续医学教育的计划和要求，组织各项活动。

115 继续医学教育的内容与形式有哪些?

继续医学教育的内容要适应各类专业技术人员的实际需要，应以现代医学科学技术发展中的新理论、新知识、新技术和新方法为重点，注意针对性、实用性和先进性，重视卫生技术人员创造力的开发和创造性思维的培养。注意加强政治思想、职业道德和医学伦理等有关内容的教育，培养高素质的卫生技术人员。

继续医学教育坚持理论联系实际，按需施教，讲求实效的原则，根据学习对象、学习条件、学习内容等具体情况的不同，采取灵活多样的形式和办法，开展以短期和业余学习为主的继续医学教育。具体形式包括：培训班、进修班、研修班、学术会议、学术讲座、业务考察和有计划、有组织、有考核的自学等多种方式。自学是继续医学教育的重要形式之一，应有明确的目标，制订自学计划，并经考核认可。

经审批认可的继续医学教育项目分为国家级和省级两类。国家卫生健康委和省级卫生健康主管部门定期将认可的继续医学教育项目，按学科专业分类提前公布，供医师选择参加。

116 如何对继续医学教育进行考核、登记、评估?

继续医学教育实行学分制。卫生技术人员每年参加经认可的继续医学教育活动，最低学分数为 25 学分。

继续医学教育项目分为Ⅰ类学分项目（认可项目）和Ⅱ类学

分项目两类。Ⅰ类学分项目分为国家级、省级，分别由国家卫生健康委和省级卫生健康主管部门认可，由主办单位承办。其主要为学术讲座、学术会议、研讨班、专题讲习班、学习班等脱产集中学习形式。Ⅱ类学分项目分为自管项目和单位管理项目两类。自管项目的形式为有计划、有检查的自学笔记和经国家卫生健康委或省级继续医学教育委员会指定的内容并由市级以上主管部门统一组织考核的授分项目，公开发表的学术论文、医学科研成果、医学著作、公开发表的医学音像教材、专题调研报告、医学译文等。单位管理项目的形式为单位组织的学术报告、专题讲座、技术操作示教、手术示范、临床病理讨论会、病案讨论会、大查房等。

继续医学教育实行登记制度。继续医学教育活动的主办单位应对参加活动的卫生技术人员发放本单位签章的包括活动名称、编号、形式、日期、考核结果、学分类别、学分数等内容的登记证或学习证明。各单位应建立继续医学教育档案，对参加各种继续医学教育活动和获得的学分进行登记。

卫生技术人员接受继续医学教育的基本情况作为年度考核的重要内容。继续医学教育合格者作为聘任、技术职务晋升和执业再注册的必备条件之一。

继续医学教育实行评估制度。全国继续医学教育委员会和省级继续医学教育委员会定期对开展继续医学教育情况进行检查评估。

117 为什么要对医学专业招生进行定向培养？

定向培养是指高等医学院校专门为某些特定地区或单位培养医学人才，定向培养的医学专业学生毕业后分配到这些特定的地区或单位工作。

定向培养目的是帮助边远地区、少数民族地区和工作环境比较艰苦的地区培养医学专门人才。在于使边远地区、工作环境较艰苦的地区和急需某些人才的单位能分配到一定数量的所需毕业生，并增强招生、毕业生分配的计划性，使培养工作更有针对性。

定向培养主要为乡村培养医疗卫生技术人员。定向培养的学校主要为高等职业医学院校，培养目标是能够诊治常见病、多发病，承担基本预防保健任务，并及时准确转诊患者。定向培养在招生时即由有关部门、医疗卫生机构与接受定向培养、委托培训的人员签订协议，在协议中约定相关待遇、服务年限、违约责任等事项，有关人员应当履行协议约定的义务。定向培养学生毕业后要按照签订的定向培养协议履约，到签订协议的基层医疗卫生机构工作。如违反协议，不到协议的基层医疗机构工作，则应当按照协议承担违约责任。

118 医师考核的意义是什么？

为了加强对医师执业的管理，规范医师的执业行为，提高医师素质，保证医疗质量和医疗安全，2007 年 2 月 9 日，原卫生部组织制定了《医师定期考核管理办法》。该办法对医师考核的定义为受县级以上地方人民政府卫生行政部门委托的机构或组织按照医师执业标准对医师的业务水平、工作成绩和职业道德进行的考核。

医师的考核，是指医疗卫生机构或有关组织按照医师的执业标准和事先确定的原则、内容、方法和程序对医师进行的考察和评价。医师的职业是神圣的，责任是重大的。之所以说责任重大，是因为其工作“人命关天”，直接关系人民群众的生命安全和身心健康。为了建设一支良好的医师队伍，向人民群众提供高质量、高标准、高水平的医疗服务，有计划、有组织地对医师进行考核具有重要的现实意义。首先，医师的考核是对医师进行管理的重要环节。任何组织完善、运行良好的机构或组织，都要在一定时期内对其工作人员进行不同形式和内容的考核，并将考核结果作为对其工作人员实施奖惩、任用、培训等管理的具体依据。其次，通过考核，在业务水平、工作成绩、职业道德等方面实事求是地评价每一位医师，他们的素质高低、成绩大小都客观地显现出来，这就从制度上为发现和选拔优秀医师提供了切实可靠的依据。同时，医师考核还是激励他们积极进取、尽职尽责、不断提高自身素质的有效措施。医师考核的结果，关系到其是否能够继续执业，如何任用。这对于激励他们积极向上，奋发进取，不断提高自身素质具有巨大的促进作用。

119 哪些部门或机构负责对医师进行考核？

《医师法》第 42 条第 2 款规定："县级以上人民政府卫生健康主管部门或者其委托的医疗卫生机构、行业组织应当按照医师执业标准，对医师的业务水平、工作业绩和职业道德状况进行考核，考核周期为三年。对具有较长年限执业经历、无不良行为记录的医师，可以简化考核程序。"

医疗卫生机构受卫生健康主管部门委托，可对本机构的医师进行考核，也可以受卫生健康主管部门授权，对个体行医的执业医师进行考核。行业组织，包括医师协会或者其他医学专业组织，受卫生健康主管部门的委托，可以对医疗卫生机构或个体行医的执业医师进行考核。

医疗卫生机构以及接受委托对医师进行考核的组织（医师协会或者其他医学专业组织）应建立非常设性的考核委员会或考核小组，具体负责医师考核的组织工作。考核委员会（小组），由本机构或行业组织内的负责人、学术带头人、人事管理人员和医师代表组成。

省级以上人民政府卫生健康主管部门负责指导、检查和监督医师考核工作。

120 医师考核的内容有哪些？

根据《医师法》规定，医师考核的内容分为医师的业务水平、工作成绩和职业道德三个方面。

（1）业务水平主要是指医师从事本职工作所具备的知识和技能。对医师进行业务水平的考核，就是考核医师是否具备执业能力，主要是看其分析问题和解决问题的能力以及独立工作的能力。具体来说，业务水平考核的基本内容包括学识水平——熟悉、掌握本专业基本理论、基本知识、基本技能；业务工作能力——各项基本操作的能力、各种医疗文件的书写能力、体格检查技术的能力、诊断及鉴别诊断时临床思维能力、正确阅读辅助检查报告能力、门诊中独立处理常见病及抢救危重患者的能力、阅读外文专业书刊的能力等。

（2）工作成绩主要是指医师完成工作的数量和质量。对医师进行工作成绩的考核就是要看医师是否按时、按质、按量地完成工作任务，特别是在促进医疗、预防、保健事业的发展以及解决棘手、重大问题上的成绩。工作成绩是医师的实际贡献，成绩越突出，贡献就越大。一般来说，工作成绩是医师业务水平、职业道德等方面的综合反映。对医师进行工作成绩考核的基本内容包括：能坚持日常工作，完成相应的工作量；能按照有关规定和要求，完成日常工作任务，保证工作质量。

（3）职业道德是指从事一定职业的人，在工作或劳动过程中所应遵循的与其职业活动紧密联系的道德规范的总和。它既是对本职业人员在职业活动中行为的要求，同时又是其对社会所负的道德责任与义务。医师的职业道德是医师思想品德的反映，它主要体现在医师与患者的关系上。对医师进行职业道德考核的基本内容是看医师是否遵守医德规范。

121 医师考核结果有哪些?

医师的考核结果是对医师考核的情况所作的结论。依据医师在业务水平、工作成绩、职业道德等方面的表现，综合分析评价，作出结论。目前，我国的医疗卫生机构对在本机构内执业的医师的考核主要体现在每年一度的年终考核上，主管领导根据医师本人的述职报告、民主评议结果，结合平时考核以及在听取群众意见的基础上写出评语，确定考核等次。《医师法》把医师的考核结果分为合格与不合格两种。对考核不合格的，规定了几项后续处理措施。一是备案，就是将考核的结果报准予注册的卫生健康主管部门存档备查。二是责令暂停执业活动三个月至六个月，并接受相关专业培训。三是暂停执业活动期满后，再次进行考核，对考核合格的，允许其继续执业。对再次考核不合格的，由准予注册的卫生健康主管部门注销注册，废止医师执业证书。

《医师定期考核管理办法》规定，医师在考核周期内有下列情形之一的，考核机构应当认定为考核不合格：

（1）在发生的医疗事故中负有完全或主要责任的；

（2）未经所在机构或者卫生行政部门批准，擅自在注册地点以外的医疗、预防、保健机构进行执业活动的；

（3）跨执业类别进行执业活动的；

（4）代他人参加医师资格考试的；

（5）在医疗卫生服务活动中索要患者及其亲友财物或者谋取其他不正当利益的；

（6）索要或者收受医疗器械、药品、试剂等生产、销售企业或其工作人员给予的回扣、提成或者谋取其他不正当利益的；

（7）通过介绍病人到其他单位检查、治疗或者购买药品、医疗器械等收取回扣或者提成的；

（8）出具虚假医学证明文件，参与虚假医疗广告宣传和药品医疗器械促销的；

（9）未按照规定执行医院感染控制任务，未有效实施消毒或者无害化处置，造成疾病传播、流行的；

（10）故意泄露传染病人、病原携带者、疑似传染病病人、密切接触者涉及个人隐私的有关信息、资料的；

（11）疾病预防控制机构的医师未依法履行传染病监测、报告、调查、处理职责，造成严重后果的；

（12）考核周期内，有一次以上医德考评结果为医德较差的；

（13）无正当理由不参加考核，或者扰乱考核秩序的；

（14）违反《医师法》等有关规定，被给予行政处罚的。

考核的结果要对医师本人公开，这是保证考核民主的重要手段。这样做，一方面可以使被考核者了解自己的优点和缺点，长处和短处，从而使考核成绩好的人再接再厉，继续保持先进；也可以使考核成绩不好的人心悦诚服，奋勉上进。另一方面有助于防止考核中可能出现的主观偏见以及种种误差，杜绝不正之风，保证考核的公平与合理。

122 对考核不合格的医师采取的措施有哪些?

对医师进行定期考核是考察医师是否具有开展医疗活动、执业行医的基本能力和基本素质。业务水平、工作成绩和职业道德三方面均合格的，表明其为一位称职的医师。有一项考核不合格的，说明其业务能力或者职业道德存在一定的缺陷，并在某种程度上对其实施的医疗活动造成一定负面影响。如果任其肆意从事医疗活动，有可能存在一定的安全隐患。为防患于未然，有必要对考核不合格的医师采取一定的措施。

《医师法》对考核不合格的医师采取的措施主要有：①责令其暂停执业活动三个月至六个月。责令暂停执业活动属于行政处罚的内容，是能力罚的一种，具体是指县级以上卫生健康主管部门责令考核不合格的医师停止医疗执业活动，从而在一定期限内限制或者剥夺医师执业能力。②接受相关专业培训。责令其暂停执业活动不是目的，目的是让其重新检视自己的医疗行为、专业素养和医德水平，加强学习并接受相关专业知识的培训，以提高业务能力、专业素养和医德水平，弥补缺陷和不足。对暂停执业活动期满后，再次进行考核，对考核合格的，允许其继续执业。

第五章 保障措施

123 医师职业适用怎样的人事制度?

医师目前多采用聘任制。聘任制是一种通过聘任方和应聘方双方签订聘约，聘任方聘请应聘方担任医师职务的用人制度。合同期内，在法律的监督和保护下，双方履行各自的责任和义务。合同期满，根据双方的协商情况，既可继续聘任，也可解聘。实行聘任制，既有利于保证合同期内用人单位和受聘者个人的工作稳定性，又能够拓宽选拔渠道，有利于人员的合理流动，从而有利于调整干部结构，在制度上激励干部奋发上进，扩大用人单位灵活的用人自主权；有利于促进人才竞争、人才流动；有利于发挥干部技能，做到人尽其才，才尽其用；有利于“唯才是举”“选贤任能”社会风气的形成。

124 医师职业的薪酬制度是怎样规定的?

医师职业的薪酬主要采用基本工资加绩效工资的方式。

基本工资是医师所得工资额的基本组成部分。绩效工资是以对医师绩效的有效考核为基础，实现将工资与考核结果挂钩的工资制度。绩效工资制可以提高工作绩效。基本工资和绩效工资都属于工资范畴，两者均受到一定因素影响。基本工资主要受国家经济发展水平的大环境影响，大家之间水平相差不大；而绩效工资所受影响因素颇多，主要因素是个人能力、工作业绩，这也在很大程度上可以对医师的工作起到激励作用，从而对医疗卫生机构的良性发展起到一个正向的促进作用。

125 医师职业的奖励制度是怎样规定的？

根据《医师法》第 48 条规定，医师在执业活动中，医德高尚、事迹突出；在医学研究、教育中开拓创新，对医学专业技术有重大突破，做出显著贡献；遇有突发事件时，在预防预警、救死扶伤等工作中表现突出；长期在艰苦边远地区的县级以下医疗卫生机构努力工作；在疾病预防控制、健康促进工作中做出突出贡献等情形的，由政府或政府有关部门或行业组织给予表彰或者奖励。

奖励的形式有精神奖励和物质奖励两种。具体包括嘉奖、记功，授予五一劳动奖章、全国劳动模范、全国卫生系统模范工作者、全国卫生系统劳动模范、白求恩奖章、中国医师奖、全国优秀医师等荣誉称号；对医学科研领域成绩突出者，授予国家科学成果奖、医学科技成果奖等。

126 医师职称评价基本标准包括哪些内容?

医师的专业技术职称序列有医士、医师、主治（主管）医师、副主任医师、主任医师。医师职称申报应具备的基本条件：①遵守国家宪法和法律，贯彻新时代卫生与健康工作方针，自觉践行“敬佑生命、救死扶伤、甘于奉献、大爱无疆”的职业精神，具备良好的政治素质、协作精神、敬业精神和医德医风。②身心健康，心理素质良好，能全面履行岗位职责。③应取得相应职业资格，并按规定进行注册，取得相应的执业证书。

根据《卫生专业技术人员职称评价基本标准》，卫生专业技术人员申报各层级职称，除必须达到上述基本条件外，还应分别具备以下条件。

（1）初级职称

参加医师资格考试，取得执业助理医师资格，可视同取得医士职称；取得执业医师资格，可视同取得医师职称。

（2）中级职称

卫生专业技术人员中级职称实行全国统一考试制度。符合以下条件的，可报名参加考试。

临床、口腔、中医类别主治医师：具备博士学位，并取得住院医师规范化培训合格证书；或具备硕士学位，取得住院医师规范化培训合格证书后从事医疗执业活动满 2 年；或具备大学本科学历或学士学位，取得住院医师规范化培训合格证书后从事医疗执业活动满 2 年；或具备大学本科学历或学士学位，经执业医师注册后从事医疗执业活动满 4 年；或具备大专学历，经执业医师注册后从事医疗执业活动满 6 年；或具备中专学历，经执业医师注册后从事医疗执业活动满 7 年。

公共卫生类别主管医师：具备博士学位并经执业医师注册后从事公共卫生执业活动；或具备硕士学位，经执业医师注册后从事公共卫生执业活动满 2 年；或具备大学本科学历或学士学位，经执业医师注册后从事公共卫生执业活动满 4 年；或具备大专学历，经执业医师注册后从事公共卫生执业活动满 6 年；或具备中专学历，经执业医师注册后从事公共卫生执业活动满 7 年。

（3）副高级职称（副主任医师）

①学历、资历及临床工作量要求。具备大学本科及以上学历或学士及以上学位，受聘担任主治（主管）医师职务满 5 年；或具备大专学历，在县级及以下基层医疗卫生机构工作，受聘担任主治（主管）医师职务满 7 年。完成规定的工作数量要求。

②专业能力要求。临床、口腔、中医类别：熟练掌握本专业基础理论和专业知识，熟悉本专业国内外现状及发展趋势，不断汲取新理论、新知识、新技术并用于医疗实践，熟悉本专业相关的法律、法规、标准与技术规范。具有较丰富的本专业工作经验，能熟练正确地救治危重病人，具有指导本专业下级医师的能力。

基于病案首页数据，重点从技术能力、质量安全、资源利用、患者管理四个维度，利用诊治病种范围和例数、手术级别和例数、术后并发症发生率、单病种平均住院日、单病种次均费用等指标，科学准确评价医师的执业能力和水平。

公共卫生类别：熟练掌握本专业基础理论和专业知识，熟悉本专业国内外现状及发展趋势，不断汲取新理论、新知识、新技术并推广应用，熟悉与本专业相关的法律、法规、标准与技术规范。具有较丰富的本专业工作经验，能独立解决复杂或重大技术问题，具有指导本专业下级医师的能力。

基于参与的业务工作内容，重点考核公共卫生现场能力、计划方案制定能力、技术规范和标准指南制定能力、业务管理技术报告撰写能力、健康教育和科普能力、循证决策能力、专业技术成果产出、科研教学能力、完成基本公共卫生服务项目的能力等方面，包含现场流行病学调查报告、疾病与健康危害因素监测（分析预警）报告、制定公共卫生应急处置预案和风险评估报告、业务工作计划、技术指导方案制定等内容。

（4）正高级职称（主任医师）

①学历、资历及临床工作量要求。具备大学本科及以上学历或学士及以上学位，受聘担任副主任医师职务满 5 年。完成规定的工作数量要求。

②专业能力要求。临床、口腔、中医类别：在具备所规定的副主任医师水平的基础上，系统掌握本专业某一领域的基础理论知识与技术，并有所专长。深入了解本专业国内外现状及发展趋势，不断汲取新理论、新知识、新技术并用于医疗实践。具有丰

富的本专业工作经验，能独立解决复杂或重大技术问题，具有指导本专业下级医师的能力。

基于病案首页数据，重点从技术能力、质量安全、资源利用、患者管理四个维度，利用诊治病种范围和例数、手术级别和例数、术后并发症发生率、单病种平均住院日、单病种次均费用等指标，科学准确评价医师的执业能力和水平。

公共卫生类别：在具备所规定的副主任医师水平的基础上，系统掌握本专业某一领域的基础理论知识与技术，并有所专长。深入了解本专业国内外现状及发展趋势，不断汲取新理论、新知识、新技术并用于实践。具有丰富的本专业工作经验，能独立解决复杂或重大技术问题，具有指导本专业下级医师的能力。

基于参与的业务工作内容，重点考核公共卫生现场能力、计划方案制定能力、技术规范和标准指南制定能力、业务管理技术报告撰写能力、健康教育和科普能力、循证决策能力、专业技术成果产出、科研教学能力、完成基本公共卫生服务项目的能力等方面，包含现场流行病学调查报告、疾病与健康危害因素监测（分析预警）报告、制定公共卫生应急处置预案和风险评估报告、业务工作计划、技术指导方案制定等内容。

127 从事传染病防治、放射医学和精神卫生工作以及其他特殊岗位工作的医师，其防疫津贴标准是怎样规定的？

对从事传染病防治、放射医学和精神卫生工作以及其他特殊岗位工作的医师，应当按照国家有关规定给予适当的津贴。

根据工作量大小、时间长短、条件好坏、防护难易以及危害身体健康的程度等情况，分别享受一、二、三、四类卫生防疫津贴。

（一）一类津贴：每人每月560元

1. 专职从事烈性（甲类及参照甲类管理）传染病防治工作的；

2. 专职从事强致癌性物质的监测和研究工作的；

3. 深入高山、野外、荒漠、森林从事自然疫源性疾病病源调查、病媒昆虫、动物采集、考察等工作的。

（二）二类津贴：每人每月450元

1. 在急性（乙类）传染病流行期间深入病区进行防病治病工作的；

2. 专职从事放射线和同位素监测工作的；

3. 专职从事强毒、强菌室工作的。

（三）三类津贴：每人每月350元

1. 深入病区进行寄生虫病、地方病防病治病工作的；

2. 从事病源探索工作的；

3. 专职在病区处理污水、污物的，除害灭虫工作的；

4. 专职从事尘、毒弥漫场所实地调查、监测的；

5. 实施现场抢救工作的。

（四）四类津贴：每人每月260元

1. 专职从事消毒、杀虫、灭鼠工作和污水、粪便卫生管理工作的；

2. 专职从事实验动物饲养工作的；

3. 专职从事卫生监测、检验工作的。

128 我国的疾病预防控制机构是如何设置的?

疾病预防控制机构是依据预防医学理论建立起来的，以社会群体及其环境为对象，应用流行病学、卫生学、卫生统计学和社会医学的方法，研究疾病的发生和流行规律，采取相应的预防措施，达到预防、控制和消灭疾病，保护人民身体健康的目的的专业机构。疾病预防控制机构是医师的执业机构之一。

疾病预防控制机构是国家依法设立的，应用预防医学理论、技术进行疾病控制、工作的专业机构。具体包括疾病控制中心、预防医学中心、结核病防治研究所（院）、寄生虫病防治研究所(站)、血吸虫病防治研究所（站)、皮肤病性病防治研究所(站)、地方病防治研究所（站)、鼠疫防治站（所)、乡镇预防保健站（所）及与上述机构专业相同的单位。

我国的疾病预防控制机构主要由国家级、省级、设区的市级和县级四级疾病预防控制中心（CDC）组成，是由政府举办的实施疾病预防控制与公共卫生技术管理和服务的公益事业单位。

129 疾病预防控制机构的主要职责有哪些?

我国疾病预防控制中心的主要职责有：对影响人群生活、学习、工作等生存环境质量及生命质量的危险因素，进行营养食品、劳动、环境、放射、学校卫生等公共卫生学监测；对传染病、地方病、寄生虫病、慢性非传染性疾病、职业病、公害病、食源性疾病、学生常见病、老年卫生、精神卫生、口腔卫生、伤害、中毒等重大疾病发生、发展和分布的规律进行流行病学监测，并提出预防控制对策；参与处理重大疫情、突发公共卫生事件等。

130 公共卫生医师和临床医师有哪些区别？

公共卫生是关系到一国或一个地区人民大众健康的公共事业。公共卫生的具体内容包括对重大疾病尤其是传染病（如结核、艾滋病、SARS 等）的预防、监控和医治；对食品、药品、公共场所、学校卫生、传染病、职业病等公共卫生的监督管理，以及相关的卫生宣传、健康教育、免疫接种等。“临床”即“亲临病床”之意，临床医学是研究疾病的病因、诊断、治疗和预后，提高临床治疗水平，促进人体健康的科学。它根据病人的临床表现，从整体出发结合研究疾病的病因、发病机理和病理过程，进而确定诊断，通过预防和治疗以最大程度上减弱疾病、减轻病人的痛苦、恢复病人的健康、保护病人的劳动力。临床医学是直接面对疾病、病人，对病人直接实施治疗的科学。

公共卫生与临床医学是医学的不同一级学科，在医学的一级学科中，有公共卫生（预防医学）、临床医学、中医学、口腔学等。一般的医学院校都分别开有临床医学院和公共卫生学院。学习公共卫生的学生和学习临床医学的学生毕业后分别考取公共卫生医师和临床医师。两者在学校学习的基础医学和临床医学课基本是一样的。学公共卫生专业的学生必须在学完临床医学课程后，重点学习预防医学专业课程及公共卫生政策，流行病及统计学等，而学临床医学的学生重点学习临床知识，包括内科、外科、妇产科、儿科、急诊等疾病诊断与治疗。毕业后公共卫生医师和临床医师的工作范围也是不一样的，临床医学毕业的学生主要是进入医院从事看病治病的临床工作，而公共卫生专业毕业的学生主要是进入疾病预防控制中心或医疗卫生机构防保科、院感科等科室从事人群疾病及危害因素监测、风险评估研判、监测预警、流行病学调查、免疫规划管理、职业健康管理等公共卫生工作。公共卫生医师的主要工作内容是防病，主要的服务对象是社会群体，针对社区或者社会提出整体的医疗措施，它有别于在医院进行的，针对个人进行诊治疾病的医疗措施。而临床医师主要的服务对象是患者个体。

临床医师基于疾病的研究产生了流行病学的思维观，社会和政府开始重视饮用水、食物、环境等公共卫生导致的健康问题。人们对公共卫生的重视反而造成了临床医学和公共卫生的逐渐分离。临床医学与公共卫生分离后，一定时期内，公共卫生并未得到足够的重视，过多的资源被投入临床医学。影响健康的因素除物质因素外，社会因素、环境因素也起到了很大的作用，社会资源在临床上的过多投入并未收到应有的效果。特别是席卷全球的新冠肺炎疫情，使人们逐渐认识到公共卫生不可或缺，公共卫生的社会投入具备不可低估的效益。临床医学与公共卫生其实是不可分割的，两者的融合已是大势所趋。此次《医师法》顺应了这种趋势，明确规定了国家建立公共卫生与临床医学相结合的人才培养机制，通过多种途径对临床医师进行疾病预防控制、突发公共卫生事件应对等方面的业务培训，对公共卫生医师进行临床医学业务培训，完善医防结合和中西医协同防治的体制和机制。

131 《医师法》规定哪些医疗卫生机构必须配备公共卫生医师？

《医师法》第45条第2款规定："疾病预防控制机构、二级以上医疗机构以及乡镇卫生院、社区卫生服务中心等基层医疗卫生机构应当配备一定数量的公共卫生医师，从事人群疾病及危害因素监测、风险评估研判、监测预警、流行病学调查、免疫规划管理、职业健康管理等公共卫生工作。医疗机构应当建立健全管理制度，严格执行院内感染防控措施。"

疾病预防控制机构、二级以上医疗机构以及乡镇卫生院、社区卫生服务中心基本囊括了一级医疗机构以外的所有医疗卫生机构。这些机构配备公共卫生医师，从事人群疾病及危害因素监测、风险评估研判、监测预警、流行病学调查、免疫规划管理、职业健康管理等公共卫生工作，对真正实现医防结合，有效防控院内感染，及时进行传染病、公共卫生的监测预警，无疑具有巨大的现实意义。

132 基层医疗卫生机构主要提供哪些服务？

基层医疗卫生机构主要包括城镇的社区卫生服务中心和农村的乡镇卫生院和村卫生室。其主要职能是面向本机构服务辐射区域的居民提供基本公共卫生服务和基本医疗服务。

基本公共卫生服务项目主要包括：（1）城乡居民健康档案管理；（2）健康教育；（3）预防接种；（4）0~6 岁儿童健康管理；（5）孕产妇健康管理；（6）老年人健康管理；（7）慢性病患者健康管理（高血压、糖尿病）；（8）重性精神疾病患者管理；（9）结核病患者健康管理；（10）传染病及突发公共卫生事件报告和处理服务；（11）中医药健康管理；（12）综合卫生监督协助服务；（13）免费提供避孕药具；（14）健康素养促进。

基本医疗服务项目主要包括常见病、多发病的诊疗，现场应急护理、家庭出诊、家庭护理、转诊服务、康复医疗服务等。

133 在加强基层医疗卫生队伍和服务能力建设方面，国家采取了哪些措施？

国家具体采取了以下三项措施，以加强我国基层医疗卫生队伍和服务能力建设。

一是统筹城乡资源。我国的医疗卫生资源在城市和乡村之间分布严重不平衡。大量的医疗卫生资源集中分布在城市，农村的医疗卫生资源则相对缺乏，基层医疗卫生机构服务能力不足，人才匮乏，技术力量薄弱，医疗服务能力不强，患者信任度较低。我国西部和边远地区的农村医疗卫生资源供需矛盾尤其突出。要解决城乡之间医疗资源分布不平衡的现象，需要政府统筹城乡资源，出台向农村倾斜的一揽子政策，对城乡分布不均衡的医疗卫生资源统一进行布局和调整。乡村医疗卫生人员建立县、乡、村上下贯通的职业发展机制，通过县管乡用、乡聘村用等方式，将乡村医疗卫生人员纳入县域医疗卫生人员管理范畴。

二是高职医师对口支援。为加强基层医疗卫生队伍和服务能力建设，国家启动了万名医师下基层活动，鼓励医师到医疗卫生资源相对缺乏的农村开展对口支援。出台相关政策，要求城市的医师在晋升副高级职称前，须按规定对基层对口支援，累计服务时间一年以上，并将其作为申报副高级职称基本条件之一。医师开展对口支援时，依法无须办理相关变更注册手续。

三是鼓励具有执业医师资格或者执业助理医师资格的人员进村行医。国家采取措施，鼓励取得执业医师资格或者执业助理医师资格的人员依法开办村医疗卫生机构，或者注册在村医疗卫生机构提供医疗卫生服务。医师在两个以上医疗卫生机构定期执业的，国家鼓励医师定期定点到县级以下医疗卫生机构，包括乡镇卫生院、村卫生室、社区卫生服务中心等，提供医疗卫生服务，主执业机构应当支持并提供便利。

134 乡村医生在保障广大农村居民健康方面有哪些作用？

乡村医生前身——赤脚医生，是20世纪60、70年代出现的名词，指一般未经正式医疗训练仍持农业户口，一些情况下“半农半医”的农村医疗人员。改革开放后，赤脚医生逐渐被乡村医生所取代。根据《2020年我国卫生健康事业发展统计公报》显示，2020年末我国乡村医生和卫生员79.2万人[①]，而与他们紧密相连的却是5亿居住在乡村的农村人口。

为加强农村卫生工作，解决我国广大农村医务人员短缺问题，国家对村医采取了低于执业医师和执业助理医师的特殊政策。2004年1月1日施行的《乡村医生从业管理条例》，对乡村医生注册培训和开展执业活动进行了规定。

乡村医生是指尚未取得执业医师资格或者执业助理医师资格，在注册的村医疗卫生机构从事预防、保健和一般医疗服务的卫生人员。乡村医生应在村卫生室所在的村执业行医。如未在注册执业的村医疗卫生机构进行执业，是法律所不允许的，属于“非法行医”。

---

① “2020年我国卫生健康事业发展统计公报”，载中国政府网，http://www.gov.cn/guoqing/2021-07/22/content_5626526.htm，最后访问日期：2021年11月6日。

乡村医生是中国医疗卫生服务队伍的重要组成部分，是具有中国特色、植根于广大农村的卫生工作者，是最贴近亿万农村居民的健康“守护人”，是发展农村医疗卫生事业、保障农村居民健康的重要力量，长期以来在维护广大农村居民健康方面发挥着难以替代的作用。

135 乡村医生的职责是什么？

乡村医生主要为农村居民提供公共卫生和基本医疗服务，其职责主要包括：①在专业公共卫生机构和乡镇卫生院的指导下，按照服务标准和规范开展基本公共卫生服务；②协助专业公共卫生机构落实重大公共卫生服务项目，按规定及时报告传染病疫情和中毒事件，处置突发公共卫生事件等；③使用适宜药物、适宜技术和中医药方法为农村居民提供常见病、多发病的一般诊治，将超出诊治能力的患者及时转诊到乡镇卫生院及县级医疗机构；④受卫生健康主管部门委托填写统计报表，保管有关资料，开展宣传教育和协助新农合筹资等工作。

136 村卫生室是如何设置的？

县级卫生健康主管部门根据区域卫生规划和医疗机构设置规划，综合考虑服务人口、居民需求以及地理条件等因素，合理规划村卫生室设置。原则上每个行政村设置 1 所村卫生室，人口较多或者居住分散的行政村可酌情增设；乡镇卫生院所在地的行政村原则上不设村卫生室。

政府要积极鼓励有资质人员举办村卫生室，或者由政府建设村卫生室。村卫生室可以由乡村医生联办、个体举办，或者由政府、集体或单位举办，经县级卫生健康主管部门批准后设立。村卫生室的用房和基本设备按照国家规定的标准配备。采取公建民营、政府补助等多种方式，支持村卫生室的房屋建设和设备购置。

137 村卫生室乡村医生配置和管理有哪些要求？

在村卫生室执业的乡村医生由县级卫生健康主管部门会同有关部门考核确定，原则上每千人应有 1 名乡村医生，居住分散的行政村可适当增加；每所村卫生室至少有 1 名乡村医生执业。

乡村医生必须具有乡村医生执业证书或执业（助理）医师证书，并在卫生健康主管部门注册并获得相关执业许可。在村卫生室从事护理等其他服务的人员也应具备相应的合法执业资格。严格按照《乡村医生从业管理条例》等有关法律法规，加强准入管理。鼓励在村医疗卫生机构中向村民提供预防、保健和一般医疗服务的乡村医生通过医学教育取得医学专业学历；鼓励符合条件的乡村医生参加医师资格考试，依法取得医师资格。新进入村卫生室从事预防、保健和医疗服务的人员原则上应当具备执业助理医师及以上资格。严禁并坚决打击不具备资格的人员非法行医。

鼓励在不改变乡村医生人员身份和村卫生室法人、财产关系的前提下，积极推进乡镇卫生院和村卫生室一体化管理，由县级卫生健康主管部门委托乡镇卫生院对乡村医生和村卫生室进行技术指导、业务和药品器械供应管理以及绩效考核。乡镇卫生院要通过业务讲座、例会等多种方式加强对乡村医生的业务指导，对乡村医生及村卫生室药品器械供应使用和财务管理进行日常监督，在县级卫生健康主管部门统一组织下对乡村医生及村卫生室的服务质量和数量进行考核。

将村卫生室纳入基层医疗卫生机构信息化建设和管理范围，充分利用信息技术对其服务行为、药品器械供应使用加强管理和绩效考核，提高乡村医生及村卫生室的服务能力和管理水平。根据村卫生室的功能定位设计有关软件，建立统一规范的居民电子健康档案，实行乡镇卫生院和村卫生室统一的电子票据和处方笺。采取措施，通过信息化、智能化手段帮助乡村医生提高医学技术能力和水平。进一步完善对乡村医生的服务收入多渠道补助机制和养老等政策。

138 为什么要对医师进行表彰和奖励？

现代管理科学的研究认为，人的动力来自人的需要，而人的需要既有物质方面的需要，又有精神方面的需要。表彰和奖励就是通过满足人的精神需要和物质需要来调动人的积极性和创造性，使人最大限度地发挥其潜在的能力。对医师的表彰和奖励是指对在本职工作中钻研业务技术，表现突出且有一定业绩的医师给予精神或物质上的表扬和赞许鼓励。

理论和实践证明，人的需要是多方面、多层次的。人不仅有物质需求，还有精神需求。当物质利益满足后，人们往往会追求高层次的精神需求。对于某些受奖对象来说，精神奖励的作用甚至大于物质奖励。物质奖励与精神奖励各具特色，只有将两者有机地结合起来，才能充分发挥对医师奖励的整体效应。

对医师的表彰和奖励就是将现代管理科学中的激励机制引入医师的管理领域。对表现突出和有一定业绩的医师做出表彰和奖励是很有必要的。首先，奖励可以鼓励先进，鞭策后进。对表现突出的医师进行表彰和奖励，说明医师为国家和社会做出的贡献得到了肯定，是对其成绩的承认和褒扬，可以使受奖励的医师在精神上受到鼓舞，行为上得到进一步强化，激励他们更加努力工作，保持其工作的积极性；对于做得较差的医师，奖励先进，可以起到鞭策和激励的作用。其次，奖励可以树立先进，充分发挥受奖励医师的模范带头作用，推动行业精神文明建设，树立行业新风，从而更好地为人民健康服务。

奖励与惩戒是医师管理的两个重要手段，奖与惩相辅相成。只有奖惩结合，才能在广大医师面前树立起正反两方面的典型，起到广泛的教育作用。坚持奖励与惩戒相结合的原则，必须注意以奖为主。

139 对医师进行表彰和奖励应具备哪些条件？

《医师法》第48条对医师进行表彰和奖励应具备的条件作了具体规定，即医师有下列情形之一的，县级以上人民政府及其有关部门、工会组织和有关行业组织应当给予表彰或者奖励：

1. 在执业活动中，医德高尚、事迹突出；

2. 在医学研究、教育中开拓创新，对医学专业技术有重大突破，做出显著贡献；

3. 遇有突发事件时，在预防预警、救死扶伤等工作中表现突出；

4. 长期在艰苦边远地区的县级以下医疗卫生机构努力工作；

5. 在疾病预防控制、健康促进工作中做出突出贡献；

6. 法律、法规规定的其他情形。

140 表彰和奖励的形式和种类有哪些？

对医师的奖励有精神奖励和物质奖励两种。所谓精神奖励，就是对受奖者给予的荣誉表彰，包括授予荣誉称号、通报表彰等，其目的就是满足人的精神需要，从而调动其工作的积极性，增强其工作的光荣感和责任感。所谓物质奖励，就是对受奖者给予物质形式的奖励，包括发放奖品、奖金等，其目的就是满足人的一定的物质需要。

公立医疗机构属于事业单位，根据《事业单位人事管理条例》的规定，对医师的奖励分为嘉奖、记功、记大功、授予荣誉称号四种奖励。

141 医疗纠纷的特点有哪些？

在执业过程中，医师和患者作为服务与被服务的双方，难免会发生纠纷或摩擦。医疗纠纷，作为医疗过程中的副产品，对医师和医师执业机构都将产生重大影响。医疗纠纷是患者对医师或医师执业机构的医疗行为、诊治结果等不满意，与医师或医师执业机构认识不一致而产生的纠纷。

医疗纠纷具有的特点有：

（1）医疗纠纷是医患双方之间产生的纠纷。医疗纠纷只能产生在医师或医师执业机构和患者之间，患者之间是不可能发生医疗纠纷的。

（2）医疗纠纷以患者对医师或医师执业机构的医疗行为或诊治结果等不满意为前提。

（3）医疗纠纷以患者和医师或医师执业机构认识不一致而发生争执为必备条件。医疗纠纷的发生原因，就在于患者和医师或医师执业机构对医疗行为或诊治结果认识上的不一致。即使是发生了医疗事故，如果医患之间认识相同，双方协商一致，自愿达成协议的，也就不会发生纠纷。

（4）医疗纠纷的提出只能是患者。由于医疗行为是医方实施的，医疗行为是医务人员在执业过程中实施的行为，对医疗行为不满意并引起医疗纠纷发生的只能是患者。

142 医疗纠纷发生后医疗机构应告知患者哪些内容?

医疗纠纷发生时，医疗机构负有相应的告知义务，即应告知患者或者其近亲属有关病历资料与现场实物封存和启封的规定等事项，患者死亡医患双方对死因有异议的应告知尸体解剖的有关规定、解决纠纷的途径等事项。这有助于减少医患之间的信息不对称，便于患者或者其近亲属依法行使权利，选择合适的纠纷解决途径①。

（1）告知解决医疗纠纷的途径

医疗纠纷发生后，医疗机构应当及时告知患者或者其近亲属合法的纠纷解决途径，引导其通过法律途径理性解决纠纷。主动告知，态度积极，这有利于减少双方的误解，促进医疗纠纷的解决。

在告知解决医疗纠纷合法途径的同时，医疗机构也应告知患方每种途径的申请、受理流程及期限等情况，同时告知人民调解、行政调解的途径需医患双方的同意和配合，利于患者选择方便快捷、对自己有益的解决途径。

（2）告知有关病历资料、现场实物封存和启封的规定

病历资料由医方创制、管理和保存，对于记录诊疗活动、还

① 参见朱炎苗、朱海珊："浅论依法行医与依法维权——与临床医师相关的法律法规概述"，载《上海医学》2005年第1期。

原诊疗过程起着重要作用。为确保病历资料的内容原始、客观、真实，应第一时间封存病历资料。当出现医疗纠纷时，病历资料将成为判定过错、明晰责任的主要证据。鉴于病历资料的重要性，防止病历资料人为地修改或更换，应及时对病历资料进行封存。病历资料的封存与启封，医患双方均应当在场。同时，医疗机构负有对封存的病历开列封存清单的义务，该清单由医患双方签字或者盖章，各执一份。

除病历资料外，输液、输血、注射、用药等现场实物是查明事实、分清是非与认定责任的重要证据。因输液、输血、注射、用药等引起纠纷的，应对现场实物进行封存。封存应由医患双方共同进行，并由医疗机构保管。如需封存保留血液的，医疗机构还应通知提供该血液的血站派员到场。需特别注意的是，封存实物的启封也都需要医患双方在场，医方不得擅自启封。医疗机构应当告知患者或者其近亲属有关现场实物封存和启封的规定。

（3）告知尸检的规定

患者死亡，医患双方对死因有异议的，及时进行尸检是明确死因的重要途径和方法。患者死亡对死因不能确定或有异议的，应在患者死后 48 小时内（有尸体冻存条件的可延长到 7 日）进行尸体检验。医方应当告知死者近亲属及时尸检明确死因的意义，尸检时间要求、途径和方法。同时告知尸检需要经过死者近亲属的同意并签字。如死者近亲属拒绝签字或明确表示不同意进行尸检，或存在拖延尸检等行为，导致超过规定时间且影响对死因判断的，由死者近亲属承担由此造成的不利后果。

143 医疗纠纷的处理途径有哪些?

医疗纠纷发生后，专业的处理程序、通畅的申诉渠道、透明的执法流程、公正的司法监督、合理的赔偿制度在处理和化解纠纷中的作用是至关重要的。医疗纠纷处理途径有[①]：

(1) 医患双方自行协商解决

医疗纠纷发生后医患双方可以首先进行协商处理。医患双方自行协商解决，也就是人们常说的“私了”。医患双方发生的医疗事故纠纷，属于一般的民事纠纷范畴，医患双方均有自由处分的权利。只要这种处分不违背社会公共道德和法律的有关规定即可。医患双方自行协商并达成协议的，应制作协议书，经双方签字生效。协议书应当载明双方当事人的基本情况和发生医疗纠纷的原因，双方当事人协商确定的赔偿数额等。但当医师的执业行为违反法律法规规定或者构成犯罪的，医患双方只能就民事赔偿部分自行协商解决，医疗机构及其医务人员的行政违法行为由卫生健康主管部门依法处理，责任医师的刑事责任应由司法机关依法追究。

---

① 参见刘博、姚琴：“医疗纠纷多途径合力解决体系构建”，载《中国卫生法制》2011年第5期。

医患双方自行协商达成的赔偿协议靠医患双方自觉履行，如医患任何一方反悔的，另一方可向人民法院起诉。

（2）申请人民调解

人民调解是指按照《人民调解法》组建起的中立、独立、专业的第三方人民调解机构，就医疗机构与患者之间的医疗纠纷进行的专门调解。

人民调解由各地司法行政部门依法成立的医疗纠纷人民调解委员会负责。人民调解坚持以下原则：一是依据法律、法规、规章和政策进行调解，法律、法规、规章和政策没有规定的，依据医学知识和社会主义道德规范进行调解；二是在双方当事人自愿平等的基础上进行调解；三是尊重当事人的诉讼权利，不得因未经调解或调解不成而阻止当事人向人民法院起诉；四是免费调解，不向当事医院和患者收取任何费用。

人民调解工作程序为：

一是受理。依医患纠纷当事人（患者或家属和医疗机构）申请受理调解，当事人没有申请的，也可以主动调解，但当事人表示异议的除外。当事人申请调解纠纷，可以书面申请，也可以口头申请。受理调解纠纷，应当登记。

二是指定调解主持人。医疗纠纷人民调解委员会调解医患纠纷，应当指定1名专职人民调解员为调解主持人，并可由患者或其家属从专家库中选择兼职调解员。遇重大复杂纠纷或根据需要可以指定若干专兼职人民调解员参与调解，必要时可请患者所在地乡镇（街道）和患者常住地人民调解员参与。

三是调解准备。调解主持人分别向双方当事人询问纠纷事实和情节，了解双方的要求及其理由，必要时向有关单位征集资料，核实情况，向专家咨询，做好调解前的准备工作。

四是依法调解。调解一般在调解机构内进行，根据需要也可以在便利当事人的场所进行。调解前应告知当事人关于人民调解的性质、原则和效力及当事人在调解活动中的权利和义务。调解主持人应当在查明事实、分清责任的基础上，根据当事人的特点和纠纷性质、难易程度、发展变化的情况，采取灵活多变的方式方法，耐心、细致地开展说服疏导工作，促使纠纷当事人互谅互让，尊重科学，引导、帮助当事人达成调解协议。调解不成的，要防止纠纷激化，引导其通过法律途径解决纠纷。

五是制作调解协议。经调解成功的，应制作调解协议，协议书使用司法部统一的文书格式。调解协议应载明双方当事人的基本情况、纠纷简要事实、争议事项、双方责任、双方达成的共识及履行方式和期限等。调解协议应由双方当事人和调解主持人签名，加盖医疗纠纷人民调解委员会印章。调解协议一式三份，双方当事人各执一份，调解机构留存一份。

（3）申请行政调解

医疗纠纷行政调解是指卫生健康主管部门应医疗事故争议双方当事人请求，就医患之间的争议进行调解，使纠纷的双方当事人互相谅解，在平等协商的基础上达成一致赔偿协议，从而解决医疗纠纷的途径。

卫生健康主管部门作为卫生行政管理职能部门，主持调解方面具有一定优势。在调解过程中，可以到医疗机构进行调查询问，也可以召集相关专家进行论证分析。但这并不意味着调解时，卫生健康主管部门可以强制进行调解。行政调解也同样应当遵循当事人双方自愿原则。必须有当事人双方自愿同意的前提，若有一方不同意的，卫生健康主管部门即丧失调解的职能。

经调解，双方当事人就赔偿数额达成协议的，制作调解书，双方当事人应当履行；调解不成或者经调解达成协议后一方反悔的，卫生健康主管部门不再调解。

无论是人民调解还是行政调解，医患双方达成的调解协议，没有强制执行的法律效力，只能靠当事人双方自觉履行。如果当事人对调解协议不履行，另一方可以向人民法院提起民事诉讼。

（4）通过民事诉讼解决

医疗纠纷民事赔偿通过医患双方和解，在医调委、卫生健康主管部门调解不能的情况下，可以向人民法院起诉，通过民事诉讼途径解决医疗纠纷。在医疗纠纷民事赔偿的处理方式中，向法院提起民事诉讼是最强有力的一种方法。法院经审理后形成的调解书或判决书具有绝对的权威性和强制力，当事人双方必须无条件执行。

当事人可以经过和解、调解程序后再向人民法院提起民事诉讼，也可以不经和解、调解，依照《民事诉讼法》直接向人民法院起诉。

多数情况下，医疗纠纷的原告为患方。但在患者认为未达到治疗预期而滞留医院并拒绝出院或拒绝支付拖欠医疗费等情况下，患者符合出院条件而拒绝办理手续，拒绝出院无端占用本来就紧张有限的医疗资源，拒绝支付医疗费，严重影响正常的医疗秩序，医疗机构有权提起民事诉讼，请求人民法院判决患者或患者的监护人办理出院手续或支付医疗费。

144 为什么要将医疗纠纷预防和处理工作纳入社会治安综合治理体系？

随着医疗纠纷愈演愈烈，医患矛盾日益成为社会的重要矛盾之一。医疗环境不容乐观，侵犯医师的人格尊严、人身安全事件时有发生。干扰医师依法执业和正常工作、生活，甚至侮辱、诽谤、威胁、殴打医师的事件屡见不鲜。医疗纠纷的预防和处理，从看似简单的民事纠纷的问题，逐渐演变成事关社会稳定和医师人身安全的重大问题，因此需要将医疗纠纷预防和处理工作纳入社会治安综合治理体系。县级以上人民政府应当加强对医疗纠纷的预防和处理工作的领导、协调，将其纳入社会治安综合治理体系中，建立部门分工协作机制，督促有关部门依法履行职责。政府相关部门各尽其职、各负其责、密切配合、互相协调，尤其公安部门应依法出警，新闻媒体对于医疗纠纷信息应客观公正报道，全面推进医疗纠纷的综合治理。

145 公安机关在医疗纠纷预防和处理中有哪些法定职责?

公安机关依法承担着维护国家安全和社会治安秩序的职责。其任务是维护国家安全，维护社会治安秩序，保护公民的人身安全、人身自由和合法财产，保护公共财产，预防、制止和惩治违法犯罪活动。

医疗机构的治安秩序是社会治安秩序的有机组成部分，医疗机构正常医疗秩序的维护由各级公安机关负责。具体承担医疗机构治安秩序维护责任的是治安警察。治安警察是负责维护社会治安秩序，保障公共安全的人民警察。其主要职责是：依照国家有关法律、法规进行社会治安管理，维护社会治安秩序；处理治安案件；管理特种行业；查禁违禁物品；预防犯罪；了解并掌握社会治安动态；预防和处理治安灾害事故；进行治安巡逻；发动群众参加维护社会治安秩序等工作。

依法维护医疗机构的治安秩序，查处、打击侵害患者和医务人员合法权益以及扰乱医疗机构秩序的违法犯罪行为是《医疗纠纷预防和处理条例》赋予公安机关的重要职责。公安机关负有保社会安宁，保一方平安的重任。医疗纠纷中发生涉嫌违反治安管理行为或者犯罪行为的，公安机关在接到报案后，应当及时采取措施，依法处理，维护医疗秩序。当遇有持刀、持械或其他危险物品伤害、劫持医务人员和患者的，公安机关应当立即采取必要手段果断制止，迅速控制行凶者，救助受伤人员。

146 为什么要加强对医师进行个人卫生防护？

医院是救治伤病患者的场所，也是细菌病毒高度集中的地方，医务人员日夜工作在该环境中，与病人的接触也最为密切，因此职业暴露的危险随处可在，不可避免地存在被感染的风险。医务人员的职业防护是近年来备受关注的问题，他们每天工作在临床一线，在日常的医疗过程中难免会受到生物学损伤、锐器损伤、化疗药物损伤、负重伤等常见损害，其中医护人员的针刺伤是最常见的职业损害。针刺伤不仅会损伤皮肤黏膜，还会通过血液传播使医护人员罹患相关疾病，如艾滋病、乙型肝炎等。医师在手术过程中发生的血液喷溅也会通过眼结膜等部位造成血液传染病传播。职业暴露引起的各种感染直接对医护人员的健康造成极大威胁。为防止医护人员因职业暴露受到职业伤害，医疗机构必须对医务工作者采取职业安全措施，加强对医师进行个人卫生防护。配备工作服、工作帽、医用口罩、工作鞋，凡接触传染病病人时根据需要配备隔离衣、外科口罩/N95口罩、鞋套、手套、防护眼罩、面罩等。

147 医务人员职业防护预防控制措施有哪些？

医务人员要严格遵守操作规程，增强自我保护意识，掌握常见感染病的传播途径、隔离防护技术，减少职业危害。医务人员从事诊疗工作时应穿工作服、戴工作帽和医用口罩、穿工作鞋。

凡接触传染病人时根据需要加穿隔离衣。进行体液或可疑污染物操作的医务人员，传染病流行期的发热门诊，隔离病区等区域的工作人员，转运确诊或疑似为传染病患者的医务人员和司机，在基本防护的基础上，可按危险程度加用隔离衣、外科口罩/N95 口罩、鞋套、手套、防护眼罩、面罩等。进行有创操作，如给特殊病人进行气管插管、切开吸痰、有创手术等操作和做传染病病人尸解的医务人员，在加强防护的基础上全方位防护，应使用面罩、呼吸防护器等。

148 医师受到事故伤害或者在职业活动中因接触有毒、有害因素而引起疾病或导致残疾的，依法享受哪些工伤保险待遇？

医师受到事故伤害或者在职业活动中因接触有毒、有害因素而引起疾病或导致残疾的，依法享受工伤保险待遇，工伤保险待遇的赔偿项目和标准为：

（1）造成一般伤害（未达到残疾）的赔偿项目有：医疗费、伤者住院期间的伙食补助费、生活护理费、工伤期间的工资、交通食宿费。

（2）造成伤残的赔偿项目有：医疗费、伤者住院期间的伙食补助费、生活护理费、工伤期间的工资、交通食宿费、辅助器具费、一次性伤残补助金、伤残津贴、一次性工伤医疗补助金、一次性伤残就业补助金。

①一级至四级伤残待遇标准

一次性伤残补助金：一级伤残补助金为本人工资×27个月；二级伤残补助金为本人工资×25个月；三级伤残补助金为本人工资×23个月；四级伤残补助金为本人工资×21个月。

按月享受伤残津贴（按月支付）：一级伤残津贴为本人工资×90%；二级伤残津贴为本人工资×85%；三级伤残津贴为本人工资×80%；四级伤残津贴为本人工资×75%。

②五级、六级伤残待遇标准

一次性伤残补助金：五级伤残补助金为本人工资×18个月；六级伤残补助金为本人工资×16个月。

伤残津贴（难以安排工作的工伤职工由用人单位按月发给伤残津贴，伤残津贴实际金额低于当地最低工资标准的，由用人单位补足差额）：五级伤残津贴为本人工资×70%；六级伤残津贴为本人工资×60%。

③七级至十级伤残待遇标准

一次性伤残补助金：七级伤残为本人工资×13个月；八级伤残为本人工资×11个月；九级伤残为本人工资×9个月；十级伤残为本人工资×7个月。

劳动合同期满终止，或者职工本人提出解除劳动合同的，由工伤保险基金支付一次性工伤医疗补助金，用人单位支付一次性伤残就业补助金。

149 医师受到事故伤害或者在职业活动中因接触有毒、有害因素而引起死亡的，依法享受哪些工伤保险待遇？

医师受到事故伤害或者在职业活动中因接触有毒、有害因素造成死亡的，依法享有工伤保险待遇，依法可获得相应赔偿，赔偿项目主要有丧葬补助金、一次性工亡补助金、供养亲属抚恤金。

（1）丧葬补助金：标准为统筹地区上年度职工月平均工资×6个月。

（2）一次性工亡补助金：标准为上一年度全国城镇居民人均可支配收入的 20 倍。

（3）供养亲属抚恤金：按照职工本人工资的一定比例发给由因工死亡职工生前提供主要生活来源、无劳动能力的亲属。标准为：配偶每月 40%，其他亲属每人每月 30%，孤寡老人或者孤儿每人每月在上述标准的基础上增加 10%。核定的各供养亲属的抚恤金之和不应高于因工死亡职工生前的工资。

150 医师的带薪休假制度是如何规定的？

为了维护职工休息休假权利，调动职工工作积极性，根据劳动法和公务员法，国务院制定《职工带薪年休假条例》。

根据该条例，机关、团体、企业、事业单位、民办非企业单位、有雇工的个体工商户等单位的职工连续工作 1 年以上的，享受带薪年休假。医师作为事业单位或民营医疗机构职工，医疗机构应当保证其享受带薪年休假。医师在年休假期间享受与正常工作期间相同的工资收入。医师有下列情形之一的，不享受当年的年休假：①依法享受寒暑假，其休假天数多于年休假天数的；②请事假累计 20 天以上且单位按照规定不扣工资的；③累计工作满 1 年不满 10 年，请病假累计 2 个月以上的；④累计工作满 10 年不满 20 年，请病假累计 3 个月以上的；⑤累计工作满 20 年以上，请病假累计 4 个月以上的。

年休假在 1 个年度内可以集中安排，也可以分段安排，一般不跨年度安排。单位因工作需要确有必要跨年度安排职工年休假的，可以跨 1 个年度安排。

单位确因工作需要不能安排职工休年休假的，经职工本人同意，可以不安排职工休年休假。对职工应休未休的年休假天数，单位应当按照该职工日工资收入的 300%支付年休假工资报酬。

151 什么是医疗风险分担机制？

医疗行为是一种存在一定风险的行为。许多医师将医疗过程中的风险形容为“一只脚在医院，一只脚在法院”。患者在整个医疗服务过程中，存在导致损害或伤残事件的不确定风险，甚至有发生生命风险的不确定性。这种风险若完全由医疗机构、医师或患者个人承担，是非常困难甚至是难以承受的。人人都可能生病，生病就需要医疗，医疗就存在风险。建立医疗风险分担机制，可有效提高医师及其所在医疗机构、患者防御医疗风险的能力，维护医患双方合法权益，改善医师执业环境，从而推进医患关系和谐、改善。

医疗风险分担机制主要通过保险形式来实现。医师及其所在的医疗机构通过购买医疗责任保险产品，如医疗事故责任强制保险、患者医疗强制保险、执业医师职业保险、患者医疗意外事故保险等，达到平衡风险的效果。医疗机构应当参加医疗责任保险或者建立、参加医疗风险基金，鼓励患者参加医疗意外保险。

医疗风险分担机制由国家建立和完善，采用“政府推动、立法强制、政策指导、市场运营”的模式，强制医疗机构和执业医师参加医疗事故责任强制保险。医疗风险分担机制不但实现了对患者权利的救济、医师执业风险的转移，同时可有效降低医疗纠纷成本，提高解决医疗纠纷效率。

152 什么是医疗责任险？

医疗责任险是指投保医疗机构及其医务人员在保险期内，因医疗责任发生经济赔偿时，保险公司依照保险合同约定承担赔偿责任。具体是指按照权利义务对等的原则，由保险公司向被保险人收取一定的保险费，同时承担对被保险人所发生的医疗损害给付赔偿金的责任。

医疗责任险由医疗机构投保，保险公司承担医疗机构及医务人员在从事与其资格相符的诊疗护理工作中，因过失发生医疗损害造成的依法应由医方（被保险人）承担的经济赔偿责任。

医疗责任险能够有效分散医师执业风险，缓和医患矛盾，推进医学新疗法、新技术，促进我国医学科学的发展以及提升我国医疗的整体水平，对医方、患方和保险公司都有益处。这既能让医方解除高额赔付的后顾之忧，增强医方在公众心中的信誉度，促进医学技术水平的不断发展；又可以使患者得到及时的经济补偿；保险公司只要经营得当，也会有一定的经济收益。

我国医疗责任保险起步较晚，从 20 世纪 80 年代开始医疗责任保险试点。2000 年，中国人民保险公司和其他几家保险公司才出台相关医疗责任保险条款。2007 年，保监会等多部门共同发布《关于推动医疗责任保险有关问题的通知》，为中国医疗责任保险提供了政策支持。2004 年，北京市卫生局和北京市保监局联合下发了《关于开展医疗责任保险的通知》，要求公立非营利性医疗机构必须购买医疗责任险。医疗责任保险的产品和服务创新稳步推进，并取得明显成效。北京市自推行医疗责任险以来，在化解医疗纠纷方面发挥了积极的作用，医疗纠纷调解时间大大缩短，调解成功率明显提高。

153 医疗责任保险合同的主要内容有哪些？

医疗责任保险合同由保险条款、投保单、保险单、保险凭证以及批单组成。凡涉及医疗责任保险合同的约定，均应采用书面形式。医疗责任保险的投保人是与保险人订立保险合同，并按照合同约定负有支付保险费义务的个人或企事业单位。医疗责任保险的被保险人一般为依照《医疗机构管理条例》取得医疗机构执业许可证的医疗机构。

（1）保险责任。在保险期间或保险合同载明的追溯期内，被保险人及其投保医务人员在保险合同载明的区域范围内从事诊疗护理活动中，因执业过失造成患者人身损害，由患者或其近亲属在保险期间内首次向被保险人提出损害赔偿请求，依照中华人民共和国法律（港、澳、台地区除外）应由被保险人承担的经济赔偿责任，保险人根据保险合同的约定负责赔偿。

对被保险人因保险事故而被提起仲裁或者诉讼的，对应由被保险人支付的仲裁或诉讼费用以及事先经保险人书面同意支付的其他必要的、合理的费用，保险人亦负责赔偿。

（2）医疗责任保险责任免除。保险人对下列各项不负责赔偿：①经国家有关部门认定不具有执业资格的医务人员进行的诊疗护理工作；②不以治疗为目的的诊疗护理活动造成患者的人身损害；③被保险人或其医务人员从事未经国家有关部门许可的诊疗护理工作，包括医务人员超范围、跨学科进行的医疗行为；④被保险人或其医务人员被吊销执业许可或被取消执业资格后以及受停业、停职处分期间仍继续进行诊疗护理工作；⑤被保险人的医务人员在酒醉或药剂麻醉状态下进行诊疗护理工作；⑥药品、医疗器械、消毒药剂产品自身缺陷导致患者人身损害，或不合格的血液制品导致患者的人身损害；⑦被保险人或其医务人员在正当的诊断、治疗范围外使用麻醉药品、医疗用毒性药品、精神药品和放射性药品；⑧被保险人或其医务人员违反病历书写、病案管理相关规定，丢失，涂改、伪造病历等行为造成举证不能的；⑨未列入被保险人投保医务人员名单的医务人员进行的诊疗护理工作；⑩被保险人或其医务人员违反保密义务侵害患者隐私权造成患者的损害；⑪被保险人或其医务人员违反诊疗规范，实施不必要检查造成患者的损害；⑫患者或者其近亲属不配合医疗机构进行符合诊疗规范的诊疗，被保险人及其医务人员没有过错的；⑬被保险人或其医务人员在抢救生命垂危的患者等紧急情况下已经尽到合理诊疗义务的。

154 医疗责任保险的理赔程序是如何规定的?

医疗责任保险的理赔程序为：

（1）案件受理。医疗机构发生涉及保险责任范围的事故后，收到患者或其近亲属的损害赔偿请求时，一般应在 48 小时内通知保险人，保险人对属于保险责任的进行立案处理。

（2）案件处理。①保险公司参与纠纷案件处理。对于非调非诉案件、疑难纠纷案件等，保险公司委托第三方或直接参与医疗纠纷案件处理。②医调委调解。医患双方共同申请医调委调解的案件，医调委人员听取并记录医患双方的陈述和意见，收集有关证据材料，了解事故的详细情况，并做好记录。医调委依据调查处理认定情况，制作医疗纠纷调解报告。经医调委调解，医患双方达成一致意见，由医调委主持双方签订调解意见书。③行政调解。医患双方共同申请行政调解的案件，卫生健康主管部门依据相关规定，出具调解意见。④民事诉讼。在诉讼过程中如果医患双方愿意接受法院调解，在保险责任范围内则应当以保险公司事先同意的赔偿金额为依据，并在调解书中明确医疗机构的过错及患者的人身损害后果或由代理律师出具法律文书确定；若双方不能就此达成赔偿协议，则应要求通过法院判决解决医疗争议。如果判决书中明确医疗机构存在执业过失，且过失行为不属于保险条款中“责任免除”的范围，则保险公司应依据法院的判决结果，按照条款约定进行赔偿。

（3）材料收集、审核保险责任、理算。保险公司对医调委调解或行政调解或民事诉讼结案案件的相关证据材料和原始票据进行审核，依据条款约定确定赔偿金额，并对核赔通过的案件进行理算。

（4）领取、支付赔款。保险公司根据理算结果，直接向医疗机构支付赔款。

155 什么是医疗意外险？

医疗意外险是指投保人缴纳一定数额的保险费，保险人承诺于被保险人，在遭遇特定范围内的灾害事故，致身体受到伤害而造成残废或死亡时，给付保险金的一个险种。这里的身体是指被保险人的自然躯体，不包括假肢、假牙、假眼等人工安置的非天然部分。这里所指的造成被保险人意外伤害的灾害事故应具备外来的、突发的、非本意的和非疾病的四大要素。医疗意外险一般由住院患者投保缴费。当发生死亡、伤残等医疗意外时，由保险公司按照合同约定给予患者相应的赔偿。通常包括因医疗意外导致的死亡、残疾、并发症等责任。一般采取约定的方式确定具体的保障范围，多为给付型保险。

医疗意外保险是患者基于自身风险保障需求自愿购买的医疗意外保险，被保险人是患者本人。根据保险合同约定，患者在就医时一旦发生医疗意外就可以获得一定的经济补偿，从而减轻家庭的经济负担，在一定程度上缓解了因病致贫、因病返贫问题。

156 医疗意外险保险期限、保险金额、保险赔付和保险责任免除是怎样规定的？

医疗意外险通常采用保险机构与医疗机构签订合作协议，通过医务人员向投保患方进行医疗意外保险产品介绍，由患方自愿购买不同类别和金额的保险产品。一旦发生医疗意外，保险机构按保单进行理赔。

保险期限与保险金额一般采取约定的方式，具体产品有所不同，通常期限不超过1年。保险金额选择较为自由，可依据自身保障需求进行选择。医疗意外险理赔时无须进行相关事故鉴定，赔付时也不需要提供相关医疗费用的票据。保险人依据被保险人的病历等资料来判定是否属于保险责任，一旦确定属于保险责任则一次性给付约定的保险金额。

医疗意外险保险责任免除一般在保险条款中列明，常规责任免除情形有：①被保险人故意自伤或自杀，但被保险人自杀时为无民事行为能力人的除外；②被保险人及其家属原因延误诊疗；③被保险人未遵医嘱服用、涂用、注射药物；④被保险人受酒精、毒品管制药物的影响，但在治疗中使用的麻醉药物不在此列；⑤出于治疗目的，诊疗本身必须对身体组织、器官或肢体进行破坏所造成的伤残、器官组织缺失或功能障碍。

157 新闻媒体报道医疗纠纷应当符合哪些要求？

新闻媒体亦称大众媒体，一般来说，新闻媒体包括纸质媒体（报刊）和电子媒体（广播、电视）两种。随着互联网的兴起，作为新电子媒体的网络逐渐成为一种新的媒体类型，这种新的媒体类型也称为新媒体。新媒体是一个相对的概念，是继报刊、广播、电视等传统媒体以后发展起来的新的媒体形态，包括网络媒体、手机媒体、数字电视等，涵盖了所有数字化的媒体形式，包括所有数字化的传统媒体、网络媒体、移动端媒体、数字电视等。

鉴于医疗行为的高度风险性、医患关系的高度紧张性和医疗纠纷的复杂性，新闻媒体在报道医疗方面的事件时，一要注意正能量的宣传，加强医疗卫生法律、法规和医疗卫生知识的公益宣传和医师先进事迹报道；二要引导公众尊重医师、理性对待医疗卫生风险。

新闻媒体应大力宣传医疗卫生法律、法规和医疗卫生常识，引导公众理性对待医疗行为，避免因为认知错误而产生不必要的医疗纠纷。要破除医学无所不能的神话，告知公众医学的局限性。正确看待医疗风险，不能认为现代医学无所不能，只要没有把病治好，都是因为医师的过错。对于最新的医药技术，既要报道其功能和效果，也要报道其潜在的风险和临床应用的局限性。医学处处充满了风险、未知和不确定性，很多疾病尚未被现代医学所认知，医学对其也是无能为力的。即使对于常见病、多发病，如阑尾炎手术，医学也很难保证不发生意外情况。多报道医疗卫生常识，少报道无用的噱头。

加强法律知识宣传，引导患者在认识自己权利的同时，也要让患者了解自己应当承担的义务。只有明确自己权利和义务的边界，才能有效避免因为法律认知错误而引起的不必要的医疗纠纷。依法维权，不能以维护自身权利的名义非法医闹，漫天要价，纠缠不休，甚至聚众闹事，打医、伤医、杀医，严重影响了正常的医疗秩序。

在医疗纠纷的预防和处理过程中，法律赋予新闻媒体遵守有关法律、法规的规定，恪守职业道德，做到真实、客观、公正。新闻媒体报道医疗纠纷应当公正、客观。发生医疗纠纷后，新闻媒体对于医疗纠纷的报道，一要遵守法律规定，不得编造散布不存在的医疗纠纷或者对已经发生的医疗纠纷采用歪曲事实的方式加以报道；二要恪守职业道德，最终要做到真实、客观和公正。

法律要求新闻媒体报道医疗纠纷必须坚守底线，真实不造假，避免对报道对象造成伤害。

医疗纠纷涉及的事实问题大多比较专业，这就要求新闻媒体在报道医疗纠纷之前，必须确定信息来源是否可靠、是否有过实地调查、是否咨询过医疗专家、是否存在夸张、标题党等问题。由于人体的复杂性和不确定性，从生物学角度来看，每个人都是作为独一无二的个体而存在，世界上不存在完全相同的两个个体。而作为科学范畴的医学是针对模型化的人体而言的。医疗行为作用于不同人体的结果肯定不同，只能靠经验来推测。比如，正常人的心脏是位于人体胸腔左侧的，但有的人心脏在胸腔的位置移至右侧，即右位心。又如阑尾炎是外科常见病，治疗方法也较为简单，但即使是极富经验的外科医师以最高的注意义务进行诊断，仍有10%~15%的误诊率。其原因就在于异位急性阑尾炎不易诊断，常误诊为异位所在部位的器官炎性疾病，如肝下或高位急性阑尾炎常被误诊为急性胆囊炎，在女性盆腔深处的急性阑尾炎被误诊为盆腔器官炎性疾病等。阑尾异位于左下腹时很容易误诊。医学科学的专业性、复杂性、风险性，疾病的表现与正常生理活动交织在一起，使得医疗行为完全不同于机械化生产。同时，医疗过程中采用的检查、治疗方法以及使用的药物，具有双刃性，对组织器官具有一定的侵袭性，易对人体造成损害的结果。单纯的开颅、开胸、开腹侵犯了患者的人身权，但为了解除患者病痛而实施的开颅、开胸、开腹手术是法律允许的、是患者认可的。其原因在于正当的医疗行为具有违法阻却的性质。

医疗行为以增进人体的健康、维护正常的健康状态、防止疾病、减轻伤痛、恢复健康为目的，故通常的检查与治疗虽对患者身体有一定的损害，但从长远来看是有利于患者的。医疗行为不同于其他行为，医疗行为与其他行为的区别是其具有不确定性、高度专业性和侵袭性的特点。所有这些都要求新闻媒体在报道医疗纠纷时应做足功课，要有专业维度与思维，要尊重科学，尊重专家，必要时充分听取医学专家的意见。

实事求是是新闻的灵魂。新闻媒体报道医疗纠纷应坚持客观公正原则。客观不仅要求新闻媒体报道的信息属实，而且要全面地展现事实情况，不能仅截取片段来误导公众。为博得他人眼球，故意忽略部分事实，采取选择性报道的做法经常会导致矛盾的激化。公正要求新闻媒体在客观、真实的基础上，公正地报道医疗纠纷，不能带有倾向性，偏袒患方或医方。不能只报道医方或者患方单方的观点，剥夺另一方表达观点的权利。更不能为了追求一时的轰动效应，而歪曲事实或者片面报道。

第六章　法律责任

158 医师的法律责任种类及其特点有哪些?

所谓法律责任，是指行为人对自己的违法行为应当承担的法律后果。医师的法律责任，是指医师在执业过程中，因实施违法行为而应当承担的法律后果。依据性质、程度和内容不同可分为行政法律责任、民事法律责任和刑事法律责任三种。

医师法律责任以医师的违法行为为前提，法律制裁则为必然结果。其目的是提升医师执业的称职性和合法性。医师作为取得医师资格，持有医师执业证书，为社会提供医疗保健服务的卫生专业技术人员，法律法规为保障其执业提供了所需的法定权利，同时也赋予其相应的法律义务，即遵守法律、法规，遵守技术操作规范，树立敬业精神，遵守职业道德，履行医师职责，尽职尽责为患者服务。从某种意义上讲，医师法律责任是针对医疗行业所规定的一种行业责任，是针对医师执业明确的一种特殊法律责任，其主要依据是《医师法》等法律、法规的有关规定。医师法律责任的确立，对于督促医师在执业过程中勤勉尽职，爱岗敬业，尽职尽责为患者服务，树立医师的良好社会形象都具有十分重要的意义。

医师法律责任具有以下几个特点：

第一，医师法律责任是由医师在执业过程中实施违法行为引起的。只有在构成违法的前提下，执业医师才有可能承担相应的法律责任。这里的违法，指的是违反了行政法律规范、民事法律规范或刑事法律规范。医师的违法行为必须是医师在执业过程中利用职务之便实施的。医师在非执业过程中实施的违法行为，如造成他人伤害的行为，不承担针对医师职责的法律责任；未取得医师资格的人非法行医，虽然存在违法行为，甚至是很严重的违法行为，但其承担的责任不是医师的法律责任，追究的只能是其个人非法行医的责任。

第二，追究医师法律责任必须有法律、法规、规章的明确规定。没有法律、法规、规章的明确规定，不得随意为之。刑事法律责任由《刑法》予以规定，民事法律责任由《民法典》及其他相关民事法律、法规予以规定，行政法律责任由《医师法》《药品管理法》《传染病防治法》《医疗纠纷预防和处理条例》《医疗事故处理条例》等众多行政法律法规予以规定。上述法律、法规确立的医师法律责任制度，是对医师执业行为进行监督管理，维护患者合法权益的法律保障。

第三，医师的违法行为必须造成了严重后果。医师承担法律责任必须是执业中的违法行为给患者或社会造成了严重的危害后果。违法行为轻微，没有造成严重后果的，依照法律规定不应承担法律责任。

第四，医师法律责任具有国家强制性，以国家强制力作为后盾。国家强制性是医师法律责任和其职业道德责任不同的显著特点。

第五，公法上的法律责任由国家司法机关和国家授权的行政机关在法定职权范围内依法予以追究。私法上的法律责任主要通过医患双方协商、调解或向法院提起民事诉讼解决。

第六，执业医师的行政法律责任、民事法律责任和刑事法律责任是相互独立的，不能互相代替。因此，医师承担其中一种法律责任，不能因此免除承担其他法律责任。医师承担民事法律责任后，并不因此免除其应承担的行政责任和刑事责任。

159 医师的行政法律责任具有哪些特征？

执业医师的行政法律责任是指医师在执业活动中违反了卫生行政法律规范或不履行行政法律义务依法所应承担的行政法律后果。主要包括行政处罚和行政处分两种形式。

执业医师的行政法律责任除包括行政处罚外，还包括大量的行政处分内容。行政处罚适用的依据主要为调整外部关系的规范，应用的范围广，受到的限制少，具有行政处罚权的卫生健康主管部门等均可依法实施。行政处分适用的依据主要为调整内部关系的规范，实施机构和被实施者必须存在行政上的隶属关系，适用对象一般为国家开办的医疗卫生机构中的执业医师，且行政处分的对象只能是执业医师个人，不能是医疗卫生机构或其他组织。

医师的行政法律责任具有以下两个特征：

第一，是不履行行政法律法规所设定的法定义务的后果。设定医师行政法律责任是为了保证行政法律规定的医师执业时应负义务的履行。行政法律责任是以行政法定义务为基础，无论是义务性规范，还是禁止性规范，都是针对医师执业过程而设定的。医师只有按照法律规定实施自己的行为，才是依照法律规定承担了法定义务。对不履行行政法定义务的行为，也就构成了行政违法行为，就应承担相应的行政法律责任。因此，行政法律责任首先是医师不履行行政法定义务的后果。

第二，是行政法律明文规定的。医师不履行行政法定义务，必然要承担相应的行政法律后果，承担什么样的行政法律后果，其内容是什么，必须由法律予以明文规定，即法无明文规定不处罚。《医师法》和其他卫生法律法规，如《传染病防治法》《医疗机构管理条例》《医疗事故处理条例》等对医师应承担的法律责任均作了明确规定。

160 医师承担行政法律责任必须具备哪些条件？

医师承担行政法律责任必须具备以下三个条件：

（1）必须有违反法律、法规或技术操作规范所规定的法定义务的行为

《医师法》第23条明确规定了医师在执业活动中必须履行的

义务，其他法律、法规或技术操作规范对医师的义务也作了相应规定。

（2）执业医师主观上必须有过错

主观上的过错，包括故意和过失两个方面。故意是指医师明知自己的行为会产生违法的后果，但希望或放任这种结果的发生，如未经亲自诊查，签署诊断证明的行为，隐匿、伪造或者擅自销毁医学文书的行为。过失是指医师应当预见自己的行为可能会产生违法的后果，但因为疏忽大意没有预见或者虽然预见但轻信能够避免而导致这种后果的发生。如医疗事故大多为医师过失引起的，如果医师在主观上既没有故意也没有过失，那么就不能构成违法，也就不应当承担任何法律责任。

（3）必须是造成严重后果或法律明确规定应予行政处罚或行政处分的行为

医师的轻微违法行为，如一般的轻微违反卫生行政规章制度或技术操作规范，没有造成严重后果的，一般采取批评教育的方式，帮助他们提高思想觉悟，提高认识，吸取教训并改正违法行为。《行政处罚法》第 33 条第 1 款明确规定："违法行为轻微并及时改正，没有造成危害后果的，不予行政处罚。初次违法且危害后果轻微并及时改正的，可以不予行政处罚。"

此外，还必须是法律、法规明确规定应予行政处罚或行政处分的行为。法律、法规没有明确规定应予行政处罚或行政处分的，不予行政处罚或行政处分。

161 什么是行政处罚？其特点有哪些？

行政处罚是由行政机关或其他行政主体依照法定权限和程序，对违反行政法律、法规、规章的公民、法人或者其他组织实施行政制裁的具体行政行为。

行政处罚的特点为：

①行政处罚是由具有行政处罚职权的行政机关与其他法定组织依法实施的一种行政行为。具有行政处罚职权的机关或组织包括行政机关，法律、法规授权的组织和行政机关委托的组织。

②行政处罚是对行政管理相对人的处罚，且针对的是违反行政法律规范的相对人。行政处罚的对象可以是医师个人，也可以是医师所在的医疗机构。

③被处罚的对象与实施行政处罚的机关之间没有内部隶属关系。

④行政处罚的实施必须有法律、法规或者规章的明确规定，必须依照法定的权限和程序。

⑤行政处罚以对违法行为人的惩戒为目的，而不以实现义务为目的。

162 《医师法》规定的行政处罚的种类有哪些？

《医师法》规定的行政处罚的种类主要有：

（1）警告

警告属申诫罚，是卫生健康主管部门对有违法行为的医师予以谴责和惩戒。它是行政处罚种类中最轻的一种处罚形式。警告适用于违法行为情节轻微或者未造成实际危害后果的。其目的是通过对有违法行为的医师精神上的惩戒，达到教育和促使其以后不再违法。

（2）禁止参加医师资格考试

禁止参加医师资格考试属于能力罚的一种，具体是指卫生健康主管部门对在医师资格考试中有违反考试纪律等行为，情节严重的，给予一年至三年内禁止参加医师资格考试的处罚。

（3）责令暂停六个月以上一年以下执业活动

责令暂停执业活动属于能力罚的一种，具体是指卫生健康主管部门责令有违法行为的医师停止医疗执业活动，从而限制或者剥夺医师的违法行为和执业能力的一种处罚。

责令有违法活动的医师暂停六个月以上一年以下执业活动，目的在于制止医师执业活动中正在发生的违反卫生行政管理秩序，妨碍社会经济生活，危害人民身体健康与生命安全的违法行为。责令停止执业活动后，执业活动收益会因此减少，从而达到教育和惩罚违法医师的目的，促使其停止和改正执业中的违法活动。

责令暂停执业活动不同于吊销医师执业证书的处罚。责令暂停执业活动，只是要求有违法行为的执业医师停止执业，这种停止的状态一般是暂时的，并附有期限，期限为六个月以上一年以下。受处罚人在停止执业活动期满之后，纠正了违法行为的，就可以恢复执业活动。责令暂停执业活动并未剥夺执业资格，只是暂时限制了这种违法的执业活动。相对人仍具有从事正常执业活动的资格与条件。相对人暂停执业活动后经整顿达到要求的，卫生健康主管部门应及时终止这种暂停执业的状态，准许其继续从事原来的医师执业活动。如经整顿，医师仍未改正违法行为或根本未停止执业活动的，可以依法给予其更严厉的处罚。

（4）禁止从事医疗卫生服务或者医学临床研究

禁止从事医疗卫生服务或者医学临床研究属于能力罚的一种。严重违反医师职业道德、医学伦理规范，造成恶劣社会影响的，五年直至终身禁止从事医疗卫生服务或者医学临床研究。

（5）撤销医师资格证书或者医师执业证书

撤销是一种对已准许的行政许可事项的法律收回行为，具有剥夺性、不可逆转性和不可补救性。当有以不正当手段取得医师资格证书或者医师执业证书的，由发给证书的卫生健康主管部门予以撤销，三年内不受理其相应申请。

（6）吊销医师执业证书

吊销医师执业证书属于能力罚的一种，是指行政处罚主体依法剥夺有违法行为的医师执业能力的处罚。吊销医师执业证书适用于违法情节比较严重的情况。吊销医师执业证书后，受处罚医师的医师执业证书则被废止，禁止其继续从事已被许可或认可的各类医疗执业活动。

根据我国的法律规定，吊销医师执业证书的行政处罚，自处罚决定之日起满两年的，可重新申请医师执业注册。卫生健康主管部门经审查后，符合条件的，可重新发放医师执业证书。

（7）没收违法所得及其药品、医疗器械

没收违法所得是指卫生健康主管部门依法将有违法行为的医师或非法行医者通过违法行为来获取的财产收归国有的处罚形式。

没收药品、医疗器械是卫生健康主管部门依法将有违法行为的医师或非法行医者使用的药品、医疗器械等收归国有的处罚形式。

没收违法所得及其药品、医疗器械作为一种财产罚的行政处罚形式，目的是防止违法行为人通过实施违法行为获取经济上的收益，使其认识到以实施违法行为来获取经济利益是得不偿失的。

（8）罚款

罚款属于财产罚，是指卫生健康主管部门强迫有违法行为的医师或非法行医者向国家缴纳一定数量金钱的处罚形式。罚款是行政处罚中应用最为广泛的一种。罚款对制裁违法者，防止违法者重犯，效果是十分明显的。特别是对于追求非法利益，置患者的健康和生命于不顾的非法行医者，罚款的效果尤为显著。

我国《医师法》规定，医师在执业活动中有违法行为应给予行政处罚时，实施行政处罚的机构为县级以上人民政府卫生健康主管部门。

163 在医师资格考试中哪些违反考试纪律的行为将受到处罚？

根据《医师资格考试违纪违规处理规定》，在医师资格考试中有违反考试纪律等行为，情节严重的情形包括：①考试开始信号发出后，被查出携带电子作弊工具的；②抢夺、窃取他人试卷、答卷或者强迫他人为自己抄袭提供方便的；③在考场警戒线范围内交接或者交换试卷、答卷等考试相关材料的；④拒不服从考试工作人员管理，故意扰乱考场、评卷场所等考试工作秩序的；⑤与考试工作人员串通作弊的；⑥威胁、侮辱、殴打考试工作人员的；⑦利用伪造证件、证明及其他虚假材料报名的；⑧填写他人考试识别信息或者试卷标识信息的；⑨由他人代替参加考试的；⑩在考场警戒线范围内对外进行通讯、传递、发送或者接收试卷内容或者答案的；⑪散布谣言，扰乱考试环境，造成严重不良社会影响的；⑫考前非法获取、持有、使用、传播试题或者答案的；⑬其他严重违纪违规行为。

164 哪些情况下给予撤销医师资格证书或者医师执业证书的处罚？

撤销属于行政处罚，是一种对行政许可的法律收回行为，具有剥夺性、不可逆转性和不可补救性。医师资格证书或者医师执业证书的持有人是以不正当手段取得时，由发给证书的卫生健康主管部门予以撤销，且三年内不受理其相应申请。也就是从撤销医师资格证书或者医师执业证书之日起三年内禁止其参加医师资格考试或者禁止开展执业活动。

这里的不正当手段主要包括不具备考试或执业的规定学历、资历、能力，以欺骗或贿赂的手段、用虚假或伪造的学历证书或其他材料，取得医师资格证书或者医师执业证书的非法行为。

165 伪造、变造、买卖、出租、出借医师执业证书的，应给予何种处罚？

伪造医师执业证书，是指在未取得医师执业证书的情况下，制造假的医师执业证书。

变造医师执业证书，是指在取得医师执业证书情况下，擅自进行非法改动，如对已经失去效力的医师执业证书，非法改动日期后形成的执业证书。

买卖医师执业证书，是指通过非法买入或卖出医师执业证书的行为。

出租医师执业证书，是指医师执业证书的持有人收取一定的代价，让别人在约定期限内使用其医师执业证书的行为。

出借医师执业证书，是指医师执业证书的持有人将医师执业证书借给他人使用的行为。

伪造、变造、买卖、出租、出借医师执业证书的，由县级以上人民政府卫生健康主管部门责令改正，没收违法所得，并处违法所得二倍以上五倍以下的罚款，违法所得不足一万元的，按一万元计算；情节严重的，吊销医师执业证书。

166 医师在提供医疗卫生服务或者开展医学临床研究中，未按照规定履行告知义务或者取得知情同意的，应给予什么处罚？

对在提供医疗卫生服务或者开展医学临床研究中，未按照规定履行告知义务或者取得知情同意的医师给予处罚的法律依据主要为《医师法》，该法第 25 条规定："医师在诊疗活动中应当向患者说明病情、医疗措施和其他需要告知的事项。需要实施手术、特殊检查、特殊治疗的，医师应当及时向患者具体说明医疗风险、替代医疗方案等情况，并取得其明确同意；不能或者不宜向患者说明的，应当向患者的近亲属说明，并取得其明确同意。"依据《医师法》第 55 条的规定，未按照规定履行告知义务或者取得知情同意应给予的处罚内容为责令改正，给予警告；情节严重的，责令暂停六个月以上一年以下执业活动直至吊销医师执业证书。

《基本医疗卫生与健康促进法》第 32 条规定："公民接受医疗卫生服务，对病情、诊疗方案、医疗风险、医疗费用等事项依法享有知情同意的权利。需要实施手术、特殊检查、特殊治疗的，医疗卫生人员应当及时向患者说明医疗风险、替代医疗方案等情况，并取得其同意；不能或者不宜向患者说明的，应当向患者的近亲属说明，并取得其同意。法律另有规定的，依照其规定。开展药物、医疗器械临床试验和其他医学研究应当遵守医学伦理规范，依法通过伦理审查，取得知情同意。”该法第 102 条规定，违反本法规定，医疗卫生人员有在开展医学研究或提供医疗卫生服务过程中未按照规定履行告知义务或者违反医学伦理规范的，由县级以上人民政府卫生健康主管部门依照有关执业医师、护士管理和医疗纠纷预防处理等法律、行政法规的规定给予行政处罚，属于政府举办的医疗卫生机构中的人员的，依法给予处分。

《医疗纠纷预防和处理条例》第 47 条规定，医疗机构及其医务人员有未按规定告知患者病情、医疗措施、医疗风险、替代医疗方案等，由县级以上人民政府卫生主管部门责令改正，给予警告，并处 1 万元以上 5 万元以下罚款；情节严重的，对直接负责的主管人员和其他直接责任人员给予或者责令给予降低岗位等级或者撤职的处分，对有关医务人员可以责令暂停 1 个月以上 6 个月以下执业活动；构成犯罪的，依法追究刑事责任。

《医疗事故处理条例》第 11 条规定：“在医疗活动中，医疗机构及其医务人员应当将患者的病情、医疗措施、医疗风险等如实告知患者，及时解答其咨询；但是，应当避免对患者产生不利后果。”该条例第 56 条规定，医疗机构违反本条例的规定，有未如实告知患者病情、医疗措施和医疗风险的，由卫生行政部门责令改正；情节严重的，对负有责任的主管人员和其他直接责任人员依法给予行政处分或者纪律处分。

167 对需要紧急救治的患者，拒绝急救处置，或者由于不负责任延误诊治依法应承担何种法律责任？

在现实生活中，伤病患者突发情况病情危急却身无分文，有的医师接诊后要求先交费，然后才给予相关的急救处置，有的虽然没有明确表示拒绝，但不尽心尽力，推诿敷衍，严重不负责任。一个良好的文明社会，一个健全的医疗卫生体制，应当杜绝见死不救。

面对波及范围甚广的突发疫情和大量需要紧急救治的患者，为有利于尽早隔离病人、遏制疫情，中共中央、国务院发布的《关于深化医疗保障制度改革的意见》中提出，在突发疫情等紧急情况时，确保医疗机构先救治、后收费。放在"生命至上"的窗口下观察，此举更多彰显出"对人权的一种尊重"。

对需要紧急救治的患者不得拒绝急救处置，被写入了《基本医疗卫生与健康促进法》，该法第27条第3款明确规定："急救中心（站）不得以未付费为由拒绝或者拖延为急危重症患者提供急救服务。"

对需要紧急救治的患者先救治、后收费是一个复杂的社会工程，需要患者积极配合，建立诚信意识，当其病情稳定，具备缴费条件和能力时，应积极履行缴费义务。对部分确实无能力支付医疗费用的弱势群体，国家应建立相应的医疗救助制度，只有完善制度建设才能从根本上杜绝见死不救社会现象的发生。对于不具备经济能力急危患者的救治费用，由政府或相应基金最终买单。不能让医务人员既出力流汗，又担负沉重的经济压力。

医师在执业活动中有对需要紧急救治的患者，拒绝急救处置，或者由于不负责任延误诊治的，由县级以上人民政府卫生健康主管部门责令改正，给予警告；情节严重的，责令暂停六个月以上一年以下执业活动直至吊销医师执业证书。

168 遇有自然灾害、事故灾难、公共卫生事件和社会安全事件等严重威胁人民生命健康的突发事件，医师不服从卫生健康主管部门调遣的，为什么要给予行政处罚？

自然灾害、事故灾难、公共卫生事件和社会安全事件等严重威胁人民生命健康的突发事件，必然造成大量人员伤亡，灾难现场最先出现的应当是医务人员的身影。大灾大难之时，正是医务工作者大显身手之时。疫情当下，听从召唤，召之即来，来之能战。2003 年“非典”和 2020 年新冠肺炎疫情，我国的医务工作者向全国人民交上了一份合格的答卷。

遇有自然灾害、事故灾难、公共卫生事件和社会安全事件等严重威胁人民生命健康的突发事件时，不服从卫生健康主管部门调遣，不但违反了法律规定，也违反了医师的医德规范。医师的职责是救死扶伤，面对大灾大难时的大量伤亡人员，每一位医师应当服从调遣，深入灾区或事故现场，积极履行救治职责。大灾大难面前医师不是挺身而出，而是推诿后撤，不但应受到道德和社会舆论的谴责，而且依法应受到法律的制裁。不论是在医疗卫生机构中执业的医师，还是个人开诊的医师，在遇有灾害、传染病流行、突发重大伤亡事故时，均负有服从调遣的义务。

《基本医疗卫生与健康促进法》第50条规定："发生自然灾害、事故灾难、公共卫生事件和社会安全事件等严重威胁人民群众生命健康的突发事件时，医疗卫生机构、医疗卫生人员应当服从政府部门的调遣，参与卫生应急处置和医疗救治。对致病、致残、死亡的参与人员，按照规定给予工伤或者抚恤、烈士褒扬等相关待遇。"

《医师法》第32条规定："遇有自然灾害、事故灾难、公共卫生事件和社会安全事件等严重威胁人民生命健康的突发事件时，县级以上人民政府卫生健康主管部门根据需要组织医师参与卫生应急处置和医疗救治，医师应当服从调遣。"该法第55条规定，违反本法规定，医师在执业活动中有遇有自然灾害、事故灾难、公共卫生事件和社会安全事件等严重威胁人民生命健康的突发事件时，不服从卫生健康主管部门调遣的，由县级以上人民政府卫生健康主管部门责令改正，给予警告；情节严重的，责令暂停六个月以上一年以下执业活动直至吊销医师执业证书。

169 医师在执业活动中，哪些未按照规定履行报告义务的情形应依法予以行政处罚？

根据《医师法》第33条的规定：“在执业活动中有下列情形之一的，医师应当按照有关规定及时向所在医疗卫生机构或者有关部门、机构报告：（一）发现传染病、突发不明原因疾病或者异常健康事件；（二）发生或者发现医疗事故；（三）发现可能与药品、医疗器械有关的不良反应或者不良事件；（四）发现假药或者劣药；（五）发现患者涉嫌伤害事件或者非正常死亡；（六）法律、法规规定的其他情形。”

《医师法》第55条规定，违反本法规定，医师在执业活动中未按照规定报告有关情形的，由县级以上人民政府卫生健康主管部门责令改正，给予警告；情节严重的，责令暂停六个月以上一年以下执业活动直至吊销医师执业证书。

170 构成医疗事故应当具备哪些条件？

医疗事故是指医疗机构及其医务人员在医疗活动中，违反医疗卫生管理法律、行政法规、部门规章和诊疗护理规范、常规，过失造成患者人身损害的事故。上述定义，是2002年4月4日国务院发布的《医疗事故处理条例》对医疗事故的定义。

构成医疗事故必须具备以下五个要件：

（1）必须要有违法行为。这里的违法行为，是指医师或其他医务人员在执业活动中违反医疗卫生管理法律、行政法规、部门规章和诊疗护理规范、常规的行为。

违法行为的表现形式是多种多样的，从违背法律的特征上加以概括，可分为作为和不作为两种基本形式。确认不作为需具备两个条件：一是行为人具有实施某种特定行为的义务。特定义务与一般的道德义务和社会义务不同，它是指法律要求的义务，即医师和有关人员在执业活动中根据其职业的性质、特点和患者的请求所产生的义务。二是医师和有关人员有履行特定义务的实际可能而不履行。医师和有关人员虽有某种特定义务，但由于某种原因不具备履行的实际可能，就不构成不作为。如医师正患重病期间，不能到事故现场去抢救患者。

（2）必须有造成患者人身损害的后果发生。认定是否为医疗事故，首先要看是否有违法行为，没有违法行为就不可能构成医疗事故。即使有违法行为，但没有产生造成患者人身损害的不良后果的，也不能认定为医疗事故。因此，存在造成患者人身损害的不良后果，就成为构成医疗事故的重要条件。

（3）违法行为与患者人身损害的后果之间必须有因果关系。违法行为与患者人身损害后果之间有因果关系，是指医师或其他医务人员的不当执业行为是患者人身损害后果发生的原因，而患者人身损害后果是医师执业中的不当行为产生的必然结果。二者之间有着客观的、内在的、必然的联系。

（4）医疗事故的责任主体必须是医疗机构及其医务人员。所谓医务人员，是指经过考核和卫生健康主管部门批准或承认，取得相应执业资格的各级各类卫生技术人员。包括医师、护师、药剂师、检验师和其他技术人员。非医师或其他非专业人员非法行医，造成患者人身损害的，不属于医疗事故。在医疗机构中工作的党、政、后勤管理人员因工作严重不负责任，造成病人不良后果的，可比照医疗事故予以处理。

（5）主观上必须要有过失。医疗事故的构成，必须以医师或其他专业技术人员主观上存在过失为构成要件之一。所谓过失，是指医师应当预见自己的行为可能发生严重不良后果，因为疏忽大意而没有预见或者已经预见而轻信能够避免的心理态度。过失可分为疏忽大意的过失和过于自信的过失两种。

疏忽大意的过失是指医师或其他医务人员应当预见自己的行为可能使患者产生不良后果，因为疏忽大意而没有预见，以致产生这种后果的心理态度。构成这种过失需要具备两个条件：一是医师或其他医务人员应当预见自己的行为可能产生某种不良后果；二是医师或其他医务人员因为疏忽大意对于自己的行为可能产生的不良后果没有预见。如医师在给糖尿病患者行胃切除手术时开具的药物或液体中含有大量糖，致使患者糖尿病症状加重，此即为疏忽大意的过失。

过于自信的过失是指医师已经预见到自己的行为可能使患者产生不良后果，但轻信能够避免，以致发生这种不良后果的心理状态。构成这种过失也需要具备两个条件：一是医师或其他医务人员对于不良后果的产生有预见，即已经预见到这种不良后果产生的可能性；二是医师或其他医务人员轻信能够避免不良后果的产生，以致产生这种后果。如医师在处理脑外伤时，已经预见到有脑组织损伤和脑出血的可能，但轻信不会引起严重后果，导致病人突然病情加重死亡，病人死亡是由于医师过于自信的过失造成的。

医师或其他医务人员主观上没有过失的，不构成医疗事故。医师主观上存在故意的，可构成故意犯罪行为，不构成医疗事故。只有医师或其他技术人员主观上存在过失时，才可能构成医疗事故。

171 医疗事故是如何分级的？

根据《医疗事故处理条例》第 4 条的规定，根据医疗事故给患者直接造成损害的程度不同，可分为以下四级：

（1）一级医疗事故：系指医师或其他医务人员过失造成患者死亡、重度残疾的。

（2）二级医疗事故：系指医师或其他医务人员过失造成患者中度残疾、器官组织损伤导致严重功能障碍的。

（3）三级医疗事故：系指医师或其他医务人员过失造成患者轻度残疾、器官组织损伤导致一般功能障碍的。

（4）四级医疗事故：系指医师或其他医务人员过失造成患者明显人身损害的其他后果的。

医师在执业活动中违反法律、法规、规章或者执业规范，造成医疗事故或者其他严重后果的，由县级以上人民政府卫生健康主管部门责令改正，给予警告；情节严重的，责令暂停六个月以上一年以下执业活动直至吊销医师执业证书。

172 医疗事故发生的主要原因有哪些?

医疗事故发生的主要原因及最常见的情况有：

（1）违反不得拒绝急救处置危急患者的规则，不认真履行职责，片面强调收费制度，拒收、拒治危急病人，或不负责任地在不采取任何措施的情况下将危急病人转院转科，以致延误、丧失了抢救时机，从而导致严重不良后果。

（2）不坚守工作岗位，值班期间擅自离岗，不尽职尽责，贻误病人抢救时机，造成严重后果。

（3）明知自己的医疗技术欠佳，不请示上级医师或不执行上级医师指示，擅自处理，导致严重后果。

（4）不遵守卫生行政规章制度或技术操作规范，造成严重后果。如手术时不认真履行查对制度，体腔内遗留器械、纱布等，或违反手术操作常规而误伤、误切重要组织器官。

（5）执业中使用不合格药品、不合格消毒器械、医疗器械，导致发生严重后果。

（6）在麻醉中，由于失职或违反规程，麻醉药物用量、麻醉方式、麻醉部位发生错误，发生麻醉意外后又未能及时抢救，或滥用麻醉药品、毒性药品、精神药品和放射性药品，造成严重后果。

（7）不认真执行隔离消毒制度和无菌技术操作规程，造成严重院内感染或交叉感染，以致发生严重不良后果。

（8）药品使用不规范或发生错误，如错开药方、配错处方、超剂量使用或用药时违反药物戒忌或药物过敏试验等规定，造成严重后果。

（9）实施新技术或新手术时准备不充分，未经领导批准擅自应用，盲目从事，造成严重后果。

（10）医技科室医师或相关人员（检验、放射、超声、内镜等），因不负责任或违反操作规程，不遵守规章制度，结果不准确或发生严重差错，影响了患者的诊断治疗，从而导致严重后果。

（11）病员情况复杂，受技术水平和设备条件的限制难以确诊，不及时履行转诊义务，以致发生不良后果。

（12）因手术医师技术水平或对病变本身情况特殊缺乏认识，不能辨认病变组织器官结构，而误伤重要脏器，未能及时补救或补救措施不力，造成严重后果。

（13）因缺乏临床经验而对术后早期并发症鉴别失误，延误抢救时间，发生不良后果。

173 不属于医疗事故的情形有哪些？

有些情况下，虽有对患者造成人身损害等后果的发生，但并非医疗机构及其医务人员的过失行为造成的，而是现代医学技术不能够预见却又不能完全克服的意外情况或为抢救垂危患者生命而采取的紧急医学措施，法律规定其不属于医疗事故。

不属于医疗事故的情形有：

①紧急情况下为抢救垂危患者生命而采取的紧急医学措施造成不良后果；

②在医疗活动中由于患者病情异常或者患者体质特殊而发生医疗意外的；

③在现有医学科学技术条件下，发生无法预料或者不能防范的不良后果的；

④无过错输血感染造成不良后果的；

⑤因患方延误诊疗导致不良后果的；

⑥因不可抗力造成不良后果的。

174 如何理解“在紧急情况下为抢救垂危患者生命而采取的紧急措施造成不良后果的”情形?

患者由于疾病发作，突然外伤受害及异物侵入体内，身体处于生命垂危的状态，情况紧急。如急性外伤、突发大出血、严重脱水、呼吸困难、休克、昏迷，气管、支气管异物，急性中毒、淹溺、触电等紧急情况下，必须采取紧急抢救措施。紧急抢救措施属于非常规治疗手段，是挽救患者生命必须采取的措施。这时生命是第一位的，因此可能出现的不良后果是次要的。“两害相权取其轻。”如果还按照常规医疗套路，对患者的病情、症状、体征乃至生理指标做详细检查、观察、诊断，患者可能就丧失了最佳治疗时间。在迫不得已的情况下，明知采取的紧急医疗措施可能会造成损害后果，甚至可能会造成严重的不良后果，但目的是挽救垂危患者生命，法律规定在紧急情况下为抢救垂危患者生命而采取紧急措施造成不良后果的不能被认定为医疗事故。如果认定这种情形属于医疗事故，将会导致医师谨小慎微、过分保守，病人极有可能错过治疗机会，生命不保。当然，医师在抢救垂危患者生命治疗的过程中，也应尽到合理的注意义务，能够告知的尽量告知，同时应尽量采取符合医学原理的措施。在紧急情况下，医师的判断能力不同于平常，注意义务要求可以适度降低，但也不能太过绝对，只要属于在紧急情况下抢救垂危患者生命的情形，医方就一律不承担责任。当实施抢救行为能够注意到却明显违背诊疗护理操作规范、常规的，也应当承担相应的责任。

175 如何理解“在医疗活动中由于患者病情异常或者患者体质特殊而发生医疗意外的”情形？

医疗意外，是指由于患者的病情异常、体质特殊而发生难以预料的、不能防范的不良后果的情形。医疗意外具有两个基本特征：第一，患者死亡、残疾或功能障碍等不良后果发生在诊疗护理过程中；第二，不良后果的发生是医护人员在现有医学技术条件下难以预料和不能防范的，即医护人员的医疗行为无过失。

医疗意外常见的表现形式有：医护人员抢救及时、措施得力、手术操作无误，但患者仍死亡或遗留严重的后遗症；患者为特异体质，在治疗前知道或在治疗后发现，但目前医学科学技术尚难以解决而发生的不良后果；在基础麻醉或椎管阻滞麻醉时，按规定剂量使用麻醉药后患者仍然出现呼吸抑制、血压下降、麻醉平面过高等现象，虽经积极抢救仍发生不良后果的；诊断明确，手术适应征掌握合适、术中操作无误，而在术中或术后发生大出血，呼吸、循环骤停及其他重要器官功能衰竭等不良后果的。

是否属于医疗意外，不能简单而论。不应认为只要患者存在体质特殊或病情异常就一律认为是医疗意外。认定医疗意外应从以下几个方面进行判断：（1）实施的医疗行为是否具有明确的指征、操作是否规范、是否符合诊疗常规。如果患者的病情根本没有必要施行手术、麻醉、输液等治疗措施，而医务人员由于其他目的以及误诊误治的因素而实施这些治疗措施，与患者的特殊体质或特殊病情结合，发生人身损害的，不能认定是医疗意外。（2）医务人员有无履行预见危险发生和防止危险结果发生的义务，履行了就应认定是医疗意外。可以从以下几个方面进一步理解：①在实施医疗行为之前，是否对患者的既往过敏状况、特殊疾病状况进行全面的询问、了解和记载；②是否对患者的身体健康状况进行了相应的检查；③是否了解所使用的药物有可能导致意外危险以及相应的救治措施；④是否按医疗护理规范进行了过敏试验和观察判断试验结果；⑤是否严格检查了所使用的药物、器械的状况；⑥是否对可能出现的意外危险进行了相应的急救准备。(3) 医务人员是否侵犯了患者的知情同意权。患者具有选择医疗方式和方法的权利。医务人员在实施医疗行为前，有无向患者客观地介绍将要采取的医疗行为，将要使用的药物、器械等可能存在的风险，以及防范措施等；是否采用详细文字说明的文件形式向患者告知并双方签字。如患者同意并签字，即意味着其准备承担风险。(4) 医务人员有无履行及时保留导致意外发生的药物、器械的义务。能够证明发生了医疗意外的药物、液体、器械以及尸检的证据，是否及时进行了证据保存。不能提供相关证据、有意毁损证据或拒绝提供证据，应承担举证不能的法律责任。

176 如何理解“在现有医学科学技术条件下，发生无法预料或者不能防范的不良后果的”情形?

医学具有局限性，不能包治百病。在现有医学科学技术条件下，有些疾病和损伤是无法预料或者不能防范的。无法预料或者不能防范的不良后果主要包括并发症、后遗症、医源性疾病和损伤。

(1) 并发症。并发症是指合并发生了与这种疾病有关的，或与治疗这种疾病方式有关的另外一种或者几种疾病。在某种原发疾病或某种情况发展过程中发生的，由于原发疾病或某种情况或其他原因可导致继发疾病同时发生。并发症具有可预见性、不确定性和相对可避免性三个基本特征。

只要是并发症就不构成医疗事故？医方就不承担任何责任吗？答案是否定的。出现并发症后是否构成医疗事故，主要看医务人员的医疗行为是否存在过失，是否属于应当预见而没有预见或已经预见而没有采取有效措施加以避免。并发症发生后是否采取了积极的治疗措施，以防止损害后果的扩大。如医方已将可能发生并发症的情形告知患者并采取了相应的措施。已经履行了充分的注意义务，仍然未能避免并发症的发生，就不属于医疗事故。反之应认定为构成医疗事故。

（2）后遗症。后遗症是指医疗行为终结后患者仍遗留某些身体机能障碍，严重者尚存在医疗依赖，需靠医疗手段支持和维持身体机能。

疾病因其病种、程度而有不同的转归。任何疾病从发生到终结都是一个连续的病理生理动态过程。任何疾病发生发展的结局有痊愈、好转、加重、死亡。医疗作为一种手段用于疾病自然转归，可缩短疾病自然疗程，可促使病人尽早康复。有些疾病无论如何治疗，患者仍会遗留某些身体机能障碍，即后遗症。后遗症的发生如果不是医务人员的过失导致的，而是在现有医学技术条件下不能避免或者无法预料的，则不属于医疗事故。

（3）医源性损害。医源性损害是指在医疗活动中，因医疗行为造成，非原发性疾病导致的其他疾病和损伤。广义的医源性损害包括：医源性感染、药源性损害、非必需的医疗损害、因住院治疗等外界因素而引发的身心疾病、合并症、医疗意外等。医源性损害不是疾病自然发展或医疗必需的损害，而是医疗行为的副产品。有些医源性损害是可以防止和避免的，但有些是不可避免的。只有不可避免的医源性损害，才不属于医疗事故。

177 如何理解“无过错输血感染造成不良后果的”情形？

输血感染，是指因给患者输入的血液被细菌污染或含有病毒而使患者出现血液污染反应或感染其他疾病。如果给患者输血有指征、并履行了相应的手续，按输血操作规范、常规进行，应认定为无过错输血。因输血感染不是医疗机构的医疗行为造成的，感染原因可能因为“窗口期”的存在，故不能认定为医疗事故。如果医疗机构不能证明其输血行为无过失，则不能免除其医疗事故的民事法律责任。

在这里需要强调的是，要正确区分输血感染是由于医务人员的过错造成的，还是在医务人员完全遵守相关规则的情况下，仍然发生了难以避免的损害后果。如果属于医务人员在输血问题上的过失，那么就构成医疗事故，应该追究医疗机构和医务人员的法律责任。

178 如何理解“因患方延误诊疗导致不良后果的”情形？

对于医疗机构及其医务人员提供的医疗服务，患者享有一定的自主权和选择权。在有些情况下，患者对自己权利的不当行使，可能会延误诊疗的时机，造成本不应发生的不良后果。作为医务人员而言，无权采取强制手段对患者进行治疗。只要医务人员向患者告知病情、将采取的诊疗措施和不采取这些措施可能导致的不良后果等情况，因患方原因延误诊疗导致不良后果发生的，责任应由患者承担，不应认定为医疗事故。此外，患者不如实陈述病情、病史，使医务人员无法得出正确的诊断，或者不遵医嘱服药和不配合做必要的检查，以致延误治疗或抢救时间而造成不良后果的，也不属于医疗事故。

179 如何理解“因不可抗力造成不良后果的”情形？

《民法典》第180条中规定：“因不可抗力不能履行民事义务的，不承担民事责任。法律另有规定的，依照其规定。不可抗力是不能预见、不能避免且不能克服的客观情况。”

不可抗力是指不能预见、不能避免并不能克服的客观情况。民法的不可抗力包括自然灾害，如台风、洪水、冰雹；政府行为，如征收、征用；社会异常事件，如罢工、骚乱三方面。因不可抗力如台风导致断电等情形发生，使紧急手术无法开展导致不良后果发生的不应认定为医疗事故，属于法定的免责事由。此外，针对医疗行业的特性，在医疗活动中确实存在在现有医学技术条件下不能预见、不能避免、不能克服的或者能够预见，但不能避免、不能完全克服的客观情况。对此情形下发生的不良后果也应免除医方的法律责任。

180 泄露患者隐私或者个人信息应给予何种处罚?

医师在执业过程中，负有关心、爱护、尊重患者，保护患者隐私的义务。隐私，汉语词典中将其定义为：不愿告人或不愿公开的个人的事。从法律角度来讲，隐私可理解为和一种公共利益、群体利益无关的，当事人不愿让他人知道或他人不便知道的信息。《民法典》对隐私的定义为：自然人的私人生活安宁和不愿为他人知晓的私密空间、私密活动、私密信息。

自然人享有隐私权。任何组织或者个人不得以刺探、侵扰、泄露、公开等方式侵害他人的隐私权。隐私权是自然人享有的对其与公共利益无关的个人信息、私人活动和私有领域进行支配的一种人格权。隐私权的内容是非常广泛的，它包括了公民的私人活动、私人信息和个人领域。

医师在执业活动中有泄露患者隐私或者个人信息的，由县级以上人民政府卫生健康主管部门责令改正，给予警告，没收违法所得，并处一万元以上三万元以下的罚款；情节严重的，责令暂停六个月以上一年以下执业活动直至吊销医师执业证书。

181 出具虚假医学证明文件，或者未经亲自诊查、调查签署医学证明文件的，应给予何种处罚?

医师对外出具医学证明文件，必须是真实存在的客观情况。签署诊断、治疗、流行病学或者有关出生、死亡等证明文件，应当亲自诊查、调查，并按照规定及时填写。未亲自诊查，不得出具疾病诊断书、健康证明书或者死亡证明书等证明文件；未亲自接产，不得出具出生证明书或者死产报告书。

《医师法》第 24 条明确规定："医师实施医疗、预防、保健措施，签署有关医学证明文件，必须亲自诊查、调查，并按照规定及时填写病历等医学文书，不得隐匿、伪造、篡改或者擅自销毁病历等医学文书及有关资料。医师不得出具虚假医学证明文件以及与自己执业范围无关或者与执业类别不相符的医学证明文件。"医师必须守住法律和道德底线，自觉不出具虚假诊断证明，不出具与自己执业范围无关或者与执业类别不相符的医学证明文件。

《医师法》第 56 条对医师出具虚假医学证明文件规定了较为严厉的处罚措施。医师在执业活动中有出具虚假医学证明文件以及与自己执业范围无关或者与执业类别不相符的医学证明文件的，由县级以上人民政府卫生健康主管部门根据违法情节轻重，依法给予的行政处罚有：①警告，没收违法所得，并处一万元以上三万元以下的罚款；②责令暂停六个月以上一年以下执业活动；③吊销医师执业证书。

182 隐匿、伪造、篡改或者擅自销毁病历等医学文书及有关资料的应给予哪些处罚？

隐匿即隐瞒、隐藏，将医学文书及有关资料隐藏起来，不让患者查阅、复制。伪造即编造，捏造，以假乱真，利用假造的、根本不存在的医学文书及有关资料以欺瞒患者。篡改指用作伪的手段对医学文书及有关资料进行改动或曲解。擅自销毁指为掩盖事实真相，独断独行，自作主张销毁病历等医学文书及有关资料。

医师在执业活动中有隐匿、伪造、篡改或者擅自销毁病历等医学文书及有关资料的，违反了《医师法》第 24 条的规定，依照《医师法》第 56 条规定，由县级以上人民政府卫生健康主管部门责令改正，给予警告，没收违法所得，并处一万元以上三万元以下的罚款；情节严重的，责令暂停六个月以上一年以下执业活动直至吊销医师执业证书。

183 未按照规定使用麻醉药品、医疗用毒性药品、精神药品、放射性药品如何处罚？

麻醉药品、医疗用毒性药品、精神药品、放射性药品是实行特殊管理的药品。

麻醉药品和精神药品，是指列入麻醉药品目录、精神药品目录的药品和其他物质。麻醉药品连续使用后易产生生理依赖性、具有成瘾性。精神药品直接作用于中枢神经系统，使之兴奋或抑制，连续使用能使人体产生依赖性，危害人体健康。麻醉药品和精神药品的使用，应符合《麻醉药品和精神药品管理条例》和《处方管理办法》。

医疗用毒性药品系指毒性剧烈、治疗剂量与中毒剂量相近，使用不当会致人中毒或死亡的药品。为加强医疗用毒性药品的管理，防止中毒或死亡事故的发生，医疗用毒性药品分为中、西药品种两大类，其临床使用应符合《医疗用毒性药品管理办法》。

放射性药品是指用于临床诊断或者治疗的放射性核素制剂或者其标记药物。放射性药品与其他药品的不同之处在于，放射性药品含有的放射性核素能放射出射线。它释放出的射线具有穿透性，当其通过人体时，可与组织发生电离作用，对人体组织产生危害。放射性药品的临床使用比一般药品要求更为严格，应符合《放射诊疗管理规定》。

医师在执业活动中未按照规定使用麻醉药品、医疗用毒性药品、精神药品、放射性药品的，由县级以上人民政府卫生健康主管部门责令改正，给予警告，没收违法所得，并处一万元以上三万元以下的罚款；情节严重的，责令暂停六个月以上一年以下执业活动直至吊销医师执业证书。

184 利用职务之便，索要、非法收受财物或者牟取其他不正当利益或者违反诊疗规范，对患者实施不必要的检查、治疗造成不良后果的，应受到哪些行政处罚？

索要，是指医师利用自己职务上的便利条件，以公开或暗示的手法，主动向病人索要财物的行为。非法收受财物，是指在没有任何法律依据或规定的情况下，违反规定收取或接受患者财物的行为。

违反诊疗规范，对患者实施不必要的检查、治疗，是指在治疗过程中，不恰当、不规范甚至不道德，脱离病人病情实际而进行的检查、治疗等医疗行为。简单地说，不必要的检查、治疗是超过疾病实际需求的诊断和治疗。不是诊治病情所需，目的是牟取其他不正当利益。不必要的检查、治疗是与医德相违背的，是法律以及相关制度所禁止的。

利用职务之便，索要、非法收受财物或者牟取其他不正当利益或者违反诊疗规范，对患者实施不必要的检查、治疗且给患者造成不良后果的，由县级以上人民政府卫生健康主管部门责令改正，给予警告，没收违法所得，并处一万元以上三万元以下的罚款；情节严重的，责令暂停六个月以上一年以下执业活动直至吊销医师执业证书。

185 开展禁止类医疗技术临床应用应承担哪些行政法律责任？

医疗技术，是指医疗机构及其医务人员以诊断和治疗疾病为目的，对疾病作出判断和消除疾病、缓解病情、减轻痛苦、改善功能、延长生命、帮助患者恢复健康而采取的医学专业手段和措施。医疗技术临床应用，是指将经过临床研究论证且安全性、有效性确切的医疗技术应用于临床，用以诊断或者治疗疾病的过程。

国家建立医疗技术临床应用负面清单管理制度，对禁止临床应用的医疗技术实施负面清单管理。禁止类医疗技术包括临床应用安全性、有效性不确切的医疗技术；存在重大伦理问题的医疗技术；该技术已经被临床淘汰；未经临床研究论证的医疗新技术。禁止类技术医疗机构不得开展临床应用。

目前，国家卫生健康委通过文件列明的禁止类医疗技术有：①小腿神经离断瘦腿手术；②脑下垂体酒精毁损术治疗顽固性疼痛；③克隆治疗技术；④代孕技术；⑤除医疗目的外的肢体延长术；⑥角膜放射状切开术。

医师在执业活动中开展禁止类医疗技术临床应用的，由县级以上人民政府卫生健康主管部门责令改正，给予警告，没收违法所得，并处一万元以上三万元以下的罚款；情节严重的，责令暂停六个月以上一年以下执业活动直至吊销医师执业证书。

186 医师未按照注册的执业地点、执业类别、执业范围执业的应给予哪些处罚？

医师应按照注册的执业地点、执业类别、执业范围执业。执业地点是指执业医师执业的医疗卫生机构所在地的省级行政区划和执业助理医师执业的医疗卫生机构所在地的县级行政区划。执业类别是指临床、中医（包括中医、民族医和中西医结合）、口腔、公共卫生。执业范围是指医师在医疗、预防、保健活动中从事的与其执业能力相适应的专业。

医师未按照注册的执业地点、执业类别、执业范围执业的，由县级以上人民政府卫生健康主管部门或者中医药主管部门责令改正，给予警告，没收违法所得，并处一万元以上三万元以下的罚款；情节严重的，责令暂停六个月以上一年以下执业活动直至吊销医师执业证书。

187 严重违反医师职业道德、医学伦理规范的行为为何要依法给予禁业的行政处罚？

医师职业道德，简称医德，是医师在执业活动中的道德规范和应具备的道德品质。医德属于伦理学研究的范畴，属于医学伦理规范内容。由于医师是以患者及身体或心理有残疾、有痛苦的人为服务对象，因此，社会对其提出的道德要求比其他群体更高、更严，只有具有良好医德的医师，才能很好地履行自己的职责，为众多患者解除痛苦。医者仁心，贵在医德。

在了解医德之前，首先应该了解什么是道德？道德是人类社会所特有的现象，和政治、法律、宗教一样，是人类社会的意识形态之一。它是以善恶评价的方式来评价和调节人的行为的规范手段和人类自我完善的一种社会价值形态。它表现为依靠社会舆论、传统习惯和内心信念的力量，以“应当”如何的方式调节人的行为。在理顺和协调社会成员之间的各种关系中，道德规范作为一种无形的伦理力量来对人们的行为进行制约、限定，使其趋善避恶。

道德作为一种复杂的社会现象，往往反映在社会生活中的某一方面或某一领域，和人们的社会职业密不可分，这就产生了不同类型的道德，其中职业道德现象占社会道德的比重最大。社会学家将其分类，产生了许多以某种职业道德为研究对象的对应的学科。其中以医务人员行医实践中产生的医德现象和医德关系为研究对象的学科，即医学伦理学研究的主要内容。

医学科学服务于人类，是通过医师的行医过程实现的。医师的服务对象是人，是以拯救生命、医治疾病、保护人类健康为目的。医师的道德境界和医德修养，比其他任何行业的职业道德都显得尤其重要。“无恒德者，不可以作医。”医德通过对从事医学这一职业的人们所进行的伦理道德教育对行医过程产生影响。医师行医的动机和目的以及行医过程本身都包含着人的主观性成分以及行医的客观结果。因此，医疗技术不是评价医师执业行为是否合格的唯一标志，其道德境界、医德品质等因素和业务素质结合起来，共同构成了医师执业过程的评价依据。医德医风建设是培养和造就合格医师不可或缺的内容。

《医师法》第58条规定：“严重违反医师职业道德、医学伦理规范，造成恶劣社会影响的，由省级以上人民政府卫生健康主管部门吊销医师执业证书或者责令停止非法执业活动，五年直至终身禁止从事医疗卫生服务或者医学临床研究。”严重违反医师职业道德、医学伦理规范的行为不但是违反职业道德规范的行为，同时也是违反法律规范的行为，其行为不但要受到道德规范的谴责，同时依法应当予以行政处罚。无德莫行医，严重违反医师职业道德、医学伦理规范处罚：一是吊证，吊销医师执业证书；二是禁业，责令停止非法执业活动，五年直至终身禁止从事医疗卫生服务或者医学临床研究。处罚不可谓不严厉。

严重违反医师职业道德、医学伦理规范，责令停止非法执业活动，五年直至终身禁止从事医疗卫生服务或者医学临床研究。这实际上是一种从业限制。可以说，这些人员不具备一个医师应当具备的素质和品德。法律为其设定了在一定时限内禁止从事医疗卫生服务或者医学临床研究的处罚，禁止时限为自处罚决定作出之日起五年直至终身。

188 非法行医和非医师行医有何区别？

行政法范畴的非法行医是指未取得《医疗机构执业许可证》的机构和不具备行医资格的人员违反《医师法》《医疗机构管理条例》等医疗卫生法律法规，非法进行医疗活动的行为。非医师行医仅指不具备行医资格的人员非法进行医疗活动的行为。

非法行医的违法主体包括未取得《医疗机构执业许可证》的机构和不具备行医资格的个人。不具备行医资格的个人非法行医包括在医疗机构中无医师执业资格从事诊疗活动和个人未经批准擅自开业从事诊疗活动，同时还包括虽具有行医资格，但未经注册或虽经注册但超出登记的诊疗科目擅自开展的医疗活动，也属于非法行医活动。非医师行医仅指无医师执业资格从事诊疗活动和具有行医资格，但未经注册或虽经注册但超出登记的诊疗科目擅自开展的医疗活动。

非法行医主要包括：

（1）未取得《医疗机构执业许可证》从事医疗活动。

《卫生部关于对非法采供血液和单采血浆、非法行医专项整治工作中有关法律适用问题的批复》（卫政法发〔2004〕224号）中明确：①使用通过买卖、转让、租借等非法手段获取的《医疗机构执业许可证》开展诊疗活动的；②使用伪造、变造的《医疗机构执业许可证》开展诊疗活动的；③在未取得《医疗机构执业许可证》的药品经营机构开展诊疗活动的均属于非法行医内容。

（2）未取得医师资格证从事医师执业活动。《医师法》规定医师资格考试成绩合格，取得执业医师资格或者执业助理医师资格是医师从事医师执业活动的前提和基础。没有医师资格证，就不能进行医师执业注册，也就不能从事医师执业活动。没有取得医师资格证行医，属于典型的非法行医行为。

（3）未经执业注册从事医疗卫生技术服务。取得医师资格但未经医师注册取得执业证书从事医师执业活动属于非法行医行为。

（4）超范围行医。《卫生部关于对非法采供血液和单采血浆、非法行医专项整治工作中有关法律适用问题的批复》将医疗机构未经批准在登记的执业地点以外开展诊疗活动的纳入非法行医范畴。

（5）出租、承包医疗机构或科室。《卫生部关于对非法采供血液和单采血浆、非法行医专项整治工作中有关法律适用问题的批复》明确禁止非本医疗机构人员或者其他机构承包、承租医疗机构科室或房屋并以该医疗机构名义开展诊疗活动。

非医师行医和非法行医是有区别的。非医师行医主要包括未取得医师资格证从事医师执业活动和未经执业注册从事医疗卫生技术服务。非医师行医情节严重的，可构成非法行医罪。不构成犯罪的，由县级以上人民政府卫生健康主管部门责令停止非法执业活动，没收违法所得和药品、医疗器械，并处违法所得二倍以上十倍以下的罚款，违法所得不足一万元的，按一万元计算。

189 什么是非法行医罪？其犯罪构成要件是什么？

非法行医，也就是未取得医师资格的人非法进行的行医行为。非法行医者一般都没有系统学习过医学专业知识，也没有接受过正规培训，根本不具备行医的资格或条件，严重威胁着人民的身体健康和生命安全，妨碍着国家对医师的正常管理秩序。在加大行政管理与制裁的同时，刑法设立了非法行医罪，以加强对非法行医行为的打击力度。

非法行医罪是指未取得医师资格的人非法行医，情节严重或严重损害就诊人身体健康或造成就诊人死亡的行为。

本罪的犯罪构成为：

（1）犯罪客体首先侵犯的是国家对医疗机构管理秩序和医师执业管理制度，情节严重；其次侵犯的是患者的生命健康权，造成就诊人死亡或使就诊人身体健康严重受损。因此，本罪侵犯的是双重客体。

非法行医罪并不强调必须有造成就诊人身体健康严重受损或造成就诊人死亡的行为的发生。只要是未取得医师资格的人非法行医，情节严重的，即使未发生就诊人身体健康严重受损或死亡的事实，也可构成本罪。

（2）犯罪客观方面。本罪在客观方面表现为违反医师执业法律制度和医疗机构管理秩序，未取得医师执业资格的人非法行医，情节严重的行为。行为人是否取得医师执业资格非法行医是本罪区别于医疗事故罪的主要区别。同样是造成了严重损害就诊人身体健康或就诊人死亡的行为，行为人具有医师执业资格者，不构成本罪，但可能构成医疗事故罪。行为人未取得医师执业资格非法行医，不具有医师执业资格者才构成本罪。此外，本罪还必须是情节严重的行为，情节轻微的行为不构成本罪。

（3）犯罪主体。本罪的犯罪主体是一般主体，可以是任何自然人。但取得医师资格的人员除外。

（4）犯罪主观方面。本罪犯罪主观方面主要表现为故意。这种故意主要表现为故意违反国家医师执业资格管理制度和医疗机构管理秩序。至于造成严重损害就诊人身体健康的和造成就诊人死亡的后果可能是由于行为人的过失造成的，但不得因此而否定本罪的故意性质。因为上述后果的发生是行为人故意违反医师执业资格管理制度，不具备执业资格非法行医造成的。

根据《刑法》第 336 条第 1 款的规定，犯非法行医罪的，处三年以下有期徒刑、拘役或者管制，并处或者单处罚金；严重损害就诊人身体健康的，处三年以上十年以下有期徒刑，并处罚金；造成就诊人员死亡的，处十年以上有期徒刑，并处罚金。

190 未取得医生执业资格行医在何种情况下才被追究刑事责任？

非法行医虽然已经入罪，但并非所有的非法行医行为都要被追究刑事责任。《刑法》规定只有情节严重的行为才以非法行医罪定罪量刑。也就是说，未取得医生执业资格的人非法行医，情节严重的才被追究刑事责任，但何为未取得医生执业资格的人非法行医？何为情节严重？2008年4月29日，《最高人民法院关于审理非法行医刑事案件具体应用法律若干问题的解释》对此作出了明确规定。

具有下列情形之一的，应认定为《刑法》第336条第1款规定的“未取得医生执业资格的人非法行医”：

（一）未取得或者以非法手段取得医师资格从事医疗活动的；

（二）被依法吊销医师执业证书期间从事医疗活动的；

（三）未取得乡村医生执业证书，从事乡村医疗活动的；

（四）家庭接生员实施家庭接生以外的医疗行为的。

具有下列情形之一的，应认定为《刑法》第336条第1款规定的“情节严重”：

（一）造成就诊人轻度残疾、器官组织损伤导致一般功能障碍的；

（二）造成甲类传染病传播、流行或者有传播、流行危险的；

（三）使用假药、劣药或不符合国家规定标准的卫生材料、医疗器械，足以严重危害人体健康的；

（四）非法行医被卫生健康行政部门行政处罚两次以后，再次非法行医的；

（五）其他情节严重的情形。

191 实习期的医学生在临床带教教师指导下的诊疗行为是否构成非法行医罪？

郭某某于 2016 年由某医专毕业后被某县中医院正式录用，在带教老师的指导下，在院前急救中心从事院前急救工作。2017 年 5 月 10 日，某县中医院接到某村村民杨某某 120 急救电话。由于值班带教医师已经出诊，为争取抢救时间，按照《某县中医医院院前急救工作职责》接到呼救电话后须在 5 分钟内出诊的规定，院领导指派郭某某同护士一同乘坐院内救护车出诊。郭某某在接回患者杨某某途中，就患者病情和应采取医疗急救措施及时电话向急诊科带教医师进行了请教。根据病人症状，郭某某高度怀疑其患心绞痛。考虑到随时有突发心肌梗塞甚至呼吸心跳骤停的可能，郭某某及时对其进行吸氧处理。后在电话请教带教医生的情况下，郭某某及时给患者用上硝酸甘油、肾上腺素、可拉明等药，同时向患者家属交代了病情，患者家属表示理解并签字。急救车到达医院后立即由内科和急诊科医师对患者进行抢救，无奈无力回天，患者经抢救无效死亡。

在患者死亡 5 个月后，患者家属得知 120 出诊医生郭某某没有医师资格证书，以郭某某涉嫌构成非法行医罪向县公安机关报案。县公安机关于 2017 年 11 月 15 日侦查终结后，以涉嫌构成非法行医罪移送县人民检察院。县人民检察院经审查后依法作出不构成犯罪的不起诉决定。

纵观本案，试用期医学毕业生郭某某构成非法行医罪吗？依据有关规定，试用期医学毕业生郭某某在指导医师指导下参与医学教育临床实践活动，是符合规定的合法行为，不应认定构成非法行医罪。其行为符合《医师法》第 35 条和《医学教育临床实践管理暂行规定》第 17 条规定，医学生和试用期医学毕业生在临床带教教师和指导医师指导下参与医学教育临床实践活动，不承担医疗事故或医疗纠纷责任。但需说明的是，未取得医师资质的医学生，若独立开设门诊从事诊疗活动，则有可能构成非法行医罪。

192 扰乱医疗卫生机构医疗服务秩序的行为应给予何种处罚？

医疗卫生机构包括基层医疗卫生机构、医院和专业公共卫生机构等。基层医疗卫生机构是指乡镇卫生院、社区卫生服务中心（站）、村卫生室、医务室、门诊部和诊所等。专业公共卫生机构是指疾病预防控制中心、专科疾病防治机构、健康教育机构、急救中心（站）和血站等。

《基本医疗卫生与健康促进法》第46条规定：“医疗卫生机构执业场所是提供医疗卫生服务的公共场所，任何组织或者个人不得扰乱其秩序。”医院等医疗卫生机构是向社会提供公共医疗服务的开放性公共场所。只要是前来就医的患者，基本可以自由出入。就医患者身份复杂，医师在接诊患者时需要近距离甚至零距离接触。医疗机构不仅是公共场所，而且是安全风险较高的公共场所。如果患者对医师蓄意伤害，医师是防不胜防的。对医师实施故意伤害，情节严重的，依法应追究刑事责任。

用法律形式把医疗卫生机构执业场所列入公共场所，扰乱医疗卫生机构医疗服务秩序的行为不再属于《企业事业单位内部治安保卫条例》中规定的内部保卫范围，不再是单位内部问题，使医疗卫生机构的治安主体从“保安”上升到“公安”，从内部安全上升到了公共安全。司法机关有了介入扰乱医疗卫生机构医疗服务秩序的权力和理由，国家将用治安手段乃至刑法手段治理扰乱医疗卫生机构医疗服务秩序的行为。聚众扰乱医疗卫生机构的秩序，阻碍国家治安管理工作人员依法执行职务，就可以构成聚众扰乱公共场所秩序罪；在医疗卫生机构起哄闹事，造成公共场所秩序严重混乱的，就可以构成寻衅滋事罪；携带管制刀具进入医疗卫生机构，情节严重的，就可以构成非法携带枪支、弹药、管制刀具、危险物品危及公共安全罪等。情节轻微不构成犯罪的，应依法给予治安处罚。

医疗卫生机构同时也属于事业单位序列，根据《治安管理处罚法》第23条的规定：扰乱机关、团体、企业、事业单位秩序，致使工作、生产、营业、医疗、教学、科研不能正常进行，尚未造成严重损失的，处警告或者二百元以下罚款；情节较重的，处五日以上十日以下拘留，可以并处五百元以下罚款。

193 通过侮辱、诽谤、威胁、殴打等方式，侵犯医师人格尊严、人身安全，应给予何种处罚？

侮辱是指使用语言、肢体动作或者以其他方法，公然贬低、损害他人的人格，破坏他人名誉的行为。诽是背地议论，谤是公开指责，诽谤是指以不实之词毁人。威胁意思是用武力、权势胁迫。殴打是指行为人以伤害他人身体为主观故意，利用肢体或工具直接施加于受害人身体且即时发生作用力的行为。

通过侮辱、诽谤、威胁、殴打等方式，侵犯医师人格尊严、人身安全，情节严重的，应依法追究行为人的刑事责任。情节轻微不构成犯罪的，依照《治安管理处罚法》的规定予以治安处罚。

《治安管理处罚法》第42条规定：“有下列行为之一的，处五日以下拘留或者五百元以下罚款；情节较重的，处五日以上十日以下拘留，可以并处五百元以下罚款：（一）写恐吓信或者以其他方法威胁他人人身安全的；（二）公然侮辱他人或者捏造事实诽谤他人的；（三）捏造事实诬告陷害他人，企图使他人受到刑事追究或者受到治安管理处罚的；（四）对证人及其近亲属进行威胁、侮辱、殴打或者打击报复的；（五）多次发送淫秽、侮辱、恐吓或者其他信息，干扰他人正常生活的；（六）偷窥、偷拍、窃听、散布他人隐私的。”

第43条规定：“殴打他人的，或者故意伤害他人身体的，处五日以上十日以下拘留，并处二百元以上五百元以下罚款；情节较轻的，处五日以下拘留或者五百元以下罚款。有下列情形之一的，处十日以上十五日以下拘留，并处五百元以上一千元以下罚款：（一）结伙殴打、伤害他人的；（二）殴打、伤害残疾人、孕妇、不满十四周岁的人或者六十周岁以上的人的；（三）多次殴打、伤害他人或者一次殴打、伤害多人的。”

194 什么是行政处分？其特点、种类有哪些？

行政处分是指国家机关、企业事业单位对所属人员中有轻微违法失职行为而尚未构成犯罪的人或违反纪律的人所给予的处分。对医师的轻微违法失职行为可由其所属的卫生健康主管部门、所在单位给予行政处分。

行政处分的特点为：

第一，行政处分是行政责任的实现方式之一，因行政主体违法或违反纪律而引起。

第二，行政处分的对象只能是违法或违反纪律的个人，不能是单位或组织。

第三，行政处分的对象与实施行政处分的国家机关、企业事业单位之间存在内部隶属关系。

第四，行政处分由行政处分对象所属的行政机关、企业事业单位，上级机关或监察机关作出。

第五，行政处分的实施必须有法律、法规或者规章的明确规定。

我国《公务员法》和有关法律法规规定，对医务人员实施的行政处分的种类有：警告、记过、记大过、降级、撤职和开除。

（1）警告

警告是行政处分中最轻的一种。有提醒注意，不致再犯的意思。警告的受处分期间为 6 个月。受警告处分的个人在受警告处分期间，可以晋升工资档次，但不得晋升职务和级别。

（2）记过

记过适用于违法或违反纪律规定，并造成了一定的损失，但给予警告处分过轻，给予降级处分又过重的情形。记过的受处分期间为 12 个月。受记过处分的个人在受记过处分期间，不得晋升工资档次，不得晋升职务和级别。

（3）记大过

记大过比记过的处分稍重一些。记大过的受处分期间为 18 个月。受记大过处分的个人在受记大过处分期间，不得晋升工资档次，不得晋升职务和级别。

（4）降级

降级是指降低受处分个人的职务级别，由原来的职务级别往下降，如由局级降为处级，由处级降为科级等，同时工资级别也相应降低。降级的受处分期间为 24 个月。受降级处分的个人在受降级处分期间，不得晋升工资档次，不得晋升职务和级别。

（5）撤职

受处分人的违法或违反纪律行为，给国家和人民利益造成了重大损失，不适合继续担任相应职务的，可给予撤职的行政处分。受撤职处分的，同时降低工资级别和职务级别。撤职的受处分期间为 24 个月。受撤职处分的个人在受撤职处分期间，不得晋升工资档次，不得晋升职务和级别。

（6）开除

开除是行政处分中最重的一种。指受处分人不适合继续从事原来的工作，给予取消其作为工作人员继续工作的资格并令其离开的处分形式。

受处分人受开除以外的处分，在受处分期间有悔改表现，并且没有再发生违法违纪行为的，处分期满后，由处分决定机构解除处分并以书面形式通知本人。解除处分后，晋升工资档次、职务和级别不再受原处分的影响。但是解除降级、撤职处分的，不视为恢复原级别、原职务。

195 如何理解医师公法上的责任和私法上的责任？

医师法律责任从性质上可分为两类，一类是医师对国家的责任，也称为公法上的责任。主要是由于侵犯国家的医师管理制度和医疗卫生管理秩序引起的。医师管理制度是国家法律制度的重要组成部分，医师违法执业必然对国家法律制度构成侵害。因此，国家通过立法对医师执业行为规定了严格的公法上的责任，主要包括医师的行政法律责任和刑事法律责任。确定医师公法上责任的法律法规有：《刑法》《医师法》和其他卫生行政法律法规。另一类是医师对患者的责任，也称为私法上的责任。主要是由于侵犯公民人身权、财产权和其他合法权益，造成患者人身、财产损害引起的。医师给患者诊治的医疗行为是医患之间的一种特殊民事法律行为。医师在执业过程中因过错给就诊患者造成损害的应当承担相应的赔偿责任。确定医师私法上责任的法律法规有：《民法典》《医师法》《医疗纠纷预防和处理条例》《医疗事故处理条例》等。

196 医疗机构或医师承担民事法律责任应具备哪些条件？

民事法律责任是指民事主体违反了民事义务或者发生侵权行为时所应承担的法律后果。民事义务包括法定义务和约定义务。民事责任主要包括缔约过失责任、违约责任、侵权责任。

民事责任具有以下三个特征：①强制性。当民事主体不主动承担民事责任时，通过国家有关权力机构强制其承担责任，履行民事义务。②财产性。民事责任以财产责任为主，非财产责任为辅。③补偿性。民事责任以弥补民事主体所受的损失为限。

医疗机构或医师承担民事责任应具备以下几个条件：

（1）必须要有违法行为

违法行为的存在是承担民事责任的前提条件。这里的违法行为不仅包括违反法律、法规的行为，还包括违反卫生行政规章制度或者技术操作规范的行为。具体表现形式为违约或侵权，或者两者同时存在。

违法行为必须是发生在医师执行职务过程中。如果医师的行为不是发生在医师执行职务过程中，就不是这里所指的医师的民事法律责任问题，而是和聘任医师的医疗机构毫无关系的医师的非职务个人行为。如医师在自己家中私自收留病人并施行手术，给患者造成损害的，不属于医师执行职务中的民事赔偿责任，其行为完全是医师个人民事侵权赔偿问题。

（2）必须要有违法行为造成损害的事实发生

是否产生损害事实是确定民事责任的首要条件。所谓损害事实，是指医师在执业活动中没有履行其应尽的义务，侵犯了患者的合法权益，造成了患者的人身权、财产权损害的后果。具体表现为患者的非正常死亡、致残，误诊误治，增加痛苦，延长治疗期限，以及各种形式的财产损失和精神损害。

（3）违法行为与损害事实之间要有因果关系

损害事实的发生是由医师实施的违法行为引起的，也就是说，前者是因，后者是果，没有医师在医疗、预防、保健过程中违法行为的存在，就不存在医疗损害后果的发生。

(4) 实施违法行为的医师必须要有过错

过错是指医师在实施违法行为时的心理状态，包括故意和过失。过错是医师承担民事责任不可缺少的条件。医师的过错形式主要表现为过失。医师故意实施的，属于利用医疗犯罪。

197 医师执业过程中发生医疗损害，依法应由其所在的医疗机构还是医师个人承担相应的赔偿责任？

医师的执业行为，除个体行医外，虽然形式上是通过医师的个人行为完成的，但其并非医疗法律关系的一方当事人，作为与患者相对的另一方当事人是医疗机构。医师实施的医疗行为是代表医疗机构实施的。医师作为医疗机构聘用人员所实施的医疗行为是其职务行为。依照我国法律规定，医师履行职务行为的民事法律责任，应由聘用医师的医疗机构承担，但医师在执业的医疗机构之外未经批准擅自执业的除外。医师的民事违法行为，依法由其所在的医疗机构承担相应的民事责任。医疗机构承担的民事法律责任，根本原因是医师违法执业，存在过错或不履行自己的民事义务造成的。医疗机构承担民事赔偿责任后，对存在过错或不履行自己民事义务的医师可依法予以追偿。

198 医疗机构承担民事责任的形式有哪些？

我国《民法典》规定的承担民事责任的形式主要有：停止侵

害；排除妨碍；消除危险；返还财产；恢复原状；修理、重作、更换；继续履行；赔偿损失；支付违约金；消除影响、恢复名誉；赔礼道歉等。具体到医师承担民事责任的形式主要为：赔偿损失；返还财产；消除影响、恢复名誉；赔礼道歉；继续履行等。赔偿损失时具体应当赔偿的费用包括：医疗费、误工费、住院伙食补助费、护理费、营养费、残疾赔偿金、辅助器具费、丧葬费、被扶养人生活费、交通费、精神损害赔偿等费用。除财产责任外，民事责任还包括赔礼道歉、恢复名誉等非财产责任。如医师违反法律规定，泄露患者隐私，造成严重后果的，应依法向患者赔礼道歉。

199 哪几种情况下推定医疗机构有过错？

《民法典》第 1222 条规定："患者在诊疗活动中受到损害，有下列情形之一的，推定医疗机构有过错：（一）违反法律、行政法规、规章以及其他有关诊疗规范的规定；（二）隐匿或者拒绝提供与纠纷有关的病历资料；（三）遗失、伪造、篡改或者违法销毁病历资料。"

患者有损害并且有证据证明医疗机构存在：①违反法律、行政法规、规章以及其他有关诊疗规范的规定；②隐匿或者拒绝提供与纠纷有关的病历资料；③遗失、伪造、篡改或者违法销毁病历资料三种情形之一的，即可推定医疗机构存在过错，医疗机构因此应承担相应的赔偿责任。

200 什么是医疗事故罪？其犯罪构成要件是什么？

1997年《刑法》规定了医疗事故罪。《刑法》第335条规定："医务人员由于严重不负责任，造成就诊人死亡或者严重损害就诊人身体健康的，处三年以下有期徒刑或者拘役。"

本罪的犯罪构成为：

（1）犯罪客体：犯罪客体是指我国刑法所保护的，而为犯罪行为所侵犯的社会关系。医疗事故罪侵犯的客体是复杂客体，一是侵犯了患者的生命健康权，致使就诊人死亡或身体健康严重受损；二是侵犯了医疗单位的正常工作秩序，医疗机构的卫生行政规章制度或者技术操作规范遭到破坏，医疗机构的形象、声誉、名誉受到损害。

（2）犯罪的客观方面。犯罪客观方面是指犯罪活动的客观外在表现，包括危害行为、危害后果以及该行为与结果之间的因果关系等。危害行为是指医师在执业活动中，违反卫生行政规章制度或者技术操作规范、严重不负责任造成就诊人员死亡或者严重损害就诊人身体健康的后果。在表现形式上，危害行为有作为、不作为两种形式。危害结果是指危害行为所造成的损害后果。医疗事故罪必须是危害行为造成就诊人死亡或者严重损害就诊人身体健康的才构成犯罪。危害行为轻微，没有造成就诊人死亡或身体严重受损的，一般不构成犯罪。危害行为与危害结果之间的因果关系是指危害行为与危害结果的内在的、必然的关联性，前者是原因，后者是结果，无因即无果。此外，在客观方面还必须具备实施危害行为的时间、地点、方法、手段等。

（3）犯罪主体。犯罪主体是指实施犯罪并承担责任的人。医疗事故罪的犯罪主体是自然人，法人不能成为医疗事故罪的犯罪主体。医疗事故罪的犯罪主体又是一种特殊主体，只有医师等医务人员才能成为本罪的犯罪主体，具体包括医师、护理人员、化验人员、药剂人员等。上述人员必须是取得医师资格或相应执业资格的人员，未取得医师资格的人员非法行医，造成病人死亡或者严重损害就诊人身体健康的，不构成医疗事故罪，这些人员不是本罪的犯罪主体，而是非法行医罪的犯罪主体。

（4）犯罪的主观方面。犯罪主观方面是指犯罪主体对自己行为的危害结果所持的心理态度。医疗事故罪在犯罪的主观方面表现为过失，即医务人员应当预见自己的行为会造成就诊人死亡或者严重损害其身体健康的危害结果的发生，因为疏忽大意而没有预见，或者已经预见而轻信能够避免，从而造成损害后果的发生。在主观上出于故意的不在其列，此时应认定行为人利用医疗手段故意杀人，而不应认定为医疗事故罪。

根据《刑法》第335条的规定，犯医疗事故罪的，处三年以下有期徒刑或者拘役。

附 录

中华人民共和国医师法

（2021年8月20日第十三届全国人民代表大会常务委员会第三十次会议通过 2021年8月20日中华人民共和国主席令第94号公布 自2022年3月1日起施行）

目 录

第一章 总 则

第一条 为了保障医师合法权益，规范医师执业行为，加强医师队伍建设，保护人民健康，推进健康中国建设，制定本法。

第二条 本法所称医师，是指依法取得医师资格，经注册在医疗卫生机构中执业的专业医务人员，包括执业医师和执业助理医师。

第三条　医师应当坚持人民至上、生命至上，发扬人道主义精神，弘扬敬佑生命、救死扶伤、甘于奉献、大爱无疆的崇高职业精神，恪守职业道德，遵守执业规范，提高执业水平，履行防病治病、保护人民健康的神圣职责。

医师依法执业，受法律保护。医师的人格尊严、人身安全不受侵犯。

第四条　国务院卫生健康主管部门负责全国的医师管理工作。国务院教育、人力资源社会保障、中医药等有关部门在各自职责范围内负责有关的医师管理工作。

县级以上地方人民政府卫生健康主管部门负责本行政区域内的医师管理工作。县级以上地方人民政府教育、人力资源社会保障、中医药等有关部门在各自职责范围内负责有关的医师管理工作。

第五条　每年 8 月 19 日为中国医师节。

对在医疗卫生服务工作中做出突出贡献的医师，按照国家有关规定给予表彰、奖励。

全社会应当尊重医师。各级人民政府应当关心爱护医师，弘扬先进事迹，加强业务培训，支持开拓创新，帮助解决困难，推动在全社会广泛形成尊医重卫的良好氛围。

第六条　国家建立健全医师医学专业技术职称设置、评定和岗位聘任制度，将职业道德、专业实践能力和工作业绩作为重要条件，科学设置有关评定、聘任标准。

第七条 医师可以依法组织和参加医师协会等有关行业组织、专业学术团体。

医师协会等有关行业组织应当加强行业自律和医师执业规范，维护医师合法权益，协助卫生健康主管部门和其他有关部门开展相关工作。

第二章 考试和注册

第八条 国家实行医师资格考试制度。

医师资格考试分为执业医师资格考试和执业助理医师资格考试。医师资格考试由省级以上人民政府卫生健康主管部门组织实施。

医师资格考试的类别和具体办法，由国务院卫生健康主管部门制定。

第九条 具有下列条件之一的，可以参加执业医师资格考试：

（一）具有高等学校相关医学专业本科以上学历，在执业医师指导下，在医疗卫生机构中参加医学专业工作实践满一年；

（二）具有高等学校相关医学专业专科学历，取得执业助理医师执业证书后，在医疗卫生机构中执业满二年。

第十条 具有高等学校相关医学专业专科以上学历，在执业医师指导下，在医疗卫生机构中参加医学专业工作实践满一年的，可以参加执业助理医师资格考试。

第十一条　以师承方式学习中医满三年，或者经多年实践医术确有专长的，经县级以上人民政府卫生健康主管部门委托的中医药专业组织或者医疗卫生机构考核合格并推荐，可以参加中医医师资格考试。

以师承方式学习中医或者经多年实践，医术确有专长的，由至少二名中医医师推荐，经省级人民政府中医药主管部门组织实践技能和效果考核合格后，即可取得中医医师资格及相应的资格证书。

本条规定的相关考试、考核办法，由国务院中医药主管部门拟订，报国务院卫生健康主管部门审核、发布。

第十二条　医师资格考试成绩合格，取得执业医师资格或者执业助理医师资格，发给医师资格证书。

第十三条　国家实行医师执业注册制度。

取得医师资格的，可以向所在地县级以上地方人民政府卫生健康主管部门申请注册。医疗卫生机构可以为本机构中的申请人集体办理注册手续。

除有本法规定不予注册的情形外，卫生健康主管部门应当自受理申请之日起二十个工作日内准予注册，将注册信息录入国家信息平台，并发给医师执业证书。

未注册取得医师执业证书，不得从事医师执业活动。

医师执业注册管理的具体办法，由国务院卫生健康主管部门制定。

第十四条 医师经注册后，可以在医疗卫生机构中按照注册的执业地点、执业类别、执业范围执业，从事相应的医疗卫生服务。

中医、中西医结合医师可以在医疗机构中的中医科、中西医结合科或者其他临床科室按照注册的执业类别、执业范围执业。

医师经相关专业培训和考核合格，可以增加执业范围。法律、行政法规对医师从事特定范围执业活动的资质条件有规定的，从其规定。

经考试取得医师资格的中医医师按照国家有关规定，经培训和考核合格，在执业活动中可以采用与其专业相关的西医药技术方法。西医医师按照国家有关规定，经培训和考核合格，在执业活动中可以采用与其专业相关的中医药技术方法。

第十五条 医师在二个以上医疗卫生机构定期执业的，应当以一个医疗卫生机构为主，并按照国家有关规定办理相关手续。国家鼓励医师定期定点到县级以下医疗卫生机构，包括乡镇卫生院、村卫生室、社区卫生服务中心等，提供医疗卫生服务，主执业机构应当支持并提供便利。

卫生健康主管部门、医疗卫生机构应当加强对有关医师的监督管理，规范其执业行为，保证医疗卫生服务质量。

第十六条 有下列情形之一的，不予注册：

（一）无民事行为能力或者限制民事行为能力；

（二）受刑事处罚，刑罚执行完毕不满二年或者被依法禁止从事医师职业的期限未满；

（三）被吊销医师执业证书不满二年；

（四）因医师定期考核不合格被注销注册不满一年；

（五）法律、行政法规规定不得从事医疗卫生服务的其他情形。

受理申请的卫生健康主管部门对不予注册的，应当自受理申请之日起二十个工作日内书面通知申请人和其所在医疗卫生机构，并说明理由。

第十七条　医师注册后有下列情形之一的，注销注册，废止医师执业证书：

（一）死亡；

（二）受刑事处罚；

（三）被吊销医师执业证书；

（四）医师定期考核不合格，暂停执业活动期满，再次考核仍不合格；

（五）中止医师执业活动满二年；

（六）法律、行政法规规定不得从事医疗卫生服务或者应当办理注销手续的其他情形。

有前款规定情形的，医师所在医疗卫生机构应当在三十日内报告准予注册的卫生健康主管部门；卫生健康主管部门依职权发现医师有前款规定情形的，应当及时通报准予注册的卫生健康主管部门。准予注册的卫生健康主管部门应当及时注销注册，废止医师执业证书。

第十八条 医师变更执业地点、执业类别、执业范围等注册事项的，应当依照本法规定到准予注册的卫生健康主管部门办理变更注册手续。

医师从事下列活动的，可以不办理相关变更注册手续：

（一）参加规范化培训、进修、对口支援、会诊、突发事件医疗救援、慈善或者其他公益性医疗、义诊；

（二）承担国家任务或者参加政府组织的重要活动等；

（三）在医疗联合体内的医疗机构中执业。

第十九条 中止医师执业活动二年以上或者本法规定不予注册的情形消失，申请重新执业的，应当由县级以上人民政府卫生健康主管部门或者其委托的医疗卫生机构、行业组织考核合格，并依照本法规定重新注册。

第二十条 医师个体行医应当依法办理审批或者备案手续。

执业医师个体行医，须经注册后在医疗卫生机构中执业满五年；但是，依照本法第十一条第二款规定取得中医医师资格的人员，按照考核内容进行执业注册后，即可在注册的执业范围内个体行医。

县级以上地方人民政府卫生健康主管部门对个体行医的医师，应当按照国家有关规定实施监督检查，发现有本法规定注销注册的情形的，应当及时注销注册，废止医师执业证书。

第二十一条 县级以上地方人民政府卫生健康主管部门应当将准予注册和注销注册的人员名单及时予以公告，由省级人民政府卫生健康主管部门汇总，报国务院卫生健康主管部门备案，并按照规定通过网站提供医师注册信息查询服务。

第三章 执业规则

第二十二条 医师在执业活动中享有下列权利：

（一）在注册的执业范围内，按照有关规范进行医学诊查、疾病调查、医学处置、出具相应的医学证明文件，选择合理的医疗、预防、保健方案；

（二）获取劳动报酬，享受国家规定的福利待遇，按照规定参加社会保险并享受相应待遇；

（三）获得符合国家规定标准的执业基本条件和职业防护装备；

（四）从事医学教育、研究、学术交流；

（五）参加专业培训，接受继续医学教育；

（六）对所在医疗卫生机构和卫生健康主管部门的工作提出意见和建议，依法参与所在机构的民主管理；

（七）法律、法规规定的其他权利。

第二十三条 医师在执业活动中履行下列义务：

（一）树立敬业精神，恪守职业道德，履行医师职责，尽职尽责救治患者，执行疫情防控等公共卫生措施；

（二）遵循临床诊疗指南，遵守临床技术操作规范和医学伦理规范等；

（三）尊重、关心、爱护患者，依法保护患者隐私和个人信息；

（四）努力钻研业务，更新知识，提高医学专业技术能力和水平，提升医疗卫生服务质量；

（五）宣传推广与岗位相适应的健康科普知识，对患者及公众进行健康教育和健康指导；

（六）法律、法规规定的其他义务。

第二十四条 医师实施医疗、预防、保健措施，签署有关医学证明文件，必须亲自诊查、调查，并按照规定及时填写病历等医学文书，不得隐匿、伪造、篡改或者擅自销毁病历等医学文书及有关资料。

医师不得出具虚假医学证明文件以及与自己执业范围无关或者与执业类别不相符的医学证明文件。

第二十五条 医师在诊疗活动中应当向患者说明病情、医疗措施和其他需要告知的事项。需要实施手术、特殊检查、特殊治疗的，医师应当及时向患者具体说明医疗风险、替代医疗方案等情况，并取得其明确同意；不能或者不宜向患者说明的，应当向患者的近亲属说明，并取得其明确同意。

第二十六条 医师开展药物、医疗器械临床试验和其他医学临床研究应当符合国家有关规定，遵守医学伦理规范，依法通过伦理审查，取得书面知情同意。

第二十七条 对需要紧急救治的患者，医师应当采取紧急措施进行诊治，不得拒绝急救处置。

因抢救生命垂危的患者等紧急情况，不能取得患者或者其近亲属意见的，经医疗机构负责人或者授权的负责人批准，可以立即实施相应的医疗措施。

国家鼓励医师积极参与公共交通工具等公共场所急救服务；医师因自愿实施急救造成受助人损害的，不承担民事责任。

第二十八条 医师应当使用经依法批准或者备案的药品、消毒药剂、医疗器械，采用合法、合规、科学的诊疗方法。

除按照规范用于诊断治疗外，不得使用麻醉药品、医疗用毒性药品、精神药品、放射性药品等。

第二十九条 医师应当坚持安全有效、经济合理的用药原则，遵循药品临床应用指导原则、临床诊疗指南和药品说明书等合理用药。

在尚无有效或者更好治疗手段等特殊情况下，医师取得患者明确知情同意后，可以采用药品说明书中未明确但具有循证医学证据的药品用法实施治疗。医疗机构应当建立管理制度，对医师处方、用药医嘱的适宜性进行审核，严格规范医师用药行为。

第三十条 执业医师按照国家有关规定，经所在医疗卫生机构同意，可以通过互联网等信息技术提供部分常见病、慢性病复诊等适宜的医疗卫生服务。国家支持医疗卫生机构之间利用互联网等信息技术开展远程医疗合作。

第三十一条 医师不得利用职务之便，索要、非法收受财物或者牟取其他不正当利益；不得对患者实施不必要的检查、治疗。

第三十二条 遇有自然灾害、事故灾难、公共卫生事件和社会安全事件等严重威胁人民生命健康的突发事件时，县级以上人民政府卫生健康主管部门根据需要组织医师参与卫生应急处置和医疗救治，医师应当服从调遣。

第三十三条 在执业活动中有下列情形之一的，医师应当按照有关规定及时向所在医疗卫生机构或者有关部门、机构报告：

（一）发现传染病、突发不明原因疾病或者异常健康事件；

（二）发生或者发现医疗事故；

（三）发现可能与药品、医疗器械有关的不良反应或者不良事件；

（四）发现假药或者劣药；

（五）发现患者涉嫌伤害事件或者非正常死亡；

（六）法律、法规规定的其他情形。

第三十四条 执业助理医师应当在执业医师的指导下，在医疗卫生机构中按照注册的执业类别、执业范围执业。

在乡、民族乡、镇和村医疗卫生机构以及艰苦边远地区县级医疗卫生机构中执业的执业助理医师，可以根据医疗卫生服务情况和本人实践经验，独立从事一般的执业活动。

第三十五条　参加临床教学实践的医学生和尚未取得医师执业证书、在医疗卫生机构中参加医学专业工作实践的医学毕业生，应当在执业医师监督、指导下参与临床诊疗活动。医疗卫生机构应当为有关医学生、医学毕业生参与临床诊疗活动提供必要的条件。

第三十六条　有关行业组织、医疗卫生机构、医学院校应当加强对医师的医德医风教育。

医疗卫生机构应当建立健全医师岗位责任、内部监督、投诉处理等制度，加强对医师的管理。

第四章　培训和考核

第三十七条　国家制定医师培养规划，建立适应行业特点和社会需求的医师培养和供需平衡机制，统筹各类医学人才需求，加强全科、儿科、精神科、老年医学等紧缺专业人才培养。

国家采取措施，加强医教协同，完善医学院校教育、毕业后教育和继续教育体系。

国家通过多种途径，加强以全科医生为重点的基层医疗卫生人才培养和配备。

国家采取措施，完善中医西医相互学习的教育制度，培养高层次中西医结合人才和能够提供中西医结合服务的全科医生。

第三十八条 国家建立健全住院医师规范化培训制度，健全临床带教激励机制，保障住院医师培训期间待遇，严格培训过程管理和结业考核。

国家建立健全专科医师规范化培训制度，不断提高临床医师专科诊疗水平。

第三十九条 县级以上人民政府卫生健康主管部门和其他有关部门应当制定医师培训计划，采取多种形式对医师进行分级分类培训，为医师接受继续医学教育提供条件。

县级以上人民政府应当采取有力措施，优先保障基层、欠发达地区和民族地区的医疗卫生人员接受继续医学教育。

第四十条 医疗卫生机构应当合理调配人力资源，按照规定和计划保证本机构医师接受继续医学教育。

县级以上人民政府卫生健康主管部门应当有计划地组织协调县级以上医疗卫生机构对乡镇卫生院、村卫生室、社区卫生服务中心等基层医疗卫生机构中的医疗卫生人员开展培训，提高其医学专业技术能力和水平。

有关行业组织应当为医师接受继续医学教育提供服务和创造条件，加强继续医学教育的组织、管理。

第四十一条 国家在每年的医学专业招生计划和教育培训计划中，核定一定比例用于定向培养、委托培训，加强基层和艰苦边远地区医师队伍建设。

有关部门、医疗卫生机构与接受定向培养、委托培训的人员签订协议，约定相关待遇、服务年限、违约责任等事项，有关人员应当履行协议约定的义务。县级以上人民政府有关部门应当采取措施，加强履约管理。协议各方违反约定的，应当承担违约责任。

第四十二条 国家实行医师定期考核制度。

县级以上人民政府卫生健康主管部门或者其委托的医疗卫生机构、行业组织应当按照医师执业标准，对医师的业务水平、工作业绩和职业道德状况进行考核，考核周期为三年。对具有较长年限执业经历、无不良行为记录的医师，可以简化考核程序。

受委托的机构或者组织应当将医师考核结果报准予注册的卫生健康主管部门备案。

对考核不合格的医师，县级以上人民政府卫生健康主管部门应当责令其暂停执业活动三个月至六个月，并接受相关专业培训。暂停执业活动期满，再次进行考核，对考核合格的，允许其继续执业。

第四十三条 省级以上人民政府卫生健康主管部门负责指导、检查和监督医师考核工作。

第五章 保障措施

第四十四条 国家建立健全体现医师职业特点和技术劳动价

值的人事、薪酬、职称、奖励制度。

对从事传染病防治、放射医学和精神卫生工作以及其他特殊岗位工作的医师，应当按照国家有关规定给予适当的津贴。津贴标准应当定期调整。

在基层和艰苦边远地区工作的医师，按照国家有关规定享受津贴、补贴政策，并在职称评定、职业发展、教育培训和表彰奖励等方面享受优惠待遇。

第四十五条 国家加强疾病预防控制人才队伍建设，建立适应现代化疾病预防控制体系的医师培养和使用机制。

疾病预防控制机构、二级以上医疗机构以及乡镇卫生院、社区卫生服务中心等基层医疗卫生机构应当配备一定数量的公共卫生医师，从事人群疾病及危害因素监测、风险评估研判、监测预警、流行病学调查、免疫规划管理、职业健康管理等公共卫生工作。医疗机构应当建立健全管理制度，严格执行院内感染防控措施。

国家建立公共卫生与临床医学相结合的人才培养机制，通过多种途径对临床医师进行疾病预防控制、突发公共卫生事件应对等方面业务培训，对公共卫生医师进行临床医学业务培训，完善医防结合和中西医协同防治的体制机制。

第四十六条 国家采取措施，统筹城乡资源，加强基层医疗卫生队伍和服务能力建设，对乡村医疗卫生人员建立县乡村上下贯通的职业发展机制，通过县管乡用、乡聘村用等方式，将乡村医疗卫生人员纳入县域医疗卫生人员管理。

执业医师晋升为副高级技术职称的，应当有累计一年以上在县级以下或者对口支援的医疗卫生机构提供医疗卫生服务的经历；晋升副高级技术职称后，在县级以下或者对口支援的医疗卫生机构提供医疗卫生服务，累计一年以上的，同等条件下优先晋升正高级技术职称。

国家采取措施，鼓励取得执业医师资格或者执业助理医师资格的人员依法开办村医疗卫生机构，或者在村医疗卫生机构提供医疗卫生服务。

第四十七条 国家鼓励在村医疗卫生机构中向村民提供预防、保健和一般医疗服务的乡村医生通过医学教育取得医学专业学历；鼓励符合条件的乡村医生参加医师资格考试，依法取得医师资格。

国家采取措施，通过信息化、智能化手段帮助乡村医生提高医学技术能力和水平，进一步完善对乡村医生的服务收入多渠道补助机制和养老等政策。

乡村医生的具体管理办法，由国务院制定。

第四十八条 医师有下列情形之一的，按照国家有关规定给予表彰、奖励：

（一）在执业活动中，医德高尚，事迹突出；

（二）在医学研究、教育中开拓创新，对医学专业技术有重大突破，做出显著贡献；

（三）遇有突发事件时，在预防预警、救死扶伤等工作中表现突出；

（四）长期在艰苦边远地区的县级以下医疗卫生机构努力工作；

（五）在疾病预防控制、健康促进工作中做出突出贡献；

（六）法律、法规规定的其他情形。

第四十九条 县级以上人民政府及其有关部门应当将医疗纠纷预防和处理工作纳入社会治安综合治理体系，加强医疗卫生机构及周边治安综合治理，维护医疗卫生机构良好的执业环境，有效防范和依法打击涉医违法犯罪行为，保护医患双方合法权益。

医疗卫生机构应当完善安全保卫措施，维护良好的医疗秩序，及时主动化解医疗纠纷，保障医师执业安全。

禁止任何组织或者个人阻碍医师依法执业，干扰医师正常工作、生活；禁止通过侮辱、诽谤、威胁、殴打等方式，侵犯医师的人格尊严、人身安全。

第五十条 医疗卫生机构应当为医师提供职业安全和卫生防护用品，并采取有效的卫生防护和医疗保健措施。

医师受到事故伤害或者在职业活动中因接触有毒、有害因素而引起疾病、死亡的，依照有关法律、行政法规的规定享受工伤保险待遇。

第五十一条 医疗卫生机构应当为医师合理安排工作时间，落实带薪休假制度，定期开展健康检查。

第五十二条 国家建立完善医疗风险分担机制。医疗机构应当参加医疗责任保险或者建立、参加医疗风险基金。鼓励患者参加医疗意外保险。

第五十三条 新闻媒体应当开展医疗卫生法律、法规和医疗卫生知识的公益宣传，弘扬医师先进事迹，引导公众尊重医师、理性对待医疗卫生风险。

第六章 法律责任

第五十四条 在医师资格考试中有违反考试纪律等行为，情节严重的，一年至三年内禁止参加医师资格考试。

以不正当手段取得医师资格证书或者医师执业证书的，由发给证书的卫生健康主管部门予以撤销，三年内不受理其相应申请。

伪造、变造、买卖、出租、出借医师执业证书的，由县级以上人民政府卫生健康主管部门责令改正，没收违法所得，并处违法所得二倍以上五倍以下的罚款，违法所得不足一万元的，按一万元计算；情节严重的，吊销医师执业证书。

第五十五条 违反本法规定，医师在执业活动中有下列行为之一的，由县级以上人民政府卫生健康主管部门责令改正，给予警告；情节严重的，责令暂停六个月以上一年以下执业活动直至吊销医师执业证书：

（一）在提供医疗卫生服务或者开展医学临床研究中，未按照规定履行告知义务或者取得知情同意；

（二）对需要紧急救治的患者，拒绝急救处置，或者由于不负责任延误诊治；

（三）遇有自然灾害、事故灾难、公共卫生事件和社会安全事件等严重威胁人民生命健康的突发事件时，不服从卫生健康主管部门调遣；

（四）未按照规定报告有关情形；

（五）违反法律、法规、规章或者执业规范，造成医疗事故或者其他严重后果。

第五十六条 违反本法规定，医师在执业活动中有下列行为之一的，由县级以上人民政府卫生健康主管部门责令改正，给予警告，没收违法所得，并处一万元以上三万元以下的罚款；情节严重的，责令暂停六个月以上一年以下执业活动直至吊销医师执业证书：

（一）泄露患者隐私或者个人信息；

（二）出具虚假医学证明文件，或者未经亲自诊查、调查，签署诊断、治疗、流行病学等证明文件或者有关出生、死亡等证明文件；

（三）隐匿、伪造、篡改或者擅自销毁病历等医学文书及有关资料；

（四）未按照规定使用麻醉药品、医疗用毒性药品、精神药品、放射性药品等；

（五）利用职务之便，索要、非法收受财物或者牟取其他不正当利益，或者违反诊疗规范，对患者实施不必要的检查、治疗造成不良后果；

（六）开展禁止类医疗技术临床应用。

第五十七条　违反本法规定，医师未按照注册的执业地点、执业类别、执业范围执业的，由县级以上人民政府卫生健康主管部门或者中医药主管部门责令改正，给予警告，没收违法所得，并处一万元以上三万元以下的罚款；情节严重的，责令暂停六个月以上一年以下执业活动直至吊销医师执业证书。

第五十八条　严重违反医师职业道德、医学伦理规范，造成恶劣社会影响的，由省级以上人民政府卫生健康主管部门吊销医师执业证书或者责令停止非法执业活动，五年直至终身禁止从事医疗卫生服务或者医学临床研究。

第五十九条　违反本法规定，非医师行医的，由县级以上人民政府卫生健康主管部门责令停止非法执业活动，没收违法所得和药品、医疗器械，并处违法所得二倍以上十倍以下的罚款，违法所得不足一万元的，按一万元计算。

第六十条　违反本法规定，阻碍医师依法执业，干扰医师正常工作、生活，或者通过侮辱、诽谤、威胁、殴打等方式，侵犯医师人格尊严、人身安全，构成违反治安管理行为的，依法给予治安管理处罚。

第六十一条 违反本法规定，医疗卫生机构未履行报告职责，造成严重后果的，由县级以上人民政府卫生健康主管部门给予警告，对直接负责的主管人员和其他直接责任人员依法给予处分。

第六十二条 违反本法规定，卫生健康主管部门和其他有关部门工作人员或者医疗卫生机构工作人员弄虚作假、滥用职权、玩忽职守、徇私舞弊的，依法给予处分。

第六十三条 违反本法规定，构成犯罪的，依法追究刑事责任；造成人身、财产损害的，依法承担民事责任。

第七章 附 则

第六十四条 国家采取措施，鼓励具有中等专业学校医学专业学历的人员通过参加更高层次学历教育等方式，提高医学技术能力和水平。

在本法施行前以及在本法施行后一定期限内取得中等专业学校相关医学专业学历的人员，可以参加医师资格考试。具体办法由国务院卫生健康主管部门会同国务院教育、中医药等有关部门制定。

第六十五条 中国人民解放军和中国人民武装警察部队执行本法的具体办法，由国务院、中央军事委员会依据本法制定。

第六十六条 境外人员参加医师资格考试、申请注册、执业或者从事临床示教、临床研究、临床学术交流等活动的具体管理办法，由国务院卫生健康主管部门制定。

第六十七条　本法自 2022 年 3 月 1 日起施行。《中华人民共和国执业医师法》同时废止。

中华人民共和国民法典（节录）

（2020 年 5 月 28 日第十三届全国人民代表大会第三次会议通过　2020 年 5 月 28 日中华人民共和国主席第 45 号公布　自 2021 年 1 月 1 日起施行）

……

第七编　侵权责任

第一章　一般规定

第一千一百六十四条　本编调整因侵害民事权益产生的民事关系。

第一千一百六十五条　行为人因过错侵害他人民事权益造成损害的，应当承担侵权责任。

依照法律规定推定行为人有过错，其不能证明自己没有过错的，应当承担侵权责任。

第一千一百六十六条 行为人造成他人民事权益损害，不论行为人有无过错，法律规定应当承担侵权责任的，依照其规定。

第一千一百六十七条 侵权行为危及他人人身、财产安全的，被侵权人有权请求侵权人承担停止侵害、排除妨碍、消除危险等侵权责任。

第一千一百六十八条 二人以上共同实施侵权行为，造成他人损害的，应当承担连带责任。

第一千一百六十九条 教唆、帮助他人实施侵权行为的，应当与行为人承担连带责任。

教唆、帮助无民事行为能力人、限制民事行为能力人实施侵权行为的，应当承担侵权责任；该无民事行为能力人、限制民事行为能力人的监护人未尽到监护职责的，应当承担相应的责任。

第一千一百七十条 二人以上实施危及他人人身、财产安全的行为，其中一人或者数人的行为造成他人损害，能够确定具体侵权人的，由侵权人承担责任；不能确定具体侵权人的，行为人承担连带责任。

第一千一百七十一条 二人以上分别实施侵权行为造成同一损害，每个人的侵权行为都足以造成全部损害的，行为人承担连带责任。

第一千一百七十二条 二人以上分别实施侵权行为造成同一损害，能够确定责任大小的，各自承担相应的责任；难以确定责任大小的，平均承担责任。

第一千一百七十三条 被侵权人对同一损害的发生或者扩大有过错的，可以减轻侵权人的责任。

第一千一百七十四条 损害是因受害人故意造成的，行为人不承担责任。

第一千一百七十五条 损害是因第三人造成的，第三人应当承担侵权责任。

第一千一百七十六条 自愿参加具有一定风险的文体活动，因其他参加者的行为受到损害的，受害人不得请求其他参加者承担侵权责任；但是，其他参加者对损害的发生有故意或者重大过失的除外。

活动组织者的责任适用本法第一千一百九十八条至第一千二百零一条的规定。

第一千一百七十七条 合法权益受到侵害，情况紧迫且不能及时获得国家机关保护，不立即采取措施将使其合法权益受到难以弥补的损害的，受害人可以在保护自己合法权益的必要范围内采取扣留侵权人的财物等合理措施；但是，应当立即请求有关国家机关处理。

受害人采取的措施不当造成他人损害的，应当承担侵权责任。

第一千一百七十八条 本法和其他法律对不承担责任或者减轻责任的情形另有规定的，依照其规定。

第二章 损害赔偿

第一千一百七十九条 侵害他人造成人身损害的，应当赔偿医疗费、护理费、交通费、营养费、住院伙食补助费等为治疗和康复支出的合理费用，以及因误工减少的收入。造成残疾的，还应当赔偿辅助器具费和残疾赔偿金；造成死亡的，还应当赔偿丧葬费和死亡赔偿金。

第一千一百八十条 因同一侵权行为造成多人死亡的，可以以相同数额确定死亡赔偿金。

第一千一百八十一条 被侵权人死亡的，其近亲属有权请求侵权人承担侵权责任。被侵权人为组织，该组织分立、合并的，承继权利的组织有权请求侵权人承担侵权责任。

被侵权人死亡的，支付被侵权人医疗费、丧葬费等合理费用的人有权请求侵权人赔偿费用，但是侵权人已经支付该费用的除外。

第一千一百八十二条 侵害他人人身权益造成财产损失的，按照被侵权人因此受到的损失或者侵权人因此获得的利益赔偿；被侵权人因此受到的损失以及侵权人因此获得的利益难以确定，被侵权人和侵权人就赔偿数额协商不一致，向人民法院提起诉讼的，由人民法院根据实际情况确定赔偿数额。

第一千一百八十三条 侵害自然人人身权益造成严重精神损害的，被侵权人有权请求精神损害赔偿。

因故意或者重大过失侵害自然人具有人身意义的特定物造成严重精神损害的，被侵权人有权请求精神损害赔偿。

第一千一百八十四条 侵害他人财产的，财产损失按照损失发生时的市场价格或者其他合理方式计算。

第一千一百八十五条 故意侵害他人知识产权，情节严重的，被侵权人有权请求相应的惩罚性赔偿。

第一千一百八十六条 受害人和行为人对损害的发生都没有过错的，依照法律的规定由双方分担损失。

第一千一百八十七条 损害发生后，当事人可以协商赔偿费用的支付方式。协商不一致的，赔偿费用应当一次性支付；一次性支付确有困难的，可以分期支付，但是被侵权人有权请求提供相应的担保。

……

第六章 医疗损害责任

第一千二百一十八条 患者在诊疗活动中受到损害，医疗机构或者其医务人员有过错的，由医疗机构承担赔偿责任。

第一千二百一十九条 医务人员在诊疗活动中应当向患者说明病情和医疗措施。需要实施手术、特殊检查、特殊治疗的，医务人员应当及时向患者具体说明医疗风险、替代医疗方案等情况，并取得其明确同意；不能或者不宜向患者说明的，应当向患者的近亲属说明，并取得其明确同意。

医务人员未尽到前款义务，造成患者损害的，医疗机构应当承担赔偿责任。

第一千二百二十条 因抢救生命垂危的患者等紧急情况，不能取得患者或者其近亲属意见的，经医疗机构负责人或者授权的负责人批准，可以立即实施相应的医疗措施。

第一千二百二十一条 医务人员在诊疗活动中未尽到与当时的医疗水平相应的诊疗义务，造成患者损害的，医疗机构应当承担赔偿责任。

第一千二百二十二条 患者在诊疗活动中受到损害，有下列情形之一的，推定医疗机构有过错：

（一）违反法律、行政法规、规章以及其他有关诊疗规范的规定；

（二）隐匿或者拒绝提供与纠纷有关的病历资料；

（三）遗失、伪造、篡改或者违法销毁病历资料。

第一千二百二十三条 因药品、消毒产品、医疗器械的缺陷，或者输入不合格的血液造成患者损害的，患者可以向药品上市许可持有人、生产者、血液提供机构请求赔偿，也可以向医疗机构请求赔偿。患者向医疗机构请求赔偿的，医疗机构赔偿后，有权向负有责任的药品上市许可持有人、生产者、血液提供机构追偿。

第一千二百二十四条 患者在诊疗活动中受到损害，有下列情形之一的，医疗机构不承担赔偿责任：

（一）患者或者其近亲属不配合医疗机构进行符合诊疗规范的诊疗；

（二）医务人员在抢救生命垂危的患者等紧急情况下已经尽到合理诊疗义务；

（三）限于当时的医疗水平难以诊疗。

前款第一项情形中，医疗机构或者其医务人员也有过错的，应当承担相应的赔偿责任。

第一千二百二十五条 医疗机构及其医务人员应当按照规定填写并妥善保管住院志、医嘱单、检验报告、手术及麻醉记录、病理资料、护理记录等病历资料。

患者要求查阅、复制前款规定的病历资料的，医疗机构应当及时提供。

第一千二百二十六条 医疗机构及其医务人员应当对患者的隐私和个人信息保密。泄露患者的隐私和个人信息，或者未经患者同意公开其病历资料的，应当承担侵权责任。

第一千二百二十七条 医疗机构及其医务人员不得违反诊疗规范实施不必要的检查。

第一千二百二十八条 医疗机构及其医务人员的合法权益受法律保护。

干扰医疗秩序，妨碍医务人员工作、生活，侵害医务人员合法权益的，应当依法承担法律责任。

……

医疗事故处理条例

（2002年2月20日国务院第55次常务会议通过
2002年4月4日中华人民共和国国务院令第351号公布
自2002年9月1日起施行）

第一章 总 则

第一条 为了正确处理医疗事故，保护患者和医疗机构及其医务人员的合法权益，维护医疗秩序，保障医疗安全，促进医学科学的发展，制定本条例。

第二条 本条例所称医疗事故，是指医疗机构及其医务人员在医疗活动中，违反医疗卫生管理法律、行政法规、部门规章和诊疗护理规范、常规，过失造成患者人身损害的事故。

第三条 处理医疗事故，应当遵循公开、公平、公正、及时、便民的原则，坚持实事求是的科学态度，做到事实清楚、定性准确、责任明确、处理恰当。

第四条 根据对患者人身造成的损害程度，医疗事故分为四级：

一级医疗事故：造成患者死亡、重度残疾的；

二级医疗事故：造成患者中度残疾、器官组织损伤导致严重功能障碍的；

三级医疗事故：造成患者轻度残疾、器官组织损伤导致一般功能障碍的；

四级医疗事故：造成患者明显人身损害的其他后果的。

具体分级标准由国务院卫生行政部门制定。

第二章　医疗事故的预防与处置

第五条　医疗机构及其医务人员在医疗活动中，必须严格遵守医疗卫生管理法律、行政法规、部门规章和诊疗护理规范、常规，恪守医疗服务职业道德。

第六条　医疗机构应当对其医务人员进行医疗卫生管理法律、行政法规、部门规章和诊疗护理规范、常规的培训和医疗服务职业道德教育。

第七条　医疗机构应当设置医疗服务质量监控部门或者配备专（兼）职人员，具体负责监督本医疗机构的医务人员的医疗服务工作，检查医务人员执业情况，接受患者对医疗服务的投诉，向其提供咨询服务。

第八条　医疗机构应当按照国务院卫生行政部门规定的要求，书写并妥善保管病历资料。

因抢救急危患者，未能及时书写病历的，有关医务人员应当在抢救结束后 6 小时内据实补记，并加以注明。

第九条　严禁涂改、伪造、隐匿、销毁或者抢夺病历资料。

第十条　患者有权复印或者复制其门诊病历、住院志、体温单、医嘱单、化验单（检验报告）、医学影像检查资料、特殊检查同意书、手术同意书、手术及麻醉记录单、病理资料、护理记录以及国务院卫生行政部门规定的其他病历资料。

患者依照前款规定要求复印或者复制病历资料的，医疗机构应当提供复印或者复制服务并在复印或者复制的病历资料上加盖证明印记。复印或者复制病历资料时，应当有患者在场。

医疗机构应患者的要求，为其复印或者复制病历资料，可以按照规定收取工本费。具体收费标准由省、自治区、直辖市人民政府价格主管部门会同同级卫生行政部门规定。

第十一条 在医疗活动中，医疗机构及其医务人员应当将患者的病情、医疗措施、医疗风险等如实告知患者，及时解答其咨询；但是，应当避免对患者产生不利后果。

第十二条 医疗机构应当制定防范、处理医疗事故的预案，预防医疗事故的发生，减轻医疗事故的损害。

第十三条 医务人员在医疗活动中发生或者发现医疗事故、可能引起医疗事故的医疗过失行为或者发生医疗事故争议的，应当立即向所在科室负责人报告，科室负责人应当及时向本医疗机构负责医疗服务质量监控的部门或者专（兼）职人员报告；负责医疗服务质量监控的部门或者专（兼）职人员接到报告后，应当立即进行调查、核实，将有关情况如实向本医疗机构的负责人报告，并向患者通报、解释。

第十四条 发生医疗事故的，医疗机构应当按照规定向所在地卫生行政部门报告。

发生下列重大医疗过失行为的，医疗机构应当在 12 小时内向所在地卫生行政部门报告：

（一）导致患者死亡或者可能为二级以上的医疗事故；

（二）导致 3 人以上人身损害后果；

（三）国务院卫生行政部门和省、自治区、直辖市人民政府卫生行政部门规定的其他情形。

第十五条　发生或者发现医疗过失行为，医疗机构及其医务人员应当立即采取有效措施，避免或者减轻对患者身体健康的损害，防止损害扩大。

第十六条　发生医疗事故争议时，死亡病例讨论记录、疑难病例讨论记录、上级医师查房记录、会诊意见、病程记录应当在医患双方在场的情况下封存和启封。封存的病历资料可以是复印件，由医疗机构保管。

第十七条　疑似输液、输血、注射、药物等引起不良后果的，医患双方应当共同对现场实物进行封存和启封，封存的现场实物由医疗机构保管；需要检验的，应当由双方共同指定的、依法具有检验资格的检验机构进行检验；双方无法共同指定时，由卫生行政部门指定。

疑似输血引起不良后果，需要对血液进行封存保留的，医疗机构应当通知提供该血液的采供血机构派员到场。

第十八条　患者死亡，医患双方当事人不能确定死因或者对死因有异议的，应当在患者死亡后48小时内进行尸检；具备尸体冻存条件的，可以延长至7日。尸检应当经死者近亲属同意并签字。

尸检应当由按照国家有关规定取得相应资格的机构和病理解剖专业技术人员进行。承担尸检任务的机构和病理解剖专业技术人员有进行尸检的义务。

医疗事故争议双方当事人可以请法医病理学人员参加尸检，也可以委派代表观察尸检过程。拒绝或者拖延尸检，超过规定时间，影响对死因判定的，由拒绝或者拖延的一方承担责任。

第十九条 患者在医疗机构内死亡的，尸体应当立即移放太平间。死者尸体存放时间一般不得超过2周。逾期不处理的尸体，经医疗机构所在地卫生行政部门批准，并报经同级公安部门备案后，由医疗机构按照规定进行处理。

第三章 医疗事故的技术鉴定

第二十条 卫生行政部门接到医疗机构关于重大医疗过失行为的报告或者医疗事故争议当事人要求处理医疗事故争议的申请后，对需要进行医疗事故技术鉴定的，应当交由负责医疗事故技术鉴定工作的医学会组织鉴定；医患双方协商解决医疗事故争议，需要进行医疗事故技术鉴定的，由双方当事人共同委托负责医疗事故技术鉴定工作的医学会组织鉴定。

第二十一条 设区的市级地方医学会和省、自治区、直辖市直接管辖的县（市）地方医学会负责组织首次医疗事故技术鉴定工作。省、自治区、直辖市地方医学会负责组织再次鉴定工作。

必要时，中华医学会可以组织疑难、复杂并在全国有重大影响的医疗事故争议的技术鉴定工作。

第二十二条 当事人对首次医疗事故技术鉴定结论不服的，可以自收到首次鉴定结论之日起15日内向医疗机构所在地卫生行政部门提出再次鉴定的申请。

第二十三条 负责组织医疗事故技术鉴定工作的医学会应当建立专家库。

专家库由具备下列条件的医疗卫生专业技术人员组成：

（一）有良好的业务素质和执业品德；

（二）受聘于医疗卫生机构或者医学教学、科研机构并担任相应专业高级技术职务3年以上。

符合前款第（一）项规定条件并具备高级技术任职资格的法医可以受聘进入专家库。

负责组织医疗事故技术鉴定工作的医学会依照本条例规定聘请医疗卫生专业技术人员和法医进入专家库，可以不受行政区域的限制。

第二十四条 医疗事故技术鉴定，由负责组织医疗事故技术鉴定工作的医学会组织专家鉴定组进行。

参加医疗事故技术鉴定的相关专业的专家，由医患双方在医学会主持下从专家库中随机抽取。在特殊情况下，医学会根据医疗事故技术鉴定工作的需要，可以组织医患双方在其他医学会建立的专家库中随机抽取相关专业的专家参加鉴定或者函件咨询。

符合本条例第二十三条规定条件的医疗卫生专业技术人员和法医有义务受聘进入专家库，并承担医疗事故技术鉴定工作。

第二十五条 专家鉴定组进行医疗事故技术鉴定，实行合议制。专家鉴定组人数为单数，涉及的主要学科的专家一般不得少于鉴定组成员的二分之一；涉及死因、伤残等级鉴定的，并应当从专家库中随机抽取法医参加专家鉴定组。

第二十六条 专家鉴定组成员有下列情形之一的，应当回避，当事人也可以以口头或者书面的方式申请其回避：

（一）是医疗事故争议当事人或者当事人的近亲属的；

（二）与医疗事故争议有利害关系的；

（三）与医疗事故争议当事人有其他关系，可能影响公正鉴定的。

第二十七条 专家鉴定组依照医疗卫生管理法律、行政法规、部门规章和诊疗护理规范、常规，运用医学科学原理和专业知识，独立进行医疗事故技术鉴定，对医疗事故进行鉴别和判定，为处理医疗事故争议提供医学依据。

任何单位或者个人不得干扰医疗事故技术鉴定工作，不得威胁、利诱、辱骂、殴打专家鉴定组成员。

专家鉴定组成员不得接受双方当事人的财物或者其他利益。

第二十八条 负责组织医疗事故技术鉴定工作的医学会应当自受理医疗事故技术鉴定之日起5日内通知医疗事故争议双方当

事人提交进行医疗事故技术鉴定所需的材料。

当事人应当自收到医学会的通知之日起10日内提交有关医疗事故技术鉴定的材料、书面陈述及答辩。医疗机构提交的有关医疗事故技术鉴定的材料应当包括下列内容：

（一）住院患者的病程记录、死亡病例讨论记录、疑难病例讨论记录、会诊意见、上级医师查房记录等病历资料原件；

（二）住院患者的住院志、体温单、医嘱单、化验单（检验报告）、医学影像检查资料、特殊检查同意书、手术同意书、手术及麻醉记录单、病理资料、护理记录等病历资料原件；

（三）抢救急危患者，在规定时间内补记的病历资料原件；

（四）封存保留的输液、注射用物品和血液、药物等实物，或者依法具有检验资格的检验机构对这些物品、实物作出的检验报告；

（五）与医疗事故技术鉴定有关的其他材料。

在医疗机构建有病历档案的门诊、急诊患者，其病历资料由医疗机构提供；没有在医疗机构建立病历档案的，由患者提供。

医患双方应当依照本条例的规定提交相关材料。医疗机构无正当理由未依照本条例的规定如实提供相关材料，导致医疗事故技术鉴定不能进行的，应当承担责任。

第二十九条　负责组织医疗事故技术鉴定工作的医学会应当自接到当事人提交的有关医疗事故技术鉴定的材料、书面陈述及答辩之日起45日内组织鉴定并出具医疗事故技术鉴定书。

负责组织医疗事故技术鉴定工作的医学会可以向双方当事人调查取证。

第三十条 专家鉴定组应当认真审查双方当事人提交的材料，听取双方当事人的陈述及答辩并进行核实。

双方当事人应当按照本条例的规定如实提交进行医疗事故技术鉴定所需要的材料，并积极配合调查。当事人任何一方不予配合，影响医疗事故技术鉴定的，由不予配合的一方承担责任。

第三十一条 专家鉴定组应当在事实清楚、证据确凿的基础上，综合分析患者的病情和个体差异，作出鉴定结论，并制作医疗事故技术鉴定书。鉴定结论以专家鉴定组成员的过半数通过。鉴定过程应当如实记载。

医疗事故技术鉴定书应当包括下列主要内容：

（一）双方当事人的基本情况及要求；

（二）当事人提交的材料和负责组织医疗事故技术鉴定工作的医学会的调查材料；

（三）对鉴定过程的说明；

（四）医疗行为是否违反医疗卫生管理法律、行政法规、部门规章和诊疗护理规范、常规；

（五）医疗过失行为与人身损害后果之间是否存在因果关系；

（六）医疗过失行为在医疗事故损害后果中的责任程度；

（七）医疗事故等级；

（八）对医疗事故患者的医疗护理医学建议。

第三十二条　医疗事故技术鉴定办法由国务院卫生行政部门制定。

第三十三条　有下列情形之一的，不属于医疗事故：

（一）在紧急情况下为抢救垂危患者生命而采取紧急医学措施造成不良后果的；

（二）在医疗活动中由于患者病情异常或者患者体质特殊而发生医疗意外的；

（三）在现有医学科学技术条件下，发生无法预料或者不能防范的不良后果的；

（四）无过错输血感染造成不良后果的；

（五）因患方原因延误诊疗导致不良后果的；

（六）因不可抗力造成不良后果的。

第三十四条　医疗事故技术鉴定，可以收取鉴定费用。经鉴定，属于医疗事故的，鉴定费用由医疗机构支付；不属于医疗事故的，鉴定费用由提出医疗事故处理申请的一方支付。鉴定费用标准由省、自治区、直辖市人民政府价格主管部门会同同级财政部门、卫生行政部门规定。

第四章　医疗事故的行政处理与监督

第三十五条　卫生行政部门应当依照本条例和有关法律、行政法规、部门规章的规定，对发生医疗事故的医疗机构和医务人员作出行政处理。

第三十六条　卫生行政部门接到医疗机构关于重大医疗过失行为的报告后，除责令医疗机构及时采取必要的医疗救治措施，防止损害后果扩大外，应当组织调查，判定是否属于医疗事故；对不能判定是否属于医疗事故的，应当依照本条例的有关规定交由负责医疗事故技术鉴定工作的医学会组织鉴定。

第三十七条　发生医疗事故争议，当事人申请卫生行政部门处理的，应当提出书面申请。申请书应当载明申请人的基本情况、有关事实、具体请求及理由等。

当事人自知道或者应当知道其身体健康受到损害之日起1年内，可以向卫生行政部门提出医疗事故争议处理申请。

第三十八条　发生医疗事故争议，当事人申请卫生行政部门处理的，由医疗机构所在地的县级人民政府卫生行政部门受理。医疗机构所在地是直辖市的，由医疗机构所在地的区、县人民政府卫生行政部门受理。

有下列情形之一的，县级人民政府卫生行政部门应当自接到医疗机构的报告或者当事人提出医疗事故争议处理申请之日起7日内移送上一级人民政府卫生行政部门处理：

（一）患者死亡；

（二）可能为二级以上的医疗事故；

（三）国务院卫生行政部门和省、自治区、直辖市人民政府卫生行政部门规定的其他情形。

第三十九条　卫生行政部门应当自收到医疗事故争议处理申

请之日起10日内进行审查，作出是否受理的决定。对符合本条例规定，予以受理，需要进行医疗事故技术鉴定的，应当自作出受理决定之日起5日内将有关材料交由负责医疗事故技术鉴定工作的医学会组织鉴定并书面通知申请人；对不符合本条例规定，不予受理的，应当书面通知申请人并说明理由。

当事人对首次医疗事故技术鉴定结论有异议，申请再次鉴定的，卫生行政部门应当自收到申请之日起7日内交由省、自治区、直辖市地方医学会组织再次鉴定。

第四十条　当事人既向卫生行政部门提出医疗事故争议处理申请，又向人民法院提起诉讼的，卫生行政部门不予受理；卫生行政部门已经受理的，应当终止处理。

第四十一条　卫生行政部门收到负责组织医疗事故技术鉴定工作的医学会出具的医疗事故技术鉴定书后，应当对参加鉴定的人员资格和专业类别、鉴定程序进行审核；必要时，可以组织调查，听取医疗事故争议双方当事人的意见。

第四十二条　卫生行政部门经审核，对符合本条例规定作出的医疗事故技术鉴定结论，应当作为对发生医疗事故的医疗机构和医务人员作出行政处理以及进行医疗事故赔偿调解的依据；经审核，发现医疗事故技术鉴定不符合本条例规定的，应当要求重新鉴定。

第四十三条　医疗事故争议由双方当事人自行协商解决的，医疗机构应当自协商解决之日起7日内向所在地卫生行政部门作出书面报告，并附具协议书。

第四十四条　医疗事故争议经人民法院调解或者判决解决的，医疗机构应当自收到生效的人民法院的调解书或者判决书之日起7日内向所在地卫生行政部门作出书面报告，并附具调解书或者判决书。

第四十五条　县级以上地方人民政府卫生行政部门应当按照规定逐级将当地发生的医疗事故以及依法对发生医疗事故的医疗机构和医务人员作出行政处理的情况，上报国务院卫生行政部门。

第五章　医疗事故的赔偿

第四十六条　发生医疗事故的赔偿等民事责任争议，医患双方可以协商解决；不愿意协商或者协商不成的，当事人可以向卫生行政部门提出调解申请，也可以直接向人民法院提起民事诉讼。

第四十七条　双方当事人协商解决医疗事故的赔偿等民事责任争议的，应当制作协议书。协议书应当载明双方当事人的基本情况和医疗事故的原因、双方当事人共同认定的医疗事故等级以及协商确定的赔偿数额等，并由双方当事人在协议书上签名。

第四十八条　已确定为医疗事故的，卫生行政部门应医疗事故争议双方当事人请求，可以进行医疗事故赔偿调解。调解时，应当遵循当事人双方自愿原则，并应当依据本条例的规定计算赔偿数额。

经调解，双方当事人就赔偿数额达成协议的，制作调解书，双方当事人应当履行；调解不成或者经调解达成协议后一方反悔的，卫生行政部门不再调解。

第四十九条　医疗事故赔偿，应当考虑下列因素，确定具体赔偿数额：

（一）医疗事故等级；

（二）医疗过失行为在医疗事故损害后果中的责任程度；

（三）医疗事故损害后果与患者原有疾病状况之间的关系。

不属于医疗事故的，医疗机构不承担赔偿责任。

第五十条　医疗事故赔偿，按照下列项目和标准计算：

（一）医疗费：按照医疗事故对患者造成的人身损害进行治疗所发生的医疗费用计算，凭据支付，但不包括原发病医疗费用。结案后确实需要继续治疗的，按照基本医疗费用支付。

（二）误工费：患者有固定收入的，按照本人因误工减少的固定收入计算，对收入高于医疗事故发生地上一年度职工年平均工资 3 倍以上的，按照 3 倍计算；无固定收入的，按照医疗事故发生地上一年度职工年平均工资计算。

（三）住院伙食补助费：按照医疗事故发生地国家机关一般工作人员的出差伙食补助标准计算。

（四）陪护费：患者住院期间需要专人陪护的，按照医疗事故发生地上一年度职工年平均工资计算。

（五）残疾生活补助费：根据伤残等级，按照医疗事故发生地居民年平均生活费计算，自定残之月起最长赔偿30年；但是，60周岁以上的，不超过15年；70周岁以上的，不超过5年。

（六）残疾用具费：因残疾需要配置补偿功能器具的，凭医疗机构证明，按照普及型器具的费用计算。

（七）丧葬费：按照医疗事故发生地规定的丧葬费补助标准计算。

（八）被扶养人生活费：以死者生前或者残疾者丧失劳动能力前实际扶养且没有劳动能力的人为限，按照其户籍所在地或者居所地居民最低生活保障标准计算。对不满16周岁的，扶养到16周岁。对年满16周岁但无劳动能力的，扶养20年；但是，60周岁以上的，不超过15年；70周岁以上的，不超过5年。

（九）交通费：按照患者实际必需的交通费用计算，凭据支付。

（十）住宿费：按照医疗事故发生地国家机关一般工作人员的出差住宿补助标准计算，凭据支付。

（十一）精神损害抚慰金：按照医疗事故发生地居民年平均生活费计算。造成患者死亡的，赔偿年限最长不超过6年；造成患者残疾的，赔偿年限最长不超过3年。

第五十一条 参加医疗事故处理的患者近亲属所需交通费、误工费、住宿费，参照本条例第五十条的有关规定计算，计算费用的人数不超过2人。

医疗事故造成患者死亡的，参加丧葬活动的患者的配偶和直系亲属所需交通费、误工费、住宿费，参照本条例第五十条的有关规定计算，计算费用的人数不超过 2 人。

第五十二条 医疗事故赔偿费用，实行一次性结算，由承担医疗事故责任的医疗机构支付。

第六章 罚 则

第五十三条 卫生行政部门的工作人员在处理医疗事故过程中违反本条例的规定，利用职务上的便利收受他人财物或者其他利益，滥用职权，玩忽职守，或者发现违法行为不予查处，造成严重后果的，依照刑法关于受贿罪、滥用职权罪、玩忽职守罪或者其他有关罪的规定，依法追究刑事责任；尚不够刑事处罚的，依法给予降级或者撤职的行政处分。

第五十四条 卫生行政部门违反本条例的规定，有下列情形之一的，由上级卫生行政部门给予警告并责令限期改正；情节严重的，对负有责任的主管人员和其他直接责任人员依法给予行政处分：

（一）接到医疗机构关于重大医疗过失行为的报告后，未及时组织调查的；

（二）接到医疗事故争议处理申请后，未在规定时间内审查或者移送上一级人民政府卫生行政部门处理的；

（三）未将应当进行医疗事故技术鉴定的重大医疗过失行为或者医疗事故争议移交医学会组织鉴定的；

（四）未按照规定逐级将当地发生的医疗事故以及依法对发生医疗事故的医疗机构和医务人员的行政处理情况上报的；

（五）未依照本条例规定审核医疗事故技术鉴定书的。

第五十五条 医疗机构发生医疗事故的，由卫生行政部门根据医疗事故等级和情节，给予警告；情节严重的，责令限期停业整顿直至由原发证部门吊销执业许可证，对负有责任的医务人员依照刑法关于医疗事故罪的规定，依法追究刑事责任；尚不够刑事处罚的，依法给予行政处分或者纪律处分。

对发生医疗事故的有关医务人员，除依照前款处罚外，卫生行政部门并可以责令暂停6个月以上1年以下执业活动；情节严重的，吊销其执业证书。

第五十六条 医疗机构违反本条例的规定，有下列情形之一的，由卫生行政部门责令改正；情节严重的，对负有责任的主管人员和其他直接责任人员依法给予行政处分或者纪律处分：

（一）未如实告知患者病情、医疗措施和医疗风险的；

（二）没有正当理由，拒绝为患者提供复印或者复制病历资料服务的；

（三）未按照国务院卫生行政部门规定的要求书写和妥善保管病历资料的；

（四）未在规定时间内补记抢救工作病历内容的；

（五）未按照本条例的规定封存、保管和启封病历资料和实物的；

（六）未设置医疗服务质量监控部门或者配备专（兼）职人员的；

（七）未制定有关医疗事故防范和处理预案的；

（八）未在规定时间内向卫生行政部门报告重大医疗过失行为的；

（九）未按照本条例的规定向卫生行政部门报告医疗事故的；

（十）未按照规定进行尸检和保存、处理尸体的。

第五十七条 参加医疗事故技术鉴定工作的人员违反本条例的规定，接受申请鉴定双方或者一方当事人的财物或者其他利益，出具虚假医疗事故技术鉴定书，造成严重后果的，依照刑法关于受贿罪的规定，依法追究刑事责任；尚不够刑事处罚的，由原发证部门吊销其执业证书或者资格证书。

第五十八条 医疗机构或者其他有关机构违反本条例的规定，有下列情形之一的，由卫生行政部门责令改正，给予警告；对负有责任的主管人员和其他直接责任人员依法给予行政处分或者纪律处分；情节严重的，由原发证部门吊销其执业证书或者资格证书：

（一）承担尸检任务的机构没有正当理由，拒绝进行尸检的；

（二）涂改、伪造、隐匿、销毁病历资料的。

第五十九条 以医疗事故为由，寻衅滋事、抢夺病历资料，扰乱医疗机构正常医疗秩序和医疗事故技术鉴定工作，依照刑法关于扰乱社会秩序罪的规定，依法追究刑事责任；尚不够刑事处罚的，依法给予治安管理处罚。

第七章 附 则

第六十条 本条例所称医疗机构，是指依照《医疗机构管理条例》的规定取得《医疗机构执业许可证》的机构。

县级以上城市从事计划生育技术服务的机构依照《计划生育技术服务管理条例》的规定开展与计划生育有关的临床医疗服务，发生的计划生育技术服务事故，依照本条例的有关规定处理；但是，其中不属于医疗机构的县级以上城市从事计划生育技术服务的机构发生的计划生育技术服务事故，由计划生育行政部门行使依照本条例有关规定由卫生行政部门承担的受理、交由负责医疗事故技术鉴定工作的医学会组织鉴定和赔偿调解的职能；对发生计划生育技术服务事故的该机构及其有关责任人员，依法进行处理。

第六十一条 非法行医，造成患者人身损害，不属于医疗事故，触犯刑律的，依法追究刑事责任；有关赔偿，由受害人直接向人民法院提起诉讼。

第六十二条 军队医疗机构的医疗事故处理办法，由中国人民解放军卫生主管部门会同国务院卫生行政部门依据本条例制定。

第六十三条 本条例自 2002 年 9 月 1 日起施行。1987 年 6 月 29 日国务院发布的《医疗事故处理办法》同时废止。本条例施行前已经处理结案的医疗事故争议，不再重新处理。

医疗纠纷预防和处理条例

（2018年6月20日国务院第13次常务会议通过
2018年7月31日中华人民共和国国务院令第701号公布
自2018年10月1日起施行）

第一章　总　　则

第一条　为了预防和妥善处理医疗纠纷，保护医患双方的合法权益，维护医疗秩序，保障医疗安全，制定本条例。

第二条　本条例所称医疗纠纷，是指医患双方因诊疗活动引发的争议。

第三条　国家建立医疗质量安全管理体系，深化医药卫生体制改革，规范诊疗活动，改善医疗服务，提高医疗质量，预防、减少医疗纠纷。

在诊疗活动中，医患双方应当互相尊重，维护自身权益应当遵守有关法律、法规的规定。

第四条　处理医疗纠纷，应当遵循公平、公正、及时的原则，实事求是，依法处理。

第五条　县级以上人民政府应当加强对医疗纠纷预防和处理工作的领导、协调，将其纳入社会治安综合治理体系，建立部门分工协作机制，督促部门依法履行职责。

第六条 卫生主管部门负责指导、监督医疗机构做好医疗纠纷的预防和处理工作，引导医患双方依法解决医疗纠纷。

司法行政部门负责指导医疗纠纷人民调解工作。

公安机关依法维护医疗机构治安秩序，查处、打击侵害患者和医务人员合法权益以及扰乱医疗秩序等违法犯罪行为。

财政、民政、保险监督管理等部门和机构按照各自职责做好医疗纠纷预防和处理的有关工作。

第七条 国家建立完善医疗风险分担机制，发挥保险机制在医疗纠纷处理中的第三方赔付和医疗风险社会化分担的作用，鼓励医疗机构参加医疗责任保险，鼓励患者参加医疗意外保险。

第八条 新闻媒体应当加强医疗卫生法律、法规和医疗卫生常识的宣传，引导公众理性对待医疗风险；报道医疗纠纷，应当遵守有关法律、法规的规定，恪守职业道德，做到真实、客观、公正。

第二章 医疗纠纷预防

第九条 医疗机构及其医务人员在诊疗活动中应当以患者为中心，加强人文关怀，严格遵守医疗卫生法律、法规、规章和诊疗相关规范、常规，恪守职业道德。

医疗机构应当对其医务人员进行医疗卫生法律、法规、规章和诊疗相关规范、常规的培训，并加强职业道德教育。

第十条 医疗机构应当制定并实施医疗质量安全管理制度，

设置医疗服务质量监控部门或者配备专（兼）职人员，加强对诊断、治疗、护理、药事、检查等工作的规范化管理，优化服务流程，提高服务水平。

医疗机构应当加强医疗风险管理，完善医疗风险的识别、评估和防控措施，定期检查措施落实情况，及时消除隐患。

第十一条　医疗机构应当按照国务院卫生主管部门制定的医疗技术临床应用管理规定，开展与其技术能力相适应的医疗技术服务，保障临床应用安全，降低医疗风险；采用医疗新技术的，应当开展技术评估和伦理审查，确保安全有效、符合伦理。

第十二条　医疗机构应当依照有关法律、法规的规定，严格执行药品、医疗器械、消毒药剂、血液等的进货查验、保管等制度。禁止使用无合格证明文件、过期等不合格的药品、医疗器械、消毒药剂、血液等。

第十三条　医务人员在诊疗活动中应当向患者说明病情和医疗措施。需要实施手术，或者开展临床试验等存在一定危险性、可能产生不良后果的特殊检查、特殊治疗的，医务人员应当及时向患者说明医疗风险、替代医疗方案等情况，并取得其书面同意；在患者处于昏迷等无法自主作出决定的状态或者病情不宜向患者说明等情形下，应当向患者的近亲属说明，并取得其书面同意。

紧急情况下不能取得患者或者其近亲属意见的，经医疗机构负责人或者授权的负责人批准，可以立即实施相应的医疗措施。

第十四条　开展手术、特殊检查、特殊治疗等具有较高医疗风险的诊疗活动，医疗机构应当提前预备应对方案，主动防范突发风险。

第十五条　医疗机构及其医务人员应当按照国务院卫生主管部门的规定，填写并妥善保管病历资料。

因紧急抢救未能及时填写病历的，医务人员应当在抢救结束后6小时内据实补记，并加以注明。

任何单位和个人不得篡改、伪造、隐匿、毁灭或者抢夺病历资料。

第十六条　患者有权查阅、复制其门诊病历、住院志、体温单、医嘱单、化验单（检验报告）、医学影像检查资料、特殊检查同意书、手术同意书、手术及麻醉记录、病理资料、护理记录、医疗费用以及国务院卫生主管部门规定的其他属于病历的全部资料。

患者要求复制病历资料的，医疗机构应当提供复制服务，并在复制的病历资料上加盖证明印记。复制病历资料时，应当有患者或者其近亲属在场。医疗机构应患者的要求为其复制病历资料，可以收取工本费，收费标准应当公开。

患者死亡的，其近亲属可以依照本条例的规定，查阅、复制病历资料。

第十七条　医疗机构应当建立健全医患沟通机制，对患者在诊疗过程中提出的咨询、意见和建议，应当耐心解释、说明，并按照规定进行处理；对患者就诊疗行为提出的疑问，应当及时予以核实、自查，并指定有关人员与患者或者其近亲属沟通，如实说明情况。

第十八条　医疗机构应当建立健全投诉接待制度，设置统一的投诉管理部门或者配备专（兼）职人员，在医疗机构显著位置公布医疗纠纷解决途径、程序和联系方式等，方便患者投诉或者咨询。

第十九条　卫生主管部门应当督促医疗机构落实医疗质量安全管理制度，组织开展医疗质量安全评估，分析医疗质量安全信息，针对发现的风险制定防范措施。

第二十条　患者应当遵守医疗秩序和医疗机构有关就诊、治疗、检查的规定，如实提供与病情有关的信息，配合医务人员开展诊疗活动。

第二十一条　各级人民政府应当加强健康促进与教育工作，普及健康科学知识，提高公众对疾病治疗等医学科学知识的认知水平。

第三章　医疗纠纷处理

第二十二条　发生医疗纠纷，医患双方可以通过下列途径解决：

（一）双方自愿协商；

（二）申请人民调解；

（三）申请行政调解；

（四）向人民法院提起诉讼；

（五）法律、法规规定的其他途径。

第二十三条 发生医疗纠纷，医疗机构应当告知患者或者其近亲属下列事项：

（一）解决医疗纠纷的合法途径；

（二）有关病历资料、现场实物封存和启封的规定；

（三）有关病历资料查阅、复制的规定。

患者死亡的，还应当告知其近亲属有关尸检的规定。

第二十四条 发生医疗纠纷需要封存、启封病历资料的，应当在医患双方在场的情况下进行。封存的病历资料可以是原件，也可以是复制件，由医疗机构保管。病历尚未完成需要封存的，对已完成病历先行封存；病历按照规定完成后，再对后续完成部分进行封存。医疗机构应当对封存的病历开列封存清单，由医患双方签字或者盖章，各执一份。

病历资料封存后医疗纠纷已经解决，或者患者在病历资料封存满3年未再提出解决医疗纠纷要求的，医疗机构可以自行启封。

第二十五条 疑似输液、输血、注射、用药等引起不良后果的，医患双方应当共同对现场实物进行封存、启封，封存的现场实物由医疗机构保管。需要检验的，应当由双方共同委托依法具有检验资格的检验机构进行检验；双方无法共同委托的，由医疗机构所在地县级人民政府卫生主管部门指定。

疑似输血引起不良后果，需要对血液进行封存保留的，医疗机构应当通知提供该血液的血站派员到场。

现场实物封存后医疗纠纷已经解决，或者患者在现场实物封存满 3 年未再提出解决医疗纠纷要求的，医疗机构可以自行启封。

第二十六条 患者死亡，医患双方对死因有异议的，应当在患者死亡后 48 小时内进行尸检；具备尸体冻存条件的，可以延长至 7 日。尸检应当经死者近亲属同意并签字，拒绝签字的，视为死者近亲属不同意进行尸检。不同意或者拖延尸检，超过规定时间，影响对死因判定的，由不同意或者拖延的一方承担责任。

尸检应当由按照国家有关规定取得相应资格的机构和专业技术人员进行。

医患双方可以委派代表观察尸检过程。

第二十七条 患者在医疗机构内死亡的，尸体应当立即移放太平间或者指定的场所，死者尸体存放时间一般不得超过 14 日。逾期不处理的尸体，由医疗机构在向所在地县级人民政府卫生主管部门和公安机关报告后，按照规定处理。

第二十八条 发生重大医疗纠纷的，医疗机构应当按照规定向所在地县级以上地方人民政府卫生主管部门报告。卫生主管部门接到报告后，应当及时了解掌握情况，引导医患双方通过合法途径解决纠纷。

第二十九条 医患双方应当依法维护医疗秩序。任何单位和个人不得实施危害患者和医务人员人身安全、扰乱医疗秩序的行为。

医疗纠纷中发生涉嫌违反治安管理行为或者犯罪行为的，医疗机构应当立即向所在地公安机关报案。公安机关应当及时采取措施，依法处置，维护医疗秩序。

第三十条 医患双方选择协商解决医疗纠纷的，应当在专门场所协商，不得影响正常医疗秩序。医患双方人数较多的，应当推举代表进行协商，每方代表人数不超过5人。

协商解决医疗纠纷应当坚持自愿、合法、平等的原则，尊重当事人的权利，尊重客观事实。医患双方应当文明、理性表达意见和要求，不得有违法行为。

协商确定赔付金额应当以事实为依据，防止畸高或者畸低。对分歧较大或者索赔数额较高的医疗纠纷，鼓励医患双方通过人民调解的途径解决。

医患双方经协商达成一致的，应当签署书面和解协议书。

第三十一条 申请医疗纠纷人民调解的，由医患双方共同向医疗纠纷人民调解委员会提出申请；一方申请调解的，医疗纠纷人民调解委员会在征得另一方同意后进行调解。

申请人可以以书面或者口头形式申请调解。书面申请的，申请书应当载明申请人的基本情况、申请调解的争议事项和理由等；口头申请的，医疗纠纷人民调解员应当当场记录申请人的基本情况、申请调解的争议事项和理由等，并经申请人签字确认。

医疗纠纷人民调解委员会获悉医疗机构内发生重大医疗纠

纷，可以主动开展工作，引导医患双方申请调解。

当事人已经向人民法院提起诉讼并且已被受理，或者已经申请卫生主管部门调解并且已被受理的，医疗纠纷人民调解委员会不予受理；已经受理的，终止调解。

第三十二条 设立医疗纠纷人民调解委员会，应当遵守《中华人民共和国人民调解法》的规定，并符合本地区实际需要。医疗纠纷人民调解委员会应当自设立之日起30个工作日内向所在地县级以上地方人民政府司法行政部门备案。

医疗纠纷人民调解委员会应当根据具体情况，聘任一定数量的具有医学、法学等专业知识且热心调解工作的人员担任专（兼）职医疗纠纷人民调解员。

医疗纠纷人民调解委员会调解医疗纠纷，不得收取费用。医疗纠纷人民调解工作所需经费按照国务院财政、司法行政部门的有关规定执行。

第三十三条 医疗纠纷人民调解委员会调解医疗纠纷时，可以根据需要咨询专家，并可以从本条例第三十五条规定的专家库中选取专家。

第三十四条 医疗纠纷人民调解委员会调解医疗纠纷，需要进行医疗损害鉴定以明确责任的，由医患双方共同委托医学会或者司法鉴定机构进行鉴定，也可以经医患双方同意，由医疗纠纷人民调解委员会委托鉴定。

医学会或者司法鉴定机构接受委托从事医疗损害鉴定，应当由鉴定事项所涉专业的临床医学、法医学等专业人员进行鉴定；医学会或者司法鉴定机构没有相关专业人员的，应当从本条例第三十五条规定的专家库中抽取相关专业专家进行鉴定。

医学会或者司法鉴定机构开展医疗损害鉴定，应当执行规定的标准和程序，尊重科学，恪守职业道德，对出具的医疗损害鉴定意见负责，不得出具虚假鉴定意见。医疗损害鉴定的具体管理办法由国务院卫生、司法行政部门共同制定。

鉴定费预先向医患双方收取，最终按照责任比例承担。

第三十五条 医疗损害鉴定专家库由设区的市级以上人民政府卫生、司法行政部门共同设立。专家库应当包含医学、法学、法医学等领域的专家。聘请专家进入专家库，不受行政区域的限制。

第三十六条 医学会、司法鉴定机构作出的医疗损害鉴定意见应当载明并详细论述下列内容：

（一）是否存在医疗损害以及损害程度；

（二）是否存在医疗过错；

（三）医疗过错与医疗损害是否存在因果关系；

（四）医疗过错在医疗损害中的责任程度。

第三十七条 咨询专家、鉴定人员有下列情形之一的，应当回避，当事人也可以以口头或者书面形式申请其回避：

（一）是医疗纠纷当事人或者当事人的近亲属；

（二）与医疗纠纷有利害关系；

（三）与医疗纠纷当事人有其他关系，可能影响医疗纠纷公正处理。

第三十八条　医疗纠纷人民调解委员会应当自受理之日起30个工作日内完成调解。需要鉴定的，鉴定时间不计入调解期限。因特殊情况需要延长调解期限的，医疗纠纷人民调解委员会和医患双方可以约定延长调解期限。超过调解期限未达成调解协议的，视为调解不成。

第三十九条　医患双方经人民调解达成一致的，医疗纠纷人民调解委员会应当制作调解协议书。调解协议书经医患双方签字或者盖章，人民调解员签字并加盖医疗纠纷人民调解委员会印章后生效。

达成调解协议的，医疗纠纷人民调解委员会应当告知医患双方可以依法向人民法院申请司法确认。

第四十条　医患双方申请医疗纠纷行政调解的，应当参照本条例第三十一条第一款、第二款的规定向医疗纠纷发生地县级人民政府卫生主管部门提出申请。

卫生主管部门应当自收到申请之日起5个工作日内作出是否受理的决定。当事人已经向人民法院提起诉讼并且已被受理，或者已经申请医疗纠纷人民调解委员会调解并且已被受理的，卫生主管部门不予受理；已经受理的，终止调解。

卫生主管部门应当自受理之日起30个工作日内完成调解。需要鉴定的，鉴定时间不计入调解期限。超过调解期限未达成调解协议的，视为调解不成。

第四十一条 卫生主管部门调解医疗纠纷需要进行专家咨询的，可以从本条例第三十五条规定的专家库中抽取专家；医患双方认为需要进行医疗损害鉴定以明确责任的，参照本条例第三十四条的规定进行鉴定。

医患双方经卫生主管部门调解达成一致的，应当签署调解协议书。

第四十二条 医疗纠纷人民调解委员会及其人民调解员、卫生主管部门及其工作人员应当对医患双方的个人隐私等事项予以保密。

未经医患双方同意，医疗纠纷人民调解委员会、卫生主管部门不得公开进行调解，也不得公开调解协议的内容。

第四十三条 发生医疗纠纷，当事人协商、调解不成的，可以依法向人民法院提起诉讼。当事人也可以直接向人民法院提起诉讼。

第四十四条 发生医疗纠纷，需要赔偿的，赔付金额依照法律的规定确定。

第四章 法律责任

第四十五条 医疗机构篡改、伪造、隐匿、毁灭病历资料的，对直接负责的主管人员和其他直接责任人员，由县级以上人民政府卫生主管部门给予或者责令给予降低岗位等级或者撤职的处分，对有关医务人员责令暂停6个月以上1年以下执业活动；造成严重后果的，对直接负责的主管人员和其他直接责任人员给予或者责令给予开除的处分，对有关医务人员由原发证部门吊销执业证书；构成犯罪的，依法追究刑事责任。

第四十六条 医疗机构将未通过技术评估和伦理审查的医疗新技术应用于临床的，由县级以上人民政府卫生主管部门没收违法所得，并处5万元以上10万元以下罚款，对直接负责的主管人员和其他直接责任人员给予或者责令给予降低岗位等级或者撤职的处分，对有关医务人员责令暂停6个月以上1年以下执业活动；情节严重的，对直接负责的主管人员和其他直接责任人员给予或者责令给予开除的处分，对有关医务人员由原发证部门吊销执业证书；构成犯罪的，依法追究刑事责任。

第四十七条 医疗机构及其医务人员有下列情形之一的，由县级以上人民政府卫生主管部门责令改正，给予警告，并处1万元以上5万元以下罚款；情节严重的，对直接负责的主管人员和其他直接责任人员给予或者责令给予降低岗位等级或者撤职的处分，对有关医务人员可以责令暂停1个月以上6个月以下执业活动；构成犯罪的，依法追究刑事责任：

（一）未按规定制定和实施医疗质量安全管理制度；

（二）未按规定告知患者病情、医疗措施、医疗风险、替代医疗方案等；

（三）开展具有较高医疗风险的诊疗活动，未提前预备应对方案防范突发风险；

（四）未按规定填写、保管病历资料，或者未按规定补记抢救病历；

（五）拒绝为患者提供查阅、复制病历资料服务；

（六）未建立投诉接待制度、设置统一投诉管理部门或者配备专（兼）职人员；

（七）未按规定封存、保管、启封病历资料和现场实物；

（八）未按规定向卫生主管部门报告重大医疗纠纷；

（九）其他未履行本条例规定义务的情形。

第四十八条 医学会、司法鉴定机构出具虚假医疗损害鉴定意见的，由县级以上人民政府卫生、司法行政部门依据职责没收违法所得，并处5万元以上10万元以下罚款，对该医学会、司法鉴定机构和有关鉴定人员责令暂停3个月以上1年以下医疗损害鉴定业务，对直接负责的主管人员和其他直接责任人员给予或者责令给予降低岗位等级或者撤职的处分；情节严重的，该医学会、司法鉴定机构和有关鉴定人员5年内不得从事医疗损害鉴定业务或者撤销登记，对直接负责的主管人员和其他直接责任人员给予或者责令给予开除的处分；构成犯罪的，依法追究刑事责任。

第四十九条 尸检机构出具虚假尸检报告的，由县级以上人民政府卫生、司法行政部门依据职责没收违法所得，并处5万元以上10万元以下罚款，对该尸检机构和有关尸检专业技术人员责令暂停3个月以上1年以下尸检业务，对直接负责的主管人员和其他直接责任人员给予或者责令给予降低岗位等级或者撤职的处分；情节严重的，撤销该尸检机构和有关尸检专业技术人员的尸检资格，对直接负责的主管人员和其他直接责任人员给予或者责令给予开除的处分；构成犯罪的，依法追究刑事责任。

第五十条　医疗纠纷人民调解员有下列行为之一的，由医疗纠纷人民调解委员会给予批评教育、责令改正；情节严重的，依法予以解聘：

（一）偏袒一方当事人；

（二）侮辱当事人；

（三）索取、收受财物或者牟取其他不正当利益；

（四）泄露医患双方个人隐私等事项。

第五十一条　新闻媒体编造、散布虚假医疗纠纷信息的，由有关主管部门依法给予处罚；给公民、法人或者其他组织的合法权益造成损害的，依法承担消除影响、恢复名誉、赔偿损失、赔礼道歉等民事责任。

第五十二条　县级以上人民政府卫生主管部门和其他有关部门及其工作人员在医疗纠纷预防和处理工作中，不履行职责或者滥用职权、玩忽职守、徇私舞弊的，由上级人民政府卫生等有关部门或者监察机关责令改正；依法对直接负责的主管人员和其他直接责任人员给予处分；构成犯罪的，依法追究刑事责任。

第五十三条　医患双方在医疗纠纷处理中，造成人身、财产或者其他损害的，依法承担民事责任；构成违反治安管理行为的，由公安机关依法给予治安管理处罚；构成犯罪的，依法追究刑事责任。

第五章 附　　则

第五十四条 军队医疗机构的医疗纠纷预防和处理办法，由中央军委机关有关部门会同国务院卫生主管部门依据本条例制定。

第五十五条 对诊疗活动中医疗事故的行政调查处理，依照《医疗事故处理条例》的相关规定执行。

第五十六条 本条例自2018年10月1日起施行。

处方管理办法

（2007年2月14日卫生部令第53号公布　自2007年5月1日起施行）

第一章 总　　则

第一条 为规范处方管理，提高处方质量，促进合理用药，保障医疗安全，根据《执业医师法》、《药品管理法》、《医疗机构管理条例》、《麻醉药品和精神药品管理条例》等有关法律、法规，制定本办法。

第二条　本办法所称处方，是指由注册的执业医师和执业助理医师（以下简称医师）在诊疗活动中为患者开具的、由取得药学专业技术职务任职资格的药学专业技术人员（以下简称药师）审核、调配、核对，并作为患者用药凭证的医疗文书。处方包括医疗机构病区用药医嘱单。

本办法适用于与处方开具、调剂、保管相关的医疗机构及其人员。

第三条　卫生部负责全国处方开具、调剂、保管相关工作的监督管理。

县级以上地方卫生行政部门负责本行政区域内处方开具、调剂、保管相关工作的监督管理。

第四条　医师开具处方和药师调剂处方应当遵循安全、有效、经济的原则。

处方药应当凭医师处方销售、调剂和使用。

第二章　处方管理的一般规定

第五条　处方标准（附件 1）由卫生部统一规定，处方格式由省、自治区、直辖市卫生行政部门（以下简称省级卫生行政部门）统一制定，处方由医疗机构按照规定的标准和格式印制。

第六条　处方书写应当符合下列规则：

（一）患者一般情况、临床诊断填写清晰、完整，并与病历记载相一致。

（二）每张处方限于一名患者的用药。

（三）字迹清楚，不得涂改；如需修改，应当在修改处签名并注明修改日期。

（四）药品名称应当使用规范的中文名称书写，没有中文名称的可以使用规范的英文名称书写；医疗机构或者医师、药师不得自行编制药品缩写名称或者使用代号；书写药品名称、剂量、规格、用法、用量要准确规范，药品用法可用规范的中文、英文、拉丁文或者缩写体书写，但不得使用“遵医嘱”、“自用”等含糊不清字句。

（五）患者年龄应当填写实足年龄，新生儿、婴幼儿写日、月龄，必要时要注明体重。

（六）西药和中成药可以分别开具处方，也可以开具一张处方，中药饮片应当单独开具处方。

（七）开具西药、中成药处方，每一种药品应当另起一行，每张处方不得超过5种药品。

（八）中药饮片处方的书写，一般应当按照“君、臣、佐、使”的顺序排列；调剂、煎煮的特殊要求注明在药品右上方，并加括号，如布包、先煎、后下等；对饮片的产地、炮制有特殊要求的，应当在药品名称之前写明。

（九）药品用法用量应当按照药品说明书规定的常规用法用量使用，特殊情况需要超剂量使用时，应当注明原因并再次签名。

（十）除特殊情况外，应当注明临床诊断。

（十一）开具处方后的空白处划一斜线以示处方完毕。

（十二）处方医师的签名式样和专用签章应当与院内药学部门留样备查的式样相一致，不得任意改动，否则应当重新登记留样备案。

第七条 药品剂量与数量用阿拉伯数字书写。剂量应当使用法定剂量单位：重量以克（g）、毫克（mg）、微克（μg）、纳克（ng）为单位；容量以升（L）、毫升（ml）为单位；国际单位（IU）、单位（U）；中药饮片以克（g）为单位。

片剂、丸剂、胶囊剂、颗粒剂分别以片、丸、粒、袋为单位；溶液剂以支、瓶为单位；软膏及乳膏剂以支、盒为单位；注射剂以支、瓶为单位，应当注明含量；中药饮片以剂为单位。

第三章 处方权的获得

第八条 经注册的执业医师在执业地点取得相应的处方权。

经注册的执业助理医师在医疗机构开具的处方，应当经所在执业地点执业医师签名或加盖专用签章后方有效。

第九条 经注册的执业助理医师在乡、民族乡、镇、村的医疗机构独立从事一般的执业活动，可以在注册的执业地点取得相应的处方权。

第十条 医师应当在注册的医疗机构签名留样或者专用签章备案后，方可开具处方。

第十一条 医疗机构应当按照有关规定，对本机构执业医师和药师进行麻醉药品和精神药品使用知识和规范化管理的培训。执业医师经考核合格后取得麻醉药品和第一类精神药品的处方权，药师经考核合格后取得麻醉药品和第一类精神药品调剂资格。

医师取得麻醉药品和第一类精神药品处方权后，方可在本机构开具麻醉药品和第一类精神药品处方，但不得为自己开具该类药品处方。药师取得麻醉药品和第一类精神药品调剂资格后，方可在本机构调剂麻醉药品和第一类精神药品。

第十二条 试用期人员开具处方，应当经所在医疗机构有处方权的执业医师审核、并签名或加盖专用签章后方有效。

第十三条 进修医师由接收进修的医疗机构对其胜任本专业工作的实际情况进行认定后授予相应的处方权。

第四章 处方的开具

第十四条 医师应当根据医疗、预防、保健需要，按照诊疗规范、药品说明书中的药品适应证、药理作用、用法、用量、禁忌、不良反应和注意事项等开具处方。

开具医疗用毒性药品、放射性药品的处方应当严格遵守有关法律、法规和规章的规定。

第十五条 医疗机构应当根据本机构性质、功能、任务，制定药品处方集。

第十六条 医疗机构应当按照经药品监督管理部门批准并公布的药品通用名称购进药品。同一通用名称药品的品种，注射剂型和口服剂型各不得超过 2 种，处方组成类同的复方制剂 1～2 种。因特殊诊疗需要使用其他剂型和剂量规格药品的情况除外。

第十七条 医师开具处方应当使用经药品监督管理部门批准并公布的药品通用名称、新活性化合物的专利药品名称和复方制剂药品名称。

医师开具院内制剂处方时应当使用经省级卫生行政部门审核、药品监督管理部门批准的名称。

医师可以使用由卫生部公布的药品习惯名称开具处方。

第十八条 处方开具当日有效。特殊情况下需延长有效期的，由开具处方的医师注明有效期限，但有效期最长不得超过 3 天。

第十九条 处方一般不得超过 7 日用量；急诊处方一般不得超过 3 日用量；对于某些慢性病、老年病或特殊情况，处方用量可适当延长，但医师应当注明理由。

医疗用毒性药品、放射性药品的处方用量应当严格按照国家有关规定执行。

第二十条 医师应当按照卫生部制定的麻醉药品和精神药品临床应用指导原则，开具麻醉药品、第一类精神药品处方。

第二十一条 门（急）诊癌症疼痛患者和中、重度慢性疼痛患者需长期使用麻醉药品和第一类精神药品的，首诊医师应当亲自诊查患者，建立相应的病历，要求其签署《知情同意书》。

病历中应当留存下列材料复印件：

（一）二级以上医院开具的诊断证明；

（二）患者户籍簿、身份证或者其他相关有效身份证明文件；

（三）为患者代办人员身份证明文件。

第二十二条　除需长期使用麻醉药品和第一类精神药品的门（急）诊癌症疼痛患者和中、重度慢性疼痛患者外，麻醉药品注射剂仅限于医疗机构内使用。

第二十三条　为门（急）诊患者开具的麻醉药品注射剂，每张处方为一次常用量；控缓释制剂，每张处方不得超过 7 日常用量；其他剂型，每张处方不得超过 3 日常用量。

第一类精神药品注射剂，每张处方为一次常用量；控缓释制剂，每张处方不得超过 7 日常用量；其他剂型，每张处方不得超过 3 日常用量。哌醋甲酯用于治疗儿童多动症时，每张处方不得超过 15 日常用量。

第二类精神药品一般每张处方不得超过 7 日常用量；对于慢性病或某些特殊情况的患者，处方用量可以适当延长，医师应当注明理由。

第二十四条　为门（急）诊癌症疼痛患者和中、重度慢性疼痛患者开具的麻醉药品、第一类精神药品注射剂，每张处方不得超过 3 日常用量；控缓释制剂，每张处方不得超过 15 日常用量；其他剂型，每张处方不得超过 7 日常用量。

第二十五条　为住院患者开具的麻醉药品和第一类精神药品

处方应当逐日开具，每张处方为1日常用量。

第二十六条 对于需要特别加强管制的麻醉药品，盐酸二氢埃托啡处方为一次常用量，仅限于二级以上医院内使用；盐酸哌替啶处方为一次常用量，仅限于医疗机构内使用。

第二十七条 医疗机构应当要求长期使用麻醉药品和第一类精神药品的门（急）诊癌症患者和中、重度慢性疼痛患者，每3个月复诊或者随诊一次。

第二十八条 医师利用计算机开具、传递普通处方时，应当同时打印出纸质处方，其格式与手写处方一致；打印的纸质处方经签名或者加盖签章后有效。药师核发药品时，应当核对打印的纸质处方，无误后发给药品，并将打印的纸质处方与计算机传递处方同时收存备查。

第五章 处方的调剂

第二十九条 取得药学专业技术职务任职资格的人员方可从事处方调剂工作。

第三十条 药师在执业的医疗机构取得处方调剂资格。药师签名或者专用签章式样应当在本机构留样备查。

第三十一条 具有药师以上专业技术职务任职资格的人员负责处方审核、评估、核对、发药以及安全用药指导；药士从事处方调配工作。

第三十二条 药师应当凭医师处方调剂处方药品，非经医师处方不得调剂。

第三十三条 药师应当按照操作规程调剂处方药品：认真审核处方，准确调配药品，正确书写药袋或粘贴标签，注明患者姓名和药品名称、用法、用量，包装；向患者交付药品时，按照药品说明书或者处方用法，进行用药交待与指导，包括每种药品的用法、用量、注意事项等。

第三十四条 药师应当认真逐项检查处方前记、正文和后记书写是否清晰、完整，并确认处方的合法性。

第三十五条 药师应当对处方用药适宜性进行审核，审核内容包括：

（一）规定必须做皮试的药品，处方医师是否注明过敏试验及结果的判定；

（二）处方用药与临床诊断的相符性；

（三）剂量、用法的正确性；

（四）选用剂型与给药途径的合理性；

（五）是否有重复给药现象；

（六）是否有潜在临床意义的药物相互作用和配伍禁忌；

（七）其他用药不适宜情况。

第三十六条 药师经处方审核后，认为存在用药不适宜时，应当告知处方医师，请其确认或者重新开具处方。

药师发现严重不合理用药或者用药错误，应当拒绝调剂，及时告知处方医师，并应当记录，按照有关规定报告。

第三十七条　药师调剂处方时必须做到“四查十对”：查处方，对科别、姓名、年龄；查药品，对药名、剂型、规格、数量；查配伍禁忌，对药品性状、用法用量；查用药合理性，对临床诊断。

第三十八条　药师在完成处方调剂后，应当在处方上签名或者加盖专用签章。

第三十九条　药师应当对麻醉药品和第一类精神药品处方，按年月日逐日编制顺序号。

第四十条　药师对于不规范处方或者不能判定其合法性的处方，不得调剂。

第四十一条　医疗机构应当将本机构基本用药供应目录内同类药品相关信息告知患者。

第四十二条　除麻醉药品、精神药品、医疗用毒性药品和儿科处方外，医疗机构不得限制门诊就诊人员持处方到药品零售企业购药。

第六章　监督管理

第四十三条　医疗机构应当加强对本机构处方开具、调剂和保管的管理。

第四十四条　医疗机构应当建立处方点评制度，填写处方评价表（附件2），对处方实施动态监测及超常预警，登记并通报不合理处方，对不合理用药及时予以干预。

第四十五条 医疗机构应当对出现超常处方3次以上且无正当理由的医师提出警告，限制其处方权；限制处方权后，仍连续2次以上出现超常处方且无正当理由的，取消其处方权。

第四十六条 医师出现下列情形之一的，处方权由其所在医疗机构予以取消：

（一）被责令暂停执业；

（二）考核不合格离岗培训期间；

（三）被注销、吊销执业证书；

（四）不按照规定开具处方，造成严重后果的；

（五）不按照规定使用药品，造成严重后果的；

（六）因开具处方牟取私利。

第四十七条 未取得处方权的人员及被取消处方权的医师不得开具处方。未取得麻醉药品和第一类精神药品处方资格的医师不得开具麻醉药品和第一类精神药品处方。

第四十八条 除治疗需要外，医师不得开具麻醉药品、精神药品、医疗用毒性药品和放射性药品处方。

第四十九条 未取得药学专业技术职务任职资格的人员不得从事处方调剂工作。

第五十条 处方由调剂处方药品的医疗机构妥善保存。普通处方、急诊处方、儿科处方保存期限为1年，医疗用毒性药品、第二类精神药品处方保存期限为2年，麻醉药品和第一类精神药品处方保存期限为3年。

处方保存期满后，经医疗机构主要负责人批准、登记备案，方可销毁。

第五十一条 医疗机构应当根据麻醉药品和精神药品处方开具情况，按照麻醉药品和精神药品品种、规格对其消耗量进行专册登记，登记内容包括发药日期、患者姓名、用药数量。专册保存期限为3年。

第五十二条 县级以上地方卫生行政部门应当定期对本行政区域内医疗机构处方管理情况进行监督检查。

县级以上卫生行政部门在对医疗机构实施监督管理过程中，发现医师出现本办法第四十六条规定情形的，应当责令医疗机构取消医师处方权。

第五十三条 卫生行政部门的工作人员依法对医疗机构处方管理情况进行监督检查时，应当出示证件；被检查的医疗机构应当予以配合，如实反映情况，提供必要的资料，不得拒绝、阻碍、隐瞒。

第七章 法律责任

第五十四条 医疗机构有下列情形之一的，由县级以上卫生行政部门按照《医疗机构管理条例》第四十八条的规定，责令限期改正，并可处以5000元以下的罚款；情节严重的，吊销其《医疗机构执业许可证》：

（一）使用未取得处方权的人员、被取消处方权的医师开具处方的；

（二）使用未取得麻醉药品和第一类精神药品处方资格的医师开具麻醉药品和第一类精神药品处方的；

（三）使用未取得药学专业技术职务任职资格的人员从事处方调剂工作的。

第五十五条 医疗机构未按照规定保管麻醉药品和精神药品处方，或者未依照规定进行专册登记的，按照《麻醉药品和精神药品管理条例》第七十二条的规定，由设区的市级卫生行政部门责令限期改正，给予警告；逾期不改正的，处5000元以上1万元以下的罚款；情节严重的，吊销其印鉴卡；对直接负责的主管人员和其他直接责任人员，依法给予降级、撤职、开除的处分。

第五十六条 医师和药师出现下列情形之一的，由县级以上卫生行政部门按照《麻醉药品和精神药品管理条例》第七十三条的规定予以处罚：

（一）未取得麻醉药品和第一类精神药品处方资格的医师擅自开具麻醉药品和第一类精神药品处方的；

（二）具有麻醉药品和第一类精神药品处方医师未按照规定开具麻醉药品和第一类精神药品处方，或者未按照卫生部制定的麻醉药品和精神药品临床应用指导原则使用麻醉药品和第一类精神药品的；

（三）药师未按照规定调剂麻醉药品、精神药品处方的。

第五十七条 医师出现下列情形之一的，按照《执业医师法》第三十七条的规定，由县级以上卫生行政部门给予警告或者责令暂停六个月以上一年以下执业活动；情节严重的，吊销其执业证书：

（一）未取得处方权或者被取消处方权后开具药品处方的；

（二）未按照本办法规定开具药品处方的；

（三）违反本办法其他规定的。

第五十八条 药师未按照规定调剂处方药品，情节严重的，由县级以上卫生行政部门责令改正、通报批评，给予警告；并由所在医疗机构或者其上级单位给予纪律处分。

第五十九条 县级以上地方卫生行政部门未按照本办法规定履行监管职责的，由上级卫生行政部门责令改正。

第八章 附 则

第六十条 乡村医生按照《乡村医生从业管理条例》的规定，在省级卫生行政部门制定的乡村医生基本用药目录范围内开具药品处方。

第六十一条 本办法所称药学专业技术人员，是指按照卫生部《卫生技术人员职务试行条例》规定，取得药学专业技术职务任职资格人员，包括主任药师、副主任药师、主管药师、药师、药士。

第六十二条 本办法所称医疗机构，是指按照《医疗机构管理条例》批准登记的从事疾病诊断、治疗活动的医院、社区卫生服务中心（站）、妇幼保健院、卫生院、疗养院、门诊部、诊所、卫生室（所）、急救中心（站）、专科疾病防治院（所、站）以及护理院（站）等医疗机构。

第六十三条 本办法自 2007 年 5 月 1 日起施行。《处方管理办法（试行）》（卫医发〔2004〕269 号）和《麻醉药品、精神药品处方管理规定》（卫医法〔2005〕436 号）同时废止。

附件（略）

ISBN 978-7-5216-2578-3
9 787521 625783 >
定价: 45.00元

图书在版编目（CIP）数据

医师法200问／张永伟，刘志军主编；任朋顺，田丰副主编．—北京：中国法制出版社，2022.3
ISBN 978-7-5216-2578-3

Ⅰ．①医… Ⅱ．①张…②刘…③任…④田… Ⅲ．①医师-医药卫生管理-法规-中国-问题解答 Ⅳ．①D922.16-44

中国版本图书馆CIP数据核字（2022）第044583号

责任编辑 朱丹颖　　封面设计 周黎明

医师法200问
YISHIFA 200 WEN

主编/张永伟，刘志军
副主编/任朋顺，田丰
经销/新华书店
印刷/三河市紫恒印装有限公司
开本/880毫米×1230毫米 32开　　印张/11 字数/206千
版次/2022年3月第1版　　2022年3月第1次印刷

中国法制出版社出版
书号 ISBN 978-7-5216-2578-3　　定价：45.00元

北京市西城区西便门西里甲16号西便门办公区
邮政编码：100053　　传真：010-63141600
网址：http：//www.zgfzs.com　　编辑部电话：010-63141667
市场营销部电话：010-63141612　　印务部电话：010-63141606

（如有印装质量问题，请与本社印务部联系。）